# 數位時代創新傳播

## Disruptive Communication in Digital Genesis

◉作者— 黃葳威

李永得部長（文化部）
林紀慧博士（國立清華大學教育學院院長）
邱志偉博士（立法委員）
吳俊彥執行長（自由電子報）
范巽綠監察委員（監察院）
侯西峰董事長（國揚集團創辦人）
胡心慈博士（國立台灣師範大學特殊教育中心主任）
胡青中董事長（台北影業公司）
胡雪珠董事長（中視公司）
胡婉玲博士（民視公司副總經理）
郭瑞祥博士（國立台灣大學創意創業中心主任）
陳憶寧博士（國立政治大學傳播學院院長）
張立博士（聯合新聞網總編輯）
趙怡博士（國立政治大學副校長）
蔡明誠博士（大法官）
賴士葆博士（立法委員）

全力推薦

# 郭　序

　　葳威是一位傳播學者，著書不斷，這次又看到她的新書出版，在書本中我們可以看到這不只是一本傳播學者的論述著作，還有多面向的啟示，我認為本書有幾個特色。

　　第一，她的書一定是與實務連結，非常接地氣。書中有實際的案例，以及統計或調查資料佐證，使得書中內容有憑有據，反映現實。

　　第二，基於學者的專業，她的書都有運用學術的方法，進行資料統計分析以及推論，用這樣子的方式來撰述，是一種嚴謹性。

　　第三，她的書，通常會涵蓋多方面的領域，除了傳播領域之外，她也接受過 EMBA 及法律的訓練，所以也會看到商業的領域，然後也會擴展到所牽涉的法規，以及社會層面的影響，也有科技所帶來的衝擊。

　　本書的書名是《數位時代創新傳播》，書中就包含以上三大特色，根據葳威自己的說法分為三大視角，分別為〈產製篇〉、〈近用篇〉、〈結構篇〉。

　　第一篇〈產製篇〉，書中強調商業模式的創新，書中討論到臺灣傳播媒體經歷數位轉型所產生的破壞式創新，在書中有提到三大破壞，分別是平面媒體的破壞、廣播媒體的破壞、電視媒體的破壞。因為科技的創新，引發了商業的破壞式創新，也影響了傳播領域未來新的發展。

　　第二篇〈近用篇〉，書中特別探討樂齡人士的智慧型手機使用，以及電視觀眾收視定型化契約的消費者權益。書中強調從經驗當中去體驗創新、體驗學習，做中學、學中做，這是一個從使用者的角度，來看數位時代創新傳播。

　　第三篇〈結構篇〉，書中將場景置於大專校園環境，討論在數位創新

中實踐中，制度上、管理上、法規上所產生出來的結構現象。書中討論到校園實習電台，也檢視大學聯合系統的相關結構現況。

　　透過本書，葳威關心的不只是傳播的視角，而是從商業、從使用者、從法規、從執行當中，來討論數位時代創新傳播所產生的多重構面。

郭瑞祥

謹誌

臺大管理學院商研所教授

臺大創創中心主任

# 數位浪潮下的媒體大體檢——趙序

　　自從上世紀末期，哈佛大學教授 Clayton Christensen 就早期經濟學概念中衍生出破壞式創新（disruptive innovation）的嶄新主張，並建立一套完備的理論架構以來，立刻引起全球學術圈與實務界的廣泛迴響，至今仍被具有突破現狀意圖的企業經營者奉為圭臬；尤其，由科技演進所主導的數位產業變革正在方興未艾之際，破壞式創新的商管模式更加受到關注，也創下無以計數的企業成功拓展市場、經營獲利的範例。

　　本書作者黃葳威教授身為傳播學者，以破壞式創新理論為出發點，針對臺灣傳統平面與廣電媒體產製過程中的創新、破壞（或被破壞）、發展與成效，進行一系列調查研究，可視為替處於數位浪潮下的本地傳媒業做一項徹頭徹尾的「大體檢」，意義極為重大；作者特別針對電視媒體的經營，分別就政府監管機制與業者應變之道提出興革利弊分析與具體建議，對於面臨轉型陣痛期的實務業者而言，實屬價值非凡。

　　傳播媒體作為社會公器，在產製模式之外，其受消費者近用之效應如何，或為更重要的課題，本書中包括了兩份研究報告，分別為〈樂齡人士的手機學習〉和〈通信交易消費權益〉；前者關照眼下的數位應用落差現象，後者深入剖析有線電視相關法規之適用性，均係切中當前通傳產業所呈現之傳播權與進用權等重大課題。

　　黃葳威博士任教政大多年，夙有建樹，她在本書中以國立政治大學傳播學院實習廣播電台為例，審視大學校園媒體實踐文化公民權之現況，以及對多元文化價值之彰顯程度予以評估。本文涉獵甚廣，其中文獻方面的關鍵字即包含：聯合國人權宣言、本國法規中之文化公民權及多元文化意

涵、校園電台設置辦法等等，作者用心之深、視界之廣，可見一斑。

　　書中最後，作者將研究觸角指向目前在各公私立大學間十分熱門的「策略聯盟」行動，仍以其本人任教之國立政治大學新近加入的「臺灣聯合大學系統」為研究案例，分從源起、組織及運作辦法各層面詳為檢視，並就其缺失提出具體改善意見，可謂彌足珍貴。

　　葳威老師於本校服務期間，除長於教學、研究與著述之外，還熱心參與各項產官學合作計畫，更經常帶領學生走出校園，至社會各個角落觀察現象、探尋問題、採訪人物、學習新知、累積經驗，其中不乏具有慈善公益性質之活動，顯已極盡一名高教工作者之本職與社會賦予之責任；而正由於她的學術成就、實戰心得，以及社會服務的熱誠與豐富歷練，每當有新作問世，我雖難有置喙之處，仍然樂為之序。

謹誌

於指南山下

2022.06.13

# 時間即旅程，旅程即期盼──自序

我很幸運，喜歡傳播，學習傳播，置身其中。

這好像看到一位親友的兒女，從小看卡通，長大學廣播電視電影，分別進入好萊塢卡通頻道、日本影視公司工作。學以致用，樂在其中。

大學選填志願過程，從未考慮將管理、法律列入志願。然而，這些想法在擔任教職多年逐漸打破。2017 年春，利用教授研究假期間，竟然選擇前往臺大 EMBA 進修，希望透過跨領域學習，補足自己對於非營利組織管理與社區行動研究的基底。

2018 年暑假開始，與志工老師陸續在大安區王雲五紀念館、景美豐盛之家社區中心、文山區致福益人學院、臺北市部分區里民辦公室、高雄漢神百貨、天母漢來美食等地，展開為期三年的樂齡手機班社區服務課程。開始和白絲帶關懷協會的志工老師一起服務、爾後結合政大社區服務課程的大學生前往各地。

服務樂齡的經驗，我們驚嘆樂齡人士勤寫筆記、認真學習的熱誠；參與的大學生也反思自己與家長的互動，這些不斷重複解說示範的歷練，磨練了耐心，讓我們反省平日對家中長者詢問手機操作的不耐煩；受益良多的其實是前往服務的師生。透過三年的參與觀察、訪問並調查樂齡人士的終身學習實踐，集結於本書。

與傳播學院林翠絹教授、陳宜秀副教授、王亞維副教授、盧建誌助理教授，2020 年開始組成教師研究團隊，執行 AI、5G 融入教學精進計畫，其間借鏡臺大 EMBA 的哈佛大學案例有關破壞式創新視角，應用於臺灣報紙、雜誌、廣播、電視、通訊社等媒體數位化轉型的變革經驗。

2020 年 4 月，刑事局破獲影音盜版網站楓林網，查獲陳姓、莊姓兩

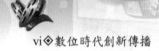

名工程師,在桃園虛設廣告公司,實際利用境外雲端服務,提供免費盜版影音內容,涵蓋美劇、臺劇、陸劇、韓劇、日劇等多國影視內容,每月獲利預估至少 400 萬元。類似利用境外的雲端服務放置盜版影片內容,供不特定民眾觀看,再從網路廣告點擊中賺取不法利益,此起彼落。

同年 9 月,代表衛星公會與中華電信、臺灣大哥大、中嘉、凱擘寬頻,協商如何避免成為盜版影音的播送管道,且維護臺灣內容產製創作的權益。為期四個月的資料搜集與交涉,體會傳播學門跨法律學科的重要,因而決定利用隔年教授研究期間,前往國立臺北教育大學進修文教法律研究所進修。本書集結進修消費者保護法、文化法、教育法專題,進行相關議題分析。

除檢視衛星有線電視的消費者定型化契約修正版本,是否因應有線電視系統寬頻、智慧家庭服務的消費者權益。適逢 2021 年第二季,國立政治大學正式宣佈加入臺灣聯合大學系統,開始留意臺灣聯合大學系統校園實習媒體,是否升級為聯合大學系統的法規實踐;並從文化公民權角度,觀察校園實習媒體的社區參與傳播現況。

保持赤子之心,實踐終身學習。發掘問題、看到不足、進而展開跨領域學習,應證所學。旅程好似遊戲,充滿新奇挑戰。「望風的必不撒種,看雲的必不收割」。

本書的完成,除感念每一站的老師與朋友,家人的寬容與成全,謝謝政大副校長趙怡博士、臺大創新創業中心郭瑞祥主任撰寫推薦序,以及呂頤姍小姐的整理校對,揚智出版社閻富萍總編輯編輯校對。李永得部長、林紀慧院長、邱志偉立委、吳俊彥執行長、范巽綠監委、侯西峰董事長、胡心慈主任、胡青中董事長、胡雪珠董事長、胡婉玲副總經理、陳憶寧院長、張立總編輯、蔡明誠大法官、賴士葆立委等推薦本書,特此致謝。

 謹誌

於政大數位傳播文化行動研究室

# 目　錄

# 第一章

## 數位時代創新傳播

- 前言
- 媒體破壞式創新
- 青少兒手機與網路使用
- 青少兒社群參與價值觀
- 本書章節

# 壹、前言

2021 臺灣新創生態圈大調查發現（楊證凱，2021 年 11 月 3 日），依據「萌芽、育成、成長、茁壯」等四階段，臺灣新創生態圈的整體發展，愈來愈多中大型企業尋求與新創企業合作，借助新創企業的研發能力，成為「外部創新」的合作夥伴。

調查顯示，新創企業成長歷程中，育成機構扮演重要角色，不論新創企業處於任何一個發展階段，從課程、媒合、經營到募資，都能找到對應的育成機構，給予必要的服務與適切輔導資源，陪同新創企業成長茁壯。

臺灣新創企業除創業期間既有的各式問題與經濟環境挑戰外，近年面對新冠疫情衝擊，所幸面對種種挑戰，新創企業仍能順勢推展，展現創新的臺灣精神與生命力。

臺灣新創生態圈大調查指出，後疫情時代驅使 AIoT＋智慧物聯網技術持續成長升級、「零接觸商機」崛起發酵、「企業數位轉型」需求增加，臺灣新創展現韌性，採取積極作為強化業務成長。

根據 eMarketer 報告（吳佩臻、陳建鈞，2021 年 12 月 23 日），2021 年數位廣告在全球市場銷售預估可達 4,553 億美元，對比 2020 年將成長約 20.4%。因為疫情的關係，聲音媒體崛起，更多產業、創作者陸續投入，Podcast 更翻身成為數位媒體的新秀。2021 年數位行銷回顧統計（吳佩臻、陳建鈞，2021 年 12 月 23 日），2021 年全球 Podcast 收聽人口約 3.84 億，相較 2020 年同期成長約 15%，專家預估，在 2024 年收聽人口將達到 5 億；臺灣的收聽人口比率，在今年 5 月也來到 20%的占比，意即全臺每 5 個人中便有 1 人收聽 Podcast。

　　科技演進不僅成為經濟增長的催化劑，帶動許多發展潛能，也促使勞動力市場和現有商業模式的破壞性力量（Rubalcaba, 2007）。破壞式創新，正如克雷頓‧克里斯汀生（Clayton Christenson）所謂創新者的困境，指的是經營應用一套不同的價值觀創造新市場的創新，最終（且出乎意料地）超越了現有市場。破壞式創新部分出於利用新技術，也可透過開發新的商業模式，或以新方式利用舊技術。破壞式創新的產品往往生產成本更低廉，更簡便，性能更好，或使用更友善。

　　顛覆性技術經由創造新的市場和商業實踐、對新產品基礎設施的需求，以及不同的勞動技能，有可能刺激增長、就業或不平等。除影響成熟市場中的現有公司外，也衝擊勞動力市場、工人收入，最終振動收入分配。

　　例如：科技的破壞式創新實例，包括數位影像、電子郵件、個人電腦和筆記型電腦、智慧型手機等問世，徹底改變人們的溝通方式，影響我們的工作或休閒生活；甚至，已經取代許多產品，如底片沖洗、打字機、大型電腦運算機、數位照相機和 GPS 定位接收設備等。

　　新的商業模式顛覆整個產業，比如優步 Uber 出租車、優步 Uber 美食外送、網飛 Netflix 線上影音平台、衛星和有線電視、即時通訊 Skype 電信服務等。

　　從新熊彼德學派或進化學派角度（Nelson & Winter, 2005），創新（innovation）的概念被界定為當前的科技經濟範式（Perez, 2002）。改變（change）一般被理解為隨時間的變化。承認類似改變的真實，與個人感知有關（Lau & Woodman, 1995）。

　　熊彼德主張創新概念是（Schumpeter, 1982, p.93；Moreira, Guimarães, & Philippe, 2016）：「進行新的資源組合」，能夠產生新的商品、生產方法、市場、原料和組織形式；改革學者視其為進步的起始點。新熊彼德學派強調創新是透過成本優勢和質量優勢，獲取競爭優勢的一種手段（Kon, 2004）。因此，創新被界定為一種影響組織競爭力的現象。

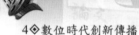

改變與創新近在咫尺，兩者被視為「合作夥伴」（Poole & Van de Ven, 2004）。創新的現象，除了組織改變，也引入新的資源組合改變現況。

創新需要假設改進的結果將產生價值——最初被描述為經濟學家熊彼德分析中的價值（value），爾後發展產生能影響社會的創新價值。這種方法可建立分析和評估創新的兩個必要構面：行動（意味著引入新的組合資源），及質量改進的結果（意味著創新必然會產生質量的改進；IBGE, 2010）。

改變與創新都在於行動，因為兩者或多或少影響現況。改變會產生組織的轉變、新產品或服務，以及創新（Poole & Van de Ven, 2004)。服務創新需要理解個人或組織改變的意願（willingness of an individual or organization to accept alterations in the characteristics foreseen for a final service），包含（Moreira, Guimarães, & Philippe, 2016）：組織價值與慣例（organizational routines and values）、組織改變結構（organizational structure for change）及服務特殊性（service specificities），即企業組織創新可由組織價值、環境結構、服務近用三角度觀察。

# 貳、媒體破壞式創新

比較臺灣傳播媒體的破壞式創新作為（黃葳威，2020a, 2021a），在數位化流程應用面，媒體較多投入於：透過臉書社群媒體傳遞訊息（M=3.44）、從業人員數位化工作配備（M=3.29）、透過 LINE 社群媒體傳遞訊息（M=3.3）、透過 YouTube 影音平台傳遞訊息（M=3.27）、設置集團雲端資料庫（M=3.08）。

臺灣傳播媒體數位化流程應用，以服務第一線市場使用者居多，且以

運用既有跨國社群平台為主。跨國社群平台以臉書最多，其次為 LINE 的封閉式平台，再者是 YouTube 社群影音平台。

　　媒體產製面偏重從業人員數位化工作配備、設置集團雲端資料庫。前者為個人化工作裝備，後者則因應內容訊息的資產管理。

　　進一步審視平面媒體、廣播媒體、電視媒體的數位化流程應用，平面媒體運用臉書或 LINE 社群媒體傳遞訊息居首，廣播媒體次之，電視媒體居末。

　　透過 YouTube 影音平台傳遞訊息也以平面媒體較高，電視媒體緊追其次，廣播媒體敬陪末座。

　　然而，電視媒體在設置集團專屬 APP 傳遞訊息、自行開發網路社群平台、物聯網業務發展、網路大數據分析、從業人員數位化工作配備等投入較高，平面與廣播媒體相較有限。

　　設置集團雲端資料庫以平面媒體比較高，其次為廣播媒體，電視媒體則較低。

　　觀察特定媒體的數位化流程應用，平面媒體著重透過臉書社群媒體傳

## 表 1-1　傳播媒體數位化流程平均值

| 類別 | 平面 | 廣播 | 電視 | 整體 |
|---|---|---|---|---|
| 透過 LINE 社群媒體傳遞訊息 | 3.47 | 3.25 | 3.18 | 3.3 |
| 透過 YouTube 影音平台傳遞訊息 | 3.37 | 3.07 | 3.36 | 3.27 |
| 透過臉書社群媒體傳遞訊息 | 3.58 | 3.44 | 3.31 | 3.44 |
| 設置集團專屬 APP 傳遞訊息 | 2.88 | 2.95 | 3.10 | 2.98 |
| 自行開發網路社群平台 | 2.50 | 2.49 | 2.79 | 2.59 |
| 物聯網業務發展 | 2.49 | 2.21 | 2.77 | 2.49 |
| 網路大數據分析 | 2.86 | 2.64 | 3.13 | 2.88 |
| 設置集團雲端資料庫 | 3.26 | 3.00 | 2.97 | 3.08 |
| 從業人員數位化工作配備 | 3.23 | 3.30 | 3.33 | 3.29 |
| **整體平均值** | **3.07** | **2.93** | **3.10** | **3.03** |

遞訊息、透過 LINE 社群媒體傳遞訊息、透過 YouTube 影音平台傳遞訊息，其次為設置集團雲端資料庫、及從業人員數位化工作配備。

廣播媒體偏重透過臉書社群媒體傳遞訊息、透過 LINE 社群媒體傳遞訊息、透過 YouTube 影音平台傳遞訊息，也設置集團雲端資料庫、從業人員數位化工作配備、設置集團專屬 APP 傳遞訊息。

電視媒體數位化應用流程，明顯較常透過 YouTube 影音平台傳遞訊息、從業人員數位化工作配備、透過臉書社群媒體傳遞訊息，其次透過 LINE 社群媒體傳遞訊息、設置集團專屬 APP 傳遞訊息、網路大數據分析等。

包括平面、廣播、電視媒體在自行開發網路社群平台、物聯網業務發展，投入資源皆相當有限。

整體觀察臺灣傳播媒體數位化創新發展，以數位化有助於媒體轉型（M=3.58）、媒體數位化有助於閱聽使用（M=3.56）、數位化可更精確服務閱聽人（M=3.54）最為顯著，其次抱持媒體數位化帶來工作的便利性（M=3.43）、媒體數位化增加生產力（M=3.34）。

平面、廣播、電視媒體數位化創新發展，以聚焦媒體定位與服務對象為主，其次展現於工作便利性或生產力。受訪者對於媒體數位化使業績提升、媒體數位化降低人力成本，不甚樂觀。

不同媒體對於數位化創新發展的態度仍有差異，平面媒體與電視媒體在數位化有助於媒體轉型、媒體數位化有助於閱聽使用、媒體數位化可更精確服務閱聽人、媒體數位化帶來工作的便利性，均較廣播媒體抱持正面態度。

電視媒體與平面媒體對於媒體數位化使業績提升、媒體數位化降低人力成本持持平態度，但仍高於廣播媒體受訪者。

平面媒體與電視媒體在媒體數位化增加生產力、工作數位化促進同儕社群交流、媒體數位化有助增進社群福祉，較廣播媒體受訪者樂觀。

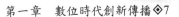

　　受訪者對於媒體數位化使業績提升、媒體數位化降低人力成本，抱持保留態度，其中廣播媒體最不樂觀。

　　各特定媒體數位化創新發展，電視媒體偏重數位化有助於媒體轉型、媒體數位化有助於閱聽使用、媒體數位化可更精確服務閱聽人；對於媒體數位化呈現從業者的個人風格則抱持平態度。

　　平面媒體受訪者在數位化有助於媒體轉型、媒體數位化有助於閱聽使用、媒體數位化可更精確服務閱聽人、媒體數位化帶來工作的便利性、媒體數位化增加生產力，抱持正面態度。

　　廣播媒體僅在數位化有助於媒體轉型、媒體數位化有助於閱聽使用、媒體數位化可更精確服務閱聽人最為樂觀；對媒體數位化呈現從業者的個人風格、媒體數位化有助增進社群福祉採持平立場。但在工作數位化促進同儕社群交流、媒體數位化增加生產力、媒體數位化使業績提升、媒體數位化降低人力成本，則持保留態度。

### 表 1-2　傳播媒體數位化發展平均值

| 類別 | 平面 | 廣播 | 電視 | 整體 |
|---|---|---|---|---|
| 媒體數位化有助於閱聽使用 | 3.56 | 3.46 | 3.66 | 3.56 |
| 媒體數位化可更精確服務閱聽人 | 3.53 | 3.45 | 3.63 | 3.54 |
| 媒體數位化呈現從業者的個人風格 | 3.37 | 3.20 | 3.42 | 3.33 |
| 媒體數位化帶來工作的便利性 | 3.53 | 3.29 | 3.47 | 3.43 |
| 工作數位化促進同儕社群交流 | 3.40 | 3.17 | 3.24 | 3.27 |
| 媒體數位化有助增進社群福祉 | 3.35 | 3.20 | 3.29 | 3.28 |
| 數位化有助於媒體轉型 | 3.60 | 3.46 | 3.68 | 3.58 |
| 媒體數位化增加生產力 | 3.49 | 3.12 | 3.42 | 3.34 |
| 媒體數位化使業績提升 | 3.14 | 2.98 | 3.29 | 3.14 |
| 媒體數位化降低人力成本 | 3.09 | 2.76 | 3.13 | 2.99 |
| **整體平均值** | **3.41** | **3.20** | **3.42** | **3.34** |

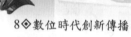

## 參、青少兒手機與網路使用

科技融入且改變現代生活，例如上班打卡往往被視為苦差事，但上網打卡，卻成為許多人偏好的日常。舉凡食衣住行育樂，網路平台充滿各式打卡題材。

「2020 臺灣 10 大熱門網美照景點」熱門打卡景點調查發現（邱映慈，2020 年 10 月 9 日），澎湖七美望安等島嶼、龜山島牛奶海兼具水上體驗和特殊景觀最受歡迎。

美照背後，需要巧思。情侶間對拍照認知也有著天壤之別，一項調查顯示，近八成的女生認為自己男友拍照技術「NG」（三立新聞網，2016 年 8 月 5 日）。

因應新冠肺炎疫情發展，減少上班人員因為指紋打卡機而增加感染風險，有市警察大隊從 4 月初開始建置臉孔辨識打卡機，並採分流上班方式，引起討論（陳宏睿，2020 年 4 月 20 日）。導入指紋打卡設備，用指紋打卡鐘看似非常高科技，但這樣的做法可能會替自己以及員工增加風險（蔡朝安、張馨云，2020 年 5 月 19 日）。

媒體報導（風傳媒，2019 年 4 月 2 日），美國女演員格溫妮絲·帕特羅（Gwyneth Paltrow）在網上分享與 14 歲女兒艾普爾（Apple Martin）滑雪合照，引發父母們是否該在網上分享孩子信息和照片的討論。許多帕特羅的粉絲認為，作為母親，她有權利分享女兒的照片，但也有人認為孩子們也有隱私權。

一般背包客或觀光客遊玩時會選擇民宿過夜，享受當地風景之美，不料網路登載的照片虛構不實，而受騙上當！原來民宿網頁上的美照是假的（朱世凱，2019 年 11 月 13 日）。

　　網路打卡內容成為網友接觸第一手資訊的印象與價值觀，價值觀是我們對人、事、物的看法或判斷原則。價值觀的形成涉及個人內在信仰、社會文化與經驗的傳承與客觀外在環境影響，三者交互作用而形成個人對所知所見的善惡評斷標準與待人處世的行為態度，個體的價值觀賦予個人生命的價值與意義，也是個體人格健全與否的指標（黃葳威，2012）。

　　資訊社會日新月異，打卡是手機族的日常；也形成全球公民、公部門以及私部門溝通與展現自我方式。

　　打卡可以留下生活瞬間的紀錄，傳遞日常生活的感動。稍有不慎，留下個資隱私的數位足跡，也可能引發不當糾紛，形成危機。

　　另一方面，打卡也成為網路行銷的途徑。不少餐館、民宿、民間團體、學校、公部門等，透過各式打卡型態，傳遞其主張、服務、價值等。

　　臺灣青少兒以及手機族打卡的平台以跨國科技平台為主，所累積的數位資本是否回流到臺灣，值得深思。

　　臺灣青少兒價值觀與上網趨勢調查發現（黃葳威，2021b），受訪小學三年級至大學四年級的在學學生，家中平均擁有的電視數量與電腦數量相當，都各為 1.96 台，顯示電腦與電視在家中生活的重要性相當。

**表 1-3　家戶中電視、電腦數量**

|  | 平均數 |
|---|---|
| 家中電視數 | 1.96 |
| 家中電腦數 | 1.96 |

　　超過八成小三至大四的青少兒擁有自己的手機（82.2%），其中九成三以上都是智慧型手機，顯示智慧型手機與青少兒生活緊密相連。

　　整體而言，小三至大四受訪在學學生，每週使用手機時間達 25.91 小時，上網時間有 13.72 小時，收看電視時間有 13.03 小時，運動時間僅有

表 1-4　青少兒手機擁有

|  | 次數 | 百分比 | 百分比 | |
|---|---|---|---|---|
| 有自己的手機 | 11,315 | 82.2 | 智慧型手機 | 93.3 |
|  |  |  | 一般手機 | 6.7 |
| 沒有自己的手機 | 2,447 | 17.8 | | |
| 總和 | 13,761 | 100.0 | 100.0 | |

11.64 小時。

　　其中週間平日每天平均以手機使用時間最高，達 3.21 小時，其次為使用電腦（1.96），再者為收看電視（1.49）；週間平日每天運動時間為 1.92 小時。

　　週末假日平均以手機使用時間最高，達 4.93 小時，其次為收看電視（2.79），再者為使用電腦（1.96）；週間平日每天運動時間為 1.52 小時。

表 1-5　青少兒媒體使用與運動

|  | 週間平均時數 | 週末平均時數 |
|---|---|---|
| 電視時間 | 1.49 | 2.79 |
| 電腦時間 | 1.96 | 1.96 |
| 手機 / 平板時間 | 3.21 | 4.93 |
| 運動時間 | 1.92 | 1.52 |

　　近六成七青少兒每天上網，一成一僅在週末或假日上網，其餘週間上網一天至六天不等，低於一成受訪學生不上網。

　　近五成一青少兒常獨自一人上網，兩成七以上常和同學友人一起上網，其次是和手足上網。

　　青少兒最常上網的時段多在晚間十點以前。週間最常上網時段集中在下午四點到晚上八點，其次在午後或夜晚八點至十點；週末最常於上午至下午白天時段上網，其次在傍晚六點至晚上八點。

表 1-6　青少兒上網頻率

| 上網頻率 | 次數 | 百分比 |
|---|---|---|
| 每天都用 | 9,232 | 66.9 |
| 一星期用五、六天 | 744 | 5.4 |
| 一星期用三、四天 | 874 | 6.3 |
| 一星期用一、兩天 | 736 | 5.3 |
| 只有週末、假日才用 | 1,546 | 11.2 |
| 不用 | 669 | 4.8 |
| 總和 | 13,801 | 100.0 |

表 1-7　青少兒在家不上網的原因及上網夥伴

| 上網夥伴 | 次數 | 百分比 |
|---|---|---|
| 自己 | 6,232 | 50.8 |
| 同學或朋友 | 3,376 | 27.5 |
| 兄弟姊妹 | 1,870 | 15.2 |
| 父母 | 580 | 4.7 |
| 其他 | 178 | 1.5 |
| 祖父母 | 33 | .3 |
| 總和 | 12,269 | 100.0 |

表 1-8　週間與週末最常上網時段

| 最常上網時段 | 週間次數 | 百分比 | 週末次數 | 百分比 |
|---|---|---|---|---|
| 凌晨（00:01-06:00） | 308 | 2.4 | 1,048 | 8.5 |
| 上午（06:01-12:00） | 474 | 3.7 | 2,486 | 20.1 |
| 中午（12:01-16:00） | 1,426 | 11.2 | 2,668 | 21.5 |
| 下午（16:00-18:01） | 3,196 | 25.1 | 1,897 | 15.3 |
| 傍晚（18:01-20:00） | 4,105 | 32.2 | 2,535 | 20.4 |
| 晚上（20:01-22:00） | 1,560 | 12.2 | 1,230 | 9.9 |
| 深夜（22:01-0:00） | 133 | 1.0 | 189 | 1.5 |
| 不用 | 1,540 | 12.1 | 344 | 2.8 |
| 總和 | 12,742 | 100.0 | 12,397 | 100.0 |

青少兒最常使用的入口網站以「Google」為最多（41%），其次為社群網站影音平台「YouTube」（35.6%）、「Facebook」（12.5%），其餘網站作為入口的比率均不到一成。

### 表 1-9　青少兒常用之入口網站

| 入口網站 | 次數 | 百分比 |
|---|---|---|
| Google | 4,205 | 41.0 |
| YouTube | 3,646 | 35.6 |
| Facebook | 1,283 | 12.5 |
| 其他 | 395 | 3.9 |
| Yahoo!奇摩 | 343 | 3.3 |
| 學校網頁 | 267 | 2.6 |
| PChome | 37 | .4 |
| MSN 臺灣 | 44 | .4 |
| HiNet | 22 | .2 |
| Yam 蕃薯藤 | 11 | .1 |
| 總和 | 10,253 | 100.0 |

這項由白絲帶關懷協會與政大數位傳播文化行動實驗室公布的調查發現，青少兒在家常用的電子產品以智慧型手機、可上網的電腦為主，其次為數位電視、平板電腦，再來則是電動遊樂器和不能上網的手機。

青少兒上網動機方面，七成以上主要是為看影片（78.7%）或聽音樂（71.5%），其次是玩遊戲（69.3%）、使用社群網站（63%），均六成三以上；再者，近五成九青少兒上網為查詢資料，四成五以上透過即時通訊工具與他人聯繫。

以上顯示，臺灣青少兒上網動機偏重休閒導向或社交導向，其次為資訊導向。

表 1-10　青少兒家中科技產品使用情形

| 家中科技產品 | 次數 | 百分比 |
|---|---|---|
| 智慧型手機上網 | 11,048 | 78.6 |
| 電腦上網 | 7,532 | 53.6 |
| 數位電視 | 7,345 | 52.3 |
| 平板電腦 | 3,240 | 23.1 |
| 電動遊樂器（如 Wii、Xbox、VR） | 2,110 | 14.9 |
| 手機（不能上網） | 984 | 7 |
| MP3/MP4 | 958 | 6.8 |
| 電子辭典 | 847 | 6 |
| 數位相機 | 815 | 5.8 |
| 都不使用 | 229 | 2.1 |
| 其他 | 90 | .6 |

表 1-11　青少兒上網動機

| 上網動機 | 次數 | 百分比 |
|---|---|---|
| 觀賞影片 | 10,606 | 78.7 |
| 聽音樂 | 9,633 | 71.5 |
| 玩線上／手機遊戲 | 9,323 | 69.3 |
| 使用社群網站（如 Facebook、Twitter、Instagram） | 8,482 | 63 |
| 查詢資料 | 7,900 | 58.7 |
| 用即時通訊（如 Skype、LINE） | 6,154 | 45.7 |
| 看娛樂資訊 | 4,706 | 34.9 |
| 下載軟體 | 4,264 | 31.7 |
| 看新聞 | 407 | 18.3 |
| 寄發電子信件 | 2,133 | 15.8 |
| 上論壇或 BBS | 1,581 | 11.7 |
| 看色情網站 | 856 | 6.4 |
| 使用部落格 | 601 | 4.5 |
| 開直播 | 558 | 4.1 |
| 其他 | 328 | 2.3 |

## 肆、青少兒社群參與價值觀

近六成四以上的青少兒會參加網路社群，此現象從 2010 至 2017 年呈現持續成長，爾後不明顯。

2010 年全臺灣小三至國一青少兒學生，參加者有 1,090 人（1.6%）；2011 年近兩成青少兒表示有參加網路社群（19.6%）。2012 年，超過兩成青少兒表示有參加網路社群（24%），2013 年成長至 43%。

2014 年，全臺灣小三至高三的學生中，近六成參與網路社群（7,721人，58.7%）；2016 年，近六成小三到大一在學學生參與網路社群；2017 年加入大二、大三族群，參與率更突破七成。

校園學生日常作息逐漸和網路社群緊密相結合，近六成四左右在學學生參加網路社群，不限於和面對面的同儕互動，網路社群成員也遠超出日常生活中可預期的同學圈。

### 表 1-12　青少兒網路社群參與情形

|  | 次數 | 百分比 |
| --- | --- | --- |
| 有 | 8,376 | 63.9 |
| 沒有 | 3,746 | 28.6 |
| 不知道 | 983 | 7.5 |
| 總和 | 13,105 | 100.0 |

青少兒參與的網路社群以「親友學校」類型占最多數（54.5%），其次依序為「娛樂流行」（40.9%）、「運動休閒」（23.2%）、「聯誼交友」（20.7%）。

表 1-13　青少兒參與的網路社群類型

|  | 次數 | 百分比 |
|---|---|---|
| 親友學校 | 5,815 | 54.5 |
| 娛樂流行 | 3,939 | 40.9 |
| 運動休閒 | 2,231 | 23.2 |
| 聯誼交友 | 1,993 | 20.7 |
| 電腦通訊 | 1,575 | 16.4 |
| 藝文學術 | 1,463 | 15.2 |
| 星座命理 | 1,205 | 12.5 |
| 不知道 | 596 | 6.2 |
| 其他 | 548 | 5.7 |
| 醫療保健 | 507 | 5.3 |
| 商業金融 | 349 | 3.6 |

　　身處數位時代的學習環境，臺灣小學三年級至大學四年級在學學生的價值觀，可分為逃避外控型、安全關懷型，以及焦慮內控型三取向。其中以安全關懷價值觀略高（M=3.61），其次依序為焦慮內控（M=3.02）、逃避外控取向（M=2.85）。

　　安全關懷價值觀方面，網路世代的青少兒學生表示：當生活或課業上有困難時，我主動找爸媽、老師或同學幫忙（M=3.90）；我會主動關懷同學，照顧別人（M=3.77）；為了增加知識和才能，我會參加社團、校隊等活動（M=3.66）。然而，對於照顧自己的生活起居，得分較低（M=3.47）。

　　焦慮內控價值觀方面：我做事粗心大意，常擔心自己會出錯（M=3.59）；我對將來感到恐懼，常常擔心害怕（M=3.07）。

　　逃避外控價值觀方面：當我有意見和別人不一樣的時候，我通常不會說出來（M=3.04）；我覺得學校各項規定與要求很不合理又很囉嗦（M=2.93）；父母對我的期望太高，我沒有能力去達成（M=2.90）；我覺得外表好看比身體健康還重要（M=2.86）。

## 表 1-14　青少兒價值觀百分比

| 問卷變項 | 平均值 | 標準差 | 組平均 | 組標準差 |
|---|---|---|---|---|
| **因素一　逃避外控** | | | 2.85 | .7 |
| 1 我覺得外表好看比身體健康還重要 | 2.86 | 1.073 | | |
| 2 當我有意見和別人不一樣的時候，我通常不會說出來 | 3.04 | 1.091 | | |
| 3 我覺得學校各項規定與要求很不合理又很囉嗦 | 2.93 | 1.138 | | |
| 5 我認為別人喜不喜歡我都是看我的成績好壞 | 2.68 | 1.043 | | |
| 7 我會逃避擔負責任，不想為其他人服務 | 2.68 | .943 | | |
| 9 我不喜歡自己，如果可能的話，我希望變成別人 | 2.83 | 1.132 | | |
| 11 父母對我的期望太高，我沒有能力去達成 | 2.90 | 1.146 | | |
| **因素二　安全關懷** | | | 3.61 | .82 |
| 4 當生活或課業上有困難時，我主動找爸媽、老師或同學幫忙 | 3.90 | 1.127 | | |
| 6 我自己想要的東西，我一定會想辦法去得到它 | 3.26 | 1.217 | | |
| 8 我會主動關懷同學，照顧別人 | 3.77 | 1.193 | | |
| 10 為了增加知識和才能，我會參加社團、校隊等活動 | 3.66 | 1.270 | | |
| 12 我會照顧自己的生活起居，父母不會擔心我 | 3.47 | 1.271 | | |
| **因素三　焦慮內控** | | | 3.02 | .756 |
| 13 我對將來感到恐懼，常常擔心害怕 | 3.07 | 1.206 | | |
| 14 我經常不太想吃東西 | 2.73 | 1.017 | | |
| 15 我覺得父母不相信我告訴他們的話 | 2.78 | 1.114 | | |
| 16 我相信世界上有神的存在，神可以拯救世人 | 2.94 | 1.378 | | |
| 17 我做事粗心大意，常擔心自己會出錯 | 3.59 | 1.215 | | |
| **整體** | | | 3.13 | .58 |

　　根據 t 檢定，不同性別的青少兒學生，其價值觀也有所差異。青少女在學學生在安全關懷價值觀的得分（M=3.64），顯著高於青少男在學學生（M=3.58）；其中僅我自己想要的東西，我一定會想辦法去得到它，青少男得分（M=3.32）顯著高於青少女（M=3.2）。青少女在安全關懷價值觀多半高於青少男，是否反映臺灣社會對於性別所展現的默會知識，潛伏著女性在角色扮演的社會共識。

表 1-15　性別與價值觀之 t 檢定

| 類別 | 選項 | 個數 | 平均數 | t 值 | 顯著值 |
|---|---|---|---|---|---|
| 逃避外控 | 男 | 6,783 | 2.8842 | 6.331 | .000*** |
| | 女 | 7,234 | 2.8092 | | |
| 1 我覺得外表好看比身體健康還重要 | 男 | 6,771 | 2.90 | 4.066 | .000*** |
| | 女 | 7,217 | 2.82 | | |
| 2 當我有意見和別人不一樣的時候，我通常不會說出來 | 男 | 6,723 | 3.05 | 1.185 | .236 |
| | 女 | 7,193 | 3.03 | | |
| 3 我覺得學校各項規定與要求很不合理又很囉嗦 | 男 | 6,710 | 3.02 | 8.647 | .000*** |
| | 女 | 7,172 | 2.85 | | |
| 5 我認為別人喜不喜歡我都是看我的成績好壞 | 男 | 6,737 | 2.72 | 4.370 | .000*** |
| | 女 | 7,193 | 2.64 | | |
| 7 我會逃避擔負責任，不想為其他人服務 | 男 | 6,731 | 2.73 | 6.679 | .000*** |
| | 女 | 7,191 | 2.62 | | |
| 9 我不喜歡自己，如果可能的話，我希望變成別人 | 男 | 6,735 | 2.84 | .452 | .651 |
| | 女 | 7,196 | 2.83 | | |
| 11 父母對我的期望太高，我沒有能力去達成 | 男 | 6,724 | 2.94 | 3.812 | .000*** |
| | 女 | 7,181 | 2.86 | | |
| 安全關懷 | 男 | 6,777 | 3.58 | -4.512 | .000*** |
| | 女 | 7,231 | 3.64 | | |
| 4 當生活或課業上有困難時，我會主動找爸媽、老師或同學幫忙 | 男 | 6,729 | 3.83 | -6.925 | .000*** |
| | 女 | 7,197 | 3.96 | | |

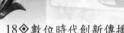

(續)表 1-15　性別與價值觀之 t 檢定

| 類別 | 選項 | 個數 | 平均數 | t 值 | 顯著值 |
|---|---|---|---|---|---|
| 6 我自己想要的東西，我一定會想辦法去得到它 | 男 | 6,724 | 3.32 | 5.806 | .000*** |
| | 女 | 7,176 | 3.20 | | |
| 8 我會主動關懷同學，照顧別人 | 男 | 6,739 | 3.69 | -7.535 | .000*** |
| | 女 | 7,181 | 3.85 | | |
| 10 為了增加知識和才能，我會參加社團、校隊等活動 | 男 | 6,732 | 3.64 | -1.911 | .056 |
| | 女 | 7,188 | 3.68 | | |
| 12 我會照顧自己的生活起居，父母不會擔心我 | 男 | 6,728 | 3.42 | -5.101 | .000*** |
| | 女 | 7,188 | 3.53 | | |
| 焦慮內控 | 男 | 6,769 | 3.0354 | 2.071 | .038* |
| | 女 | 7,223 | 3.0088 | | |
| 13 我對將來感到恐懼，常常擔心害怕 | 男 | 6,732 | 3.05 | -2.132 | .033* |
| | 女 | 7,203 | 3.09 | | |
| 14 我經常不太想吃東西 | 男 | 6,743 | 2.75 | 1.540 | .124 |
| | 女 | 7,207 | 2.72 | | |
| 15 我覺得父母不相信我告訴他們的話 | 男 | 6,732 | 2.84 | 6.351 | .000*** |
| | 女 | 7,194 | 2.72 | | |
| 16 我相信世界上有神的存在，神可以拯救世人 | 男 | 6,742 | 2.98 | 3.567 | .000*** |
| | 女 | 7,199 | 2.90 | | |
| 17 我做事粗心大意，常擔心自己會出錯 | 男 | 6,758 | 3.56 | -2.679 | .007** |
| | 女 | 7,207 | 3.62 | | |

*p 值<.05，**p 值<.01，***p 值<.001

　　青少男學生在逃避外控的價值觀得分（M=2.81），均低於青少女學生（M=2.88）。僅當我有意見和別人不一樣的時候，我通常不會說出來，青少男女間沒有顯著差異。

表 1-16　年級、年齡、上網行為與價值觀之皮爾森相關分析

| 項　目 | 年級 | 年齡 | 假日手機平板時間 | 平日手機平板時間 | 假日上網時間 | 平日上網時間 |
|---|---|---|---|---|---|---|
| 逃避外控 | .243*** | .238*** | .122*** | .129*** | .179*** | .173*** |
| 1 我覺得外表好看比身體健康還重要 | .083*** | .076*** | .051*** | .064*** | .070*** | .086*** |
| 2 當我有意見和別人不一樣的時候，我通常不會說出來 | .134*** | .132*** | .069*** | .053*** | .087*** | .075*** |
| 3 我覺得學校各項規定與要求很不合理又很囉嗦 | .268*** | .273*** | .124*** | .137*** | .191*** | .176*** |
| 5 我認為別人喜不喜歡我都是看我的成績好壞 | .166*** | .159*** | .060*** | .067*** | .104*** | .107*** |
| 7 我會逃避擔負責任，不想為其他人服務 | .191*** | .188*** | .075*** | .099*** | .131*** | .141*** |
| 9 我不喜歡自己，如果可能的話，我希望變成別人 | .134*** | .124*** | .095*** | .082*** | .126*** | .105*** |
| 11 父母對我的期望太高，我沒有能力去達成 | .128*** | .126*** | .073*** | .077*** | .093*** | .088*** |
| 安全關懷 | .069*** | .075*** | -.018 | -.001 | -.010 | .018* |
| 4 當生活或課業上有困難時，我會主動找爸媽、老師或同學幫忙 | .069*** | -.142*** | -.110*** | -.099*** | -.145*** | -.113*** |

(續)表 1-16　年級、年齡、上網行爲與價值觀之皮爾森相關分析

| 項　目 | 年級 | 年齡 | 假日手機平板時間 | 平日手機平板時間 | 假日上網時間 | 平日上網時間 |
|---|---|---|---|---|---|---|
| 6 我自己想要的東西，我一定會想辦法去得到它 | .074*** | .185*** | .071*** | .080*** | .111*** | .114*** |
| 8 我會主動關懷同學，照顧別人 | -.041*** | -.040*** | -.051*** | -.036*** | -.057*** | -.036*** |
| 10 為了增加知識和才能，我會參加社團、校隊等活動 | .012 | .017* | -.036*** | -.035*** | -.034*** | -.020* |
| 12 我會照顧自己的生活起居，父母不會擔心我 | .203*** | .211*** | .053*** | .080*** | .076*** | .101*** |
| 焦慮內控 | .074*** | .072*** | .063*** | .050*** | .068*** | .061*** |
| 13 我對將來感到恐懼，常常擔心害怕 | .225*** | .225*** | .105*** | .119*** | .145*** | .148*** |
| 14 我經常不太想吃東西 | .081*** | .081*** | .066*** | .074*** | .072*** | .074*** |
| 15 我覺得父母不相信我告訴他們的話 | .059*** | .063*** | .057*** | .037*** | .054*** | .042*** |
| 16 我相信世界上有神的存在，神可以拯救世人 | -.113*** | -.120*** | -.039*** | -.038*** | -.060*** | -.045*** |
| 17 我做事粗心大意，常擔心自己會出錯 | .016 | .012 | .026** | -.017 | .025** | -.009 |

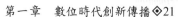

青少男學生在焦慮內控的價值觀（M=3.04），也明顯高於青少女（M=3.01），除了我對將來感到恐懼，常常擔心害怕（M=3.05；M=3.09），以及我做事粗心大意，常擔心自己會出錯（M=3.56；M=3.62），青少女得分高於青少男。

打卡猶如網路平台的表演展示，青少兒學生在瀏覽、參與、分享過程中，其價值觀的形成，是否受到平台打卡內容的耳濡目染？如何享受打卡的創意，遠離不必要的風險？

這項調查針對行動世代打卡熱潮，提出 **CHECK** 建議如下：

1.慎選打卡平台 <u>C</u>（Choice）：慎選打卡平台，慎用定位功能。
2.家長曬娃三思 <u>H</u>（Home）：維護個資隱私，家長曬娃三思。
3.查驗打卡內容 <u>E</u>（Examination）：查驗打卡內容，有圖未必為真。
4.定期變更密碼 <u>C</u>（Change）：留心資訊安全，定期變更密碼。
5.網安知識精進 <u>K</u>（Knowledge）：網路安全知識，持續與時精進。

# 伍、本書章節

服務創新需要理解個人或組織改變的意願，組織創新可由組織價值、環境結構、服務近用三角度檢視。除本章簡述數位時代新創趨勢，比較臺灣傳播媒體的破壞式創新，以及年輕世代使用行動科技的樣貌與價值觀，本書分為〈產製篇〉、〈近用篇〉、〈結構篇〉等三視角，記錄臺灣傳播媒體生態的創新實證與反思。

第一篇〈產製篇〉關注臺灣傳播媒體經歷數位化轉型的破壞式創新。臺灣自 2009 年陸續有科技層面的破壞式創新論文出現，有關科技產業的案例分析較多；傳播領域破壞式創新的研究，亟待累積。第二章〈平面媒

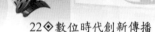

體破壞創新〉，從全臺唯一紙本晚報《聯合晚報》2020 年 6 月 2 日起停刊
談起，聯晚發行量走跌，收支無法平衡，終止發行；社方表示外勤記者全
留任，編輯人員精簡，並將進行勞資協調。

數位平台的普及發展，明顯衝擊到文字傳播媒體。第二章梳理破壞式
創新相關文獻，並以臺灣報紙、雜誌、網路電子報（報業新媒體部）、中
央通訊社等文字為主的平面媒體主管為主，調查並訪問前述媒體的主管對
於服務媒體的科技創新經驗。

面對廣告市場的轉移，電子媒體面臨各式數位化轉型的命運。例如，
交通部電信總局自 2000 年 1 月 14 日提出數位音訊服務試播計畫，採用歐
規 Eureka-147 廣播系統，利用無線音頻中的五個頻道進行試播（吳嘉輝，
2001）。參與 DAB（digital audio broadcasting）實驗電台，包括中國廣播
公司、中央電台，以及飛碟聯播網的臺北飛碟電台、臺中真善美電台、高
雄南臺灣之聲等。最後無疾而終，導致廣播業者走上街頭。

隨著媒體數位化進展，廣播媒體也面臨許多變動與變革，第三章〈廣
播媒體破壞創新〉整理管理學派相關文獻，結合媒體定位演進，本章將關
注廣播媒體經歷數位化的破壞式創新，兼採問卷調查法與深度訪談法，調
查臺灣廣播策略聯盟中功率、或大功率全區廣播媒體主管，並訪問前述媒
體的主管對於服務媒體的科技創新經驗。

疫情生活進入日常，一個不斷創新的時代正在興起，媒體組織不僅要
考慮創新以維持業務，還要有意識地思考如何用創新來超越。面臨能否持
續經營的挑戰，到底是「破壞或被破壞」（disrupt or be disrupted）。

自從串流平台推出《紙牌屋》號稱結合 AI 大數據進行編劇，大數據
應用在戲劇創作，蔚為主流。臺灣推出《我們與惡的距離》網劇，結合網
路數據資料探勘。然而，目前實際將數據應用在創作本身的案例，寥寥可
數。

第四章〈電視媒體破壞創新〉根據問卷調查結果與深度訪談分析，臺

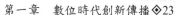

灣電視媒體自行開發網路社群平台稍有著力，在物聯網業務發展、網路大數據分析、從業人員數位化工作配備投入較有限。電視媒體的數位化創新發展，以市場面略高（M=3.66），其餘皆低於總平均值（M=3.42）：包括執行面（M=3.38），再者為營運面（M=3.28）。整體而言，臺灣電視新聞頻道經歷數位化的破壞式創新，先是「大爆炸式破壞」（big bang disruption），其次是「從上而下式破壞」（disruption from above）。

　　第二篇〈近用篇〉從閱聽視角分別探討樂齡人士的智慧型手機近用，以及電視觀眾收視定型化契約的消費者權益。經驗學習（experiential learning）關注從操作、實踐中的體驗學習，所謂做中學（learning by doing）、學中做（doing by learning）。

　　終身教育學者賈維斯（John Jarvis）以為，學習結合個人一生中各種歷程，包括身體、心思、社交經驗、行動，形成個人歷練。第五章樂齡人士手機學習，將經驗學習理論的發展分為行動研究、生活反思、認知發展、人本心理、經驗轉化，以及全人教育等取向。分析結果得知，樂齡人士體驗學習新科技之個人歷練，透過與同儕共學切磋的場域，較居家來得有動力；手機具備上網功能的上網知能高於不具上網功能者。這也呼應賈維斯（Jarvis, 2012）將學習界定為一種社會的互動過程。由此可見，愈縮短數位代溝或代溝，樂齡群聚體驗學習新科技的場域建置，有其重要性。

　　國家通訊傳播委員會 2021 年 9 月間審議通過《有線電視定型化契約修正草案》，明定終止契約後，有線電視業者取回機上盒時不可藉此收費，契約審閱期也從原本沒有規範新增為至少三天，希望保障消費者權益。

　　有線電視系統在臺灣各縣市跨區經營，因應臺灣數位發展，提供節目、廣告、廣播服務外，也提供光纖上網服務、互動遊戲服務等。第六章通訊交易消費權益，檢視 2021 年 9 月通過的《有線廣播電視服務定型化契約應記載及不得記載事項》修正條文，定型化契約仍局限於有線電視系統型態，未顧及現有跨區的光纖上網服務、互動遊戲服務、數位學習服務、

購物服務或點歌服務等形式。

第一篇〈產製篇〉聚焦主流媒體面臨數位化的變革，第三篇〈結構篇〉先後以校園實習電台為研究主體，並檢視大學聯合系統相關結構現況。

鑑於市場和傳播科技的變化，傳播教育愈來愈強調社會化與實用導向。臺灣各大學設有新聞傳播院系的校園，大多設置實習媒體，如實習報紙、實習電台、實習網路電子報等。有關校園實習媒體的論述有限，或從教育、公共服務、媒體定位等角度出發，少有觸及實習媒體的文化公民權實踐。

臺灣文化公民權論述多聚焦原住民族群，呼應英國社會文化學者尼克‧史蒂文森（Nick Stevenson）所言，社群既需要由法律保障權利，並賦予實踐文化參與之機會。因應臺灣聯合大學系統的整合，第七章校園媒體公民實踐，分析政大傳播學院實習廣播電台所展現的文化公民權，以及其中的多元文化意涵。

據《大學法》第 6 條：「大學得跨校組成大學系統或成立研究中心。前項大學系統之組織及運作等事項之辦法，由教育部定之。大學跨校研究中心之組織及運作方式等事項之規定，由大學共同訂定，報教育部備查。」

面對少子化的趨勢，為增加臺灣高等教育的競爭力，臺灣各大學院校在教育部政策驅使下，紛紛以合作、併校或未通過評鑑而被裁撤等形式，進行瘦身調整。第八章大學策略聯盟法規，以臺灣聯合大學系統為例，探討大學合作系統中的相關法規建置，所呈現的大學教師、學生、行政人員的權利義務。

# Part 1

# 產　製　篇

# 第二章

## 平面媒體破壞創新

# 壹、前言

英國牛津大學公布的「2020 數位新聞報告」（Digital News Report），截至 2020 年 4 月，所有國家／地區媒體對 Covid-19 報導的信任度相對較高，與各國政府的信任度相似，明顯高於個別政治人物。民眾對出現於社交網站、視頻平台或訊息服務有關 Covid-19 報導的媒體信任度，較平時高出兩倍（Newman, 2020）。

根據「2020 數位新聞報告」，在過去九年，網路新聞已取代電視成為最常用的新聞來源。印刷報紙繼續下滑，社交媒體在大幅上漲後趨於平穩。

不可否認，數位平台的普及發展，明顯衝擊到文字傳播媒體。

全臺唯一紙本晚報《聯合晚報》2020 年 6 月 2 日起停刊，社方表示，《聯合晚報》發行量走跌，收支無法平衡，決定終止發行；外勤記者全留任，編輯人員精簡，並將進行勞資協調（宇妍，2020）。

2003 年臺灣 SARS 疫情最嚴重之際，《臺灣蘋果日報》宣布創刊。2021 年 5 月 17 日《臺灣蘋果日報》出刊後，18 日起停刊，適逢新冠肺炎在臺灣進入社區感染。

2020 年第二季潤利艾克曼公司媒體大調查報告（競業信息，2020），臺灣民眾每日報紙閱讀率為 23.56%，有 71.36% 的受訪者表示幾乎不看報紙，5.08% 的受訪者過去七天沒看報紙；有 7.16% 的民眾過去七天沒看任何雜誌，84.30% 的受訪者表示幾乎不看雜誌。

臺灣出版產業歷經 1987 年報禁開放、1988 年編採電腦化、1999 年《出版法》廢止、2000 年網路泡沫化等歷程，或經過經營易主轉型，迄今仍有聯合報系、中時報系、自由時報系、蘋果新聞網等全國性，或分布各縣

市的地方平面媒體，每日或不定期提供相關訊息服務。

　　1994 年廣播頻道開放第一梯次申設，同年有線電視系統正式開放，多頻道的節目，多樣化的內容，衝擊平面媒體市場。

　　行政院數位內容產業發展推動小組於 2002 年 8 月 29 日臺灣數位視訊協會成立大會報告，公部門為推動廣播、電視及電影的數位化，促進數位視訊產業的發展，特於「數位臺灣（e-Taiwan）計畫」中，研擬數位娛樂計畫（黃葳威、樊誌融，2004）；其目標在推展有線、無線廣播電視之數位化及輔導獎勵數位電影，並藉訂定相關法規、補助數位設備、協助籌建數位傳輸平台等策略，來健全數位發展環境，且以補助數位視訊製作、獎勵優良數位視訊及培訓數位視訊人才等方式，來提升數位節目品質。

　　數位化在媒體發展持續演進，但政策因政權轉移無法持續，數位消費型態的獲利模式，仍持續探索。

　　國內設有新聞傳播學院的大學院校，為因應數位科技人才培育，除起聘跨科技、AI 領域師資外，不斷進行課程重整；新冠疫情蔓延也促使教學數位遠距化。

　　哈佛大學（Harvard University）教授克雷頓·克里斯汀生（Clayton M. Christensen）1990 年提出破壞式創新的主張（Bower ＆ Christense, 1995; Christensen, 1997; Christensen et al., 2015; Christensen, McDonald, Altman, ＆ Palmer, 2018），且包含兩種不同的創新情境：維持性創新（sustaining innovation）及破壞性創新（disruptive innovation）。

　　臺灣自 2009 年陸續有科技層面的破壞式創新論文出現，有關科技產業的案例分析較多；傳播領域破壞式創新的研究，仍待驗證。

　　本文兼用問卷調查與深度訪談，探討臺灣平面媒體面臨數位化、人工智慧科技導入，在數位化流程以及數位化創新發展上，如何進行破壞式創新。

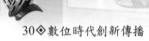

# 貳、文獻探討

破壞性創新起源於經濟學,關注經濟增長和財富利用的分析,透過創造力,提高生活品質。

奧地利經濟學家熊彼德(Joseph Schumpeter)在著作《資本主義、社會主義與民主》提出「創造性破壞」(creative destruction),資本主義所釋放出有破壞力的創新力量,最終將導致其制度的衰亡(Schumpeter, 1942)。

熊彼德 1912 年出版《經濟發展理論》一書指出,企業家就是實現生產要素重新組合的創新者,創造性地破壞市場的均衡。有別於古典經濟學家認為健康經濟即「均衡和資源的最佳配置」的看法,熊彼德認為動態失衡才是健康經濟的常態,經由創造性地打破市場均衡,企業家才有機會獲取超額利潤(Kondratieff, 1925; Schumpeter, 1942)。

哈佛大學(Harvard University)教授克雷頓‧克里斯汀生(Clayton M. Christensen)1990 年提出破壞式創新的主張(Bower & Christense, 1995; Christensen, 1997; Christensen et al., 2015);經由對特定行業的觀察發現,破壞式創新是一個及時的過程,市場外人以此為目標,以低質量,低收入的利基市場為目標市場。然後,通過不斷的改進和增強,市場局外人最終破壞該行業並取代主要的現有公司(Christensen et al., 2015)。

克雷頓‧克里斯汀生分析「優良管理的方法也有可能導致企業難以成功創新」的原因,提出兩種不同的創新情境:維持性創新(sustaining innovation)及破壞性創新(disruptive innovation)。

維持性創新是指企業銷售品質性能更好、更高價格的產品給高階顧客。這場競爭中的贏家多半是現有市場的在位者。破壞性創新則是指銷售更簡單、更便利、更便宜的產品給新顧客。

　　低價進入市場的產品首利較低，但在這場競局中，新進者往往能挑戰成功。有的是讓產品不斷改善的「漸進式」（incremental）創新，有的是發展不同技術的「激進式」（radical）創新，兩者皆在現有的市場基礎與技術發展路徑上對產品做出局部或全面性的改善（Christensen, 1997）。例如用後即可丟棄的刮鬍刀、電視購物、網路購物、網路訂餐服務等。通常在維持性創新中，已經進入市場的先行者，通常會準備好接受挑戰，擁有先行者優勢，在維持性創新的競爭較能掌握機會。

　　相對地，破壞性創新的實例，市場的成功企業容易被新進者取代。關鍵在於新進者對現存市場的最佳競爭方法是破壞市場。破壞性創新理論就是基於兩個立足點：低階市場和新市場。破壞性創新依市場基礎的不同，分為低階市場破壞性創新和新市場破壞性創新（Christensen & Raynor, 2003）。

　　低階市場的破壞式創新往往以低價格、功能較差（可堪用）的產品或服務，爭取既有市場的低階消費者。低階市場之所以存在，是因為既有市場通常訴求要求最高的顧客（通常占營收的最大來源）提供更好的產品與服務，此時市場的破壞者便會開始聚焦低階客戶提供以「夠好的」商品或服務切入市場，然後新進的破壞者繼續把握機會，持續改善商品品質（漸進式創新），滿足原本屬於既有市場方的高階主流顧客，逐步鯨吞蠶食整個市場（Christensen, Anthony, & Roth, 2004）。明顯的實例是 IBM 個人電腦原本在市場占有領先地位，後來被其他品牌的個人電腦或筆記型電腦迎頭趕上。

　　新市場的破壞式創新是針對不存在的市場，讓尚未使用過這項產品或服務的消費者願意嘗試消費（Christensen et al., 2015）；而且，新市場的破壞性創新並未入侵主流市場，只是將主流價值網絡中的顧客拉到新價值網絡中，因為這些顧客覺得新產品更加便利。例如隨身聽問世，吸引無法購買音響設備的年輕族群消費（Christensen et al., 2015）；或美食外送外賣服務的推出。

　　經濟學者持續前人理念的研究，直到學者卡洛塔‧佩雷斯（Carlota Perez）2010 年提出科技經濟典範轉移的觀點，發現制度變遷與經濟發展密切相關。破壞式創新直接從學術研究，應用於產業領域的商業模式。研究人員 James McQuivey（2013）將破壞式創新導入數位科技的領域，主張產業積極採用數位科技，並結合新設計的商業模式，將以低價顯著改善顧客體驗。

　　克里斯汀生的顛覆性創新理論為基礎的學術論述，相當有限。檢視破壞式創新理論，偏重低價小眾市場以質量換取價格的方式，Tony Seba 進而提出「從上而下式破壞」（disruption from above）和「大爆炸式破壞」（big bang disruption）。從上而下的破壞是由自身改革，遠遠優於同行造成的干擾，未必將成本轉嫁於顧客（Seba, 2014）。大爆炸式破壞創新則是新產品功能更優於現有產品，且價格較低。

　　研究人員 Paul Nunes 及 Larry Downes 將「大爆炸的破壞」與數位創新進行連結，主張數位化過程的破壞創新，從頂部、底部和側面攻擊了市場上現有的市場品牌（Downes & Nunes, 2014: 6）。

　　卡洛塔‧佩雷斯從價值的觀點觀察破壞式創新，提出革新的產品或服務可以超越現有既定產品或服務。她分析破壞式創新的優勢有：簡單、便利、可親近性、低價、使用友善，以及價值主張等（Perez, 2010: 6）。

　　大數據、人工智能、區塊鏈、3D 列印和物聯網等破壞性技術的融合帶來新一波變革，也轉化了經濟結構，商業模式，公司和工作的潛力。這些技術可以歸類為通用技術（David, 1976; Rosenberg,1982; Bresnahan & Trajtenberg, 1995），這些技術可以跨多個部門部署，並且可以帶來其他創新。

　　顧客在傳統環境中，機構會根據已確定的社會經濟特徵將其價值主張指定給特定市場。這種方法表明，主流機構多年來一直將消費者視為僅僅是其「價值主張」的接受者（Osterwalder, Pigneur, Bernarda, & Smith, 2014;

Anderson, Narus, & Van Rossum, 2006; Seppanen & Laukkanen, 2015; Ayvari & Jyrama, 2017; Sheehan & Bruni-Bossio, 2015）。

　　破壞式創新理論文獻顯示（Bower & Christensen, 1995; Christensen, 1997; Christensen et al., 2015），現有企業被創新者所破壞，這些創新者向市場提供了替代價值主張。其中並未解決消費者真正尋求的「什麼」（what）價值，也沒有完全回答「大多數消費者為什麼採用這些顛覆的產品或服務」（why）。

　　大數據等數位科技發展，機器學習和人工智能技術組織處於更有利的地位，可以獲取更多有關工作類型的數據（Christensen, Hall, Dillon, & Duncan, 2016）。顧客直接來自消費者本身（Gupta & Malhotra, 2013; Foroudi, Melewar, & Gupta, 2014），並以獨特的產品或服務的形式將其價值主張定位在市場中。因此，組織的角色轉變為價值促進者，而消費者承擔了價值創造者的角色（Prahalad & Ramaswamy, 2004）。因此，未被開發的領域或市場機會，以及未被現有產業所占的方位，形成創造創新和破壞的機會（Maynes & Rawson, 2016; Maletz & Nohria, 2001）。

　　破壞式創新根植於經濟領域，英國經濟學家曼庫爾‧奧爾森（Mancur Olson）的著作中提出了顛覆商業環境的波動或變化的概念（1982, 2000）。奧爾森堅持認為，靜態經濟會產生零和博弈。就其本身而言，如果社會保持穩定，並且不經歷破壞主要經濟壟斷的技術變革，那麼穩定就可能導致經濟模糊。只有打破這種靜態，社會經濟才能繁榮起來（Olson, 2000）。

　　Perez（2010: 199）面對經濟浪潮及形成的破壞性影響的詮釋如下：「每一次巨大的發展浪潮都涉及到動蕩的擴散和同化過程。新興的新興產業取代現有產業作為增長引擎；現有科技和主流範式已被新科技淘汰和改造；過去已經成功的許多工作和管理技能已經過時且效率低，需要進行學習、學習和再學習的過程。經濟遽變擾亂社會現狀，每次也伴隨新財富的爆炸

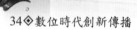

性增長以及收入分配的強烈兩極分化趨勢。過程中金融泡沫化，起因於科技動盪，最終對整體框架進行同樣深刻的變革。因為如此，且具備有利的條件，才可部署每次全面革命性、創造財富的潛力。」

挪威學者詹・法格博格（Jan Fagerberg）主張，某些科技可被視為「公共財」（public goods），一旦發明這些科技，所有人受惠其中（Fagerberg, 1994: 1149）。甚至，這些科技「重疊並為彼此產生外部性和市場」（overlap and generate externalities and markets for each other），它們促進了更多的增長和發展。因此，透過科技所帶來的變革潛力可以「振興成熟的產業並開啟創新軌跡」（rejuvenate mature industries and open new innovation trajectories），從而「振興其他產業和活動」（rejuvenate mature industries and open new innovation trajectories）（Perez, 2010: 190），對經濟和全球增長達到每年以萬億美元為單位的影響（Manyika, Chui, Bughin, Dobbs, Bisson & Marrs, 2013）。

臺灣科技部為鼓勵學界從事破壞式創新研究，從 107 篇論文中，選出 11 篇具破壞式創新的論文；論文主題多樣，包含登革熱病毒疫苗、胰臟癌起因、毛髮再生等論文都入選（蘇思云，2020 年 5 月 18 日）。本文關注臺灣傳統媒體面對網路、人工智慧科技的因應發展，將以科技面的破壞式創新論述為主。

臺灣自 2009 年陸續有科技層面的破壞式創新論文出現，大致分為科技產品的破壞式創新取向、策略法律架構取向，以及社區文化的破壞式創新取向。有關科技產業的案例分析較多。

生態系統（ECO system）的建構已成為企業轉型與成長的策略。蘋果公司利用高階破壞式創新，推出硬體規格突破，且搭配完整的產業生態系統，簡嫻雯（2012）分析網際網路、智慧行動裝置和雲端運算等技術整合，產業的脈絡由線性的產業供應鏈轉型為一個多向交織的服務型生態系，系統內不再是直接上下游的關係，而是從系統內關聯服務得到利潤的整合系

統，消費者可從中取得服務並獲得滿足。研究建議，臺灣企業必須思考如何將原本的產業供應鏈加值爾後延伸為產業價值網，以應用系統與服務強化產業創造新的商業模式。

　　王弘文（2012）以液態鏡頭這個創新產品為例，採用顧客需求與慾望（customer needs and wants）、成本（cost）、溝通（communication）、便利（convenient）的 4C 行銷架構動態思維模式，以商業模式圖這樣視覺化的記錄工具，按當時客戶、市場的需求，定義組織內該如何配合客戶、市場需求，產生出公司的價值主張。主張可提前規劃公司未來的商業模式，當市場產生變化前，公司有足夠資源來應變市場、客戶的變化。

　　透過產業報告、報章雜誌報導、企業年報等次級資料分析，陳晏清（2015）以臺灣光碟片產業中的代表性廠商進行個案研究，檢視廠商在面對破壞式創新威脅時所採取的行動，並以營運績效作為驗證策略有效性之依據。研究結果顯示，破壞式創新具有不易辨識性的特徵，企業可透過採取多角化策略來減輕因應破壞式創新的威脅，但無法挽回已遭受到的破壞損失。

　　隨著經濟體的變動與時代的變遷，3C 消費型產品生命週期趨短，上下游產業對於新產品的應變須加速，以因應新產品的量產時程。簡文明（2016）分析 3C 產品案例，建議需要重新審視與檢討這些規範與章程，並修正出符合公司最大利益的評估標準，方能永續經營。

　　歷經後進以破壞式創新的方式進入市場，日本 T 公司如何採取策略因應？邱昱蓁（2017）採取波特五力分析模型（Michael Porter's Five Forces Model）分析日本 T 公司，觀察產業結構並找出威脅獲利之處，並研究日本 T 公司的產業環境及競爭策略，找出適合公司永續經營的發展方向。

　　科技創新，破壞式新產品問市，挑戰自己既有產品，何以自處？羅國彰（2015）探討經理人的經營決策，描述 Epson 專業經理人帶領的噴墨印表機部門，導入新產品「連續供墨印表機」管理歷程，及其部門獲利模式

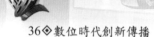

的改變，提出企業如何進行破壞式創新、轉型領導、變革管理，以及商業模式開發。

林應穩（2016）以破壞式創新理論的三個策略，從技術、價格、商業模式的創新方法來驗證從防火牆到 UTM（unified threat management）防火牆的破壞式創新模式，尋找技術有效、價格合理的資訊安全設備。研究結果包括：(1)防火牆到 UTM 防火牆是一個破壞式創新的途徑，也成為資安設備的趨勢。(2)UTM 防火牆在中低階設備透過價格上的破壞性創新，使得設備更普及。(3)UTM 中高階防火牆可透過商業模式的破壞式創新，達成價格降低全民受惠，且建構更全面的防駭客攻擊的目的。

破壞性創新理論在 1995 年於《哈佛商業評論》（*Harvard Business Review*）提出後，短短幾年間便獲得學術與實務界的廣大迴響。江子鳴（2011）分析歸納出破壞性創新理論與其他創新理論的最大差異在於，不對稱動機保護的存在。研究討論破壞性創新的分類學，將原始理論下所無法解釋的高階破壞與商業模式破壞，用新的分類模型來完整解釋，以創新之投資報酬率與消費者願付價格兩構面，將破壞性創新分成以下類型：傳統破壞、商業模式破壞、高階急遽式破壞、低階利基破壞，以及快速破壞，並提出五種破壞類型可適用的企業類別。

陳佳茵（2018）從法律層面檢視科技創新監管議題，研究指出，與其大肆移植外國法訂定監理沙盒法制，不如優先檢視既有制度存在問題，調適既有制度弊病而盲目立法，反而考慮不周。她提出行政程序法法規命令、行政指導有重新審酌必要。監管手段不應趨於單一，多元化監管手段方能妥善因應新創事業的監管挑戰，借鏡美國多元管制機制，臺灣也應考量將分級執照制度化的必要性。至於管制鬆綁後，如何確保行政正確性，有賴行政組織與行政程序制度設計，使主管機關權限行使受到充分的監督。

全球經濟衰退與少子化的衝擊，偏遠小校經營面臨考驗，趙慧嫻（2009）以新北市漁光國小假日遊學計畫為個案，從有形資產、無形資產、

個人能力與組織能力等多重構面,探討漁光國小妥善掌握與運用各項資源的歷程,藉由開發新市場,取得新客群的創新作為,使得漁光國小所提供之饒富趣味與深具學習意義的遊學活動,能順利達成吸引新客群、營創新價值之遊學目標。研究結果顯示,漁光國小在破壞式創新執行過程中,所形塑與提供之功能、社會、情境、情感與新奇等多重價值,對於相關與後續參與者均深具啟發,其資源與創新的緊密結合方式,與多重價值的體現,的確值得相關產業或異業之效法或學習。

　　郭志峰(2018)採用生命週期進行分析臺中舊城區建案。由於舊城區建築市場的發展環境受限,不可能像採用生命週期技術一樣由早期市場成功順利進入主要市場,建案必須不間斷的創造舊城區的利基市場來累積擴大市場占有率,當現有舊城區建案推案成功後,建案應思考繼續計畫在舊城區推出新的建案,也應在新興發展的屯區推案,以分散風險,更應密切觀察注意其他競爭者破壞性創新的仿效。

　　臺灣廣播媒體面臨數位科技變革,採取的破壞式創新(黃葳威,2021a),先是「大爆炸式破壞」(big bang disruption),其次是「從上而下式破壞」(disruption from above)。前者如廣播產業歷經 2000 年第一波數位廣播實驗,因公部門政策驟變,延後開放,業者配合公部門的投資宣告失敗;急遽轉型網路廣播服務。電視產業從衛星廣播電視,邁入線上影音服務平台的轉變。後者廣告市場轉移,也形成相當壓力。廣播頻道由於仍維持服務閱聽眾的播放管道,在「傳統破壞」式創新較不明顯。臺灣廣播媒體仍以漸進式破壞創新(sustaining innovation)發展。

　　有關傳播媒體破壞式創新的研究,除新近針對廣播媒體的論述,亟待驗證探討。論述以個案研究、文獻分析,或質性訪談等方法為主,本文將兼用問卷調查與深度訪談,探討臺灣平面媒體面臨數位化、人工智慧科技導入,如何進行破壞式創新。

## 參、研究設計

研究兼用問卷調查與深度訪談法,以臺灣報紙、雜誌、網路電子報(報業新媒體部)、中央通訊社等文字為主的平面媒體主管為主,調查並訪問前述媒體的主管對於服務媒體的科技創新經驗。

問卷內容除調查媒體主管或資深媒體人服務媒體類別、性別、服務年資之外,還有調查主管在媒體的服務部門,包括企劃行銷或行政管理;以及服務媒體是否設有網路部門。

媒體主管或資深媒體人針對服務媒體科技流程應用,以李克特量表從非常同意、同意、不同意、非常不同意等尺度進行評估;問題題項包括:

表 2-1　平面媒體數位化流程因素分析

| 問卷變項 | 因素負荷值 | 特徵值 | 解釋變異(%) | 信度(Cronbach's Alpha) |
|---|---|---|---|---|
| 工具面 | | 3.876 | 43.065 | .887 |
| 網路大數據分析 | .893 | | | |
| 設置集團雲端資料庫 | .799 | | | |
| 自行開發網路社群平台 | .792 | | | |
| 物聯網業務發展 | .771 | | | |
| 從業人員數位化工作配備 | .759 | | | |
| 設置集團專屬APP傳遞訊息 | .665 | | | |
| 平台面 | | 2.210 | 24.550 | .803 |
| 透過YouTube影音平台傳遞訊息 | .893 | | | |
| 透過LINE社群媒體傳遞訊息 | .877 | | | |
| 透過臉書社群媒體傳遞訊息 | .647 | | | |
| 總累積解釋變異(%) | | | 67.615 | |

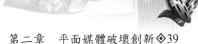

個人工作配備、訊息傳遞方式、科技應用、科技開發等，得分愈高代表應用程度愈強。

　　經由傳播媒體科技流程應用因素分析分別以 9 題項進行調查，經信度分析 Cronbach's Alpha 值為.88。

　　再以因素分析，可分為以下工具面、平台面兩因素群。工具面的信度達.89，平台面信度為.8。

　　破壞式創新問卷設計，參考卡洛塔·佩雷斯（Perez, 2010: 6）分析破壞式創新的優勢：簡單、便利、可親近性、低價、使用友善，以及價值主張等，建構臺灣傳播媒體破壞性創新的量表（黃葳威，2020a），由 10 題項測量，以李克特量表從非常同意、同意、不同意、非常不同意等尺度進行評估。

　　經信度分析 Cronbach's Alpha 值為.91；再以因素分析可分為以下功能面、成本面兩因素群。功能面因素信度達.93，成本面信度為.61。

### 表 2-2　平面媒體數位化發展因素分析

| 問卷變項 | 因素負荷值 | 特徵值 | 解釋變異（%） | 信度（Cronbach's Alpha） |
|---|---|---|---|---|
| **功能面** | | 5.108 | 51.078 | .929 |
| 媒體數位化有助於閱聽使用 | .914 | | | |
| 媒體數位化可更精確服務閱聽人 | .913 | | | |
| 數位化有助於媒體轉型 | .882 | | | |
| 媒體數位化帶來工作的便利性 | .784 | | | |
| 媒體數位化呈現從業者的個人風格 | .735 | | | |
| 工作數位化促進同儕社群交流 | .701 | | | |
| 媒體數位化增加生產力 | .695 | | | |
| 媒體數位化有助增進社群福祉 | .569 | | | |

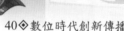

### (續)表 2-2　平面媒體數位化發展因素分析

| 問卷變項 | 因素負荷值 | 特徵值 | 解釋變異（%） | 信度（Cronbach's Alpha） |
|---|---|---|---|---|
| 成本面 | | 2.223 | 22.228 | .613 |
| 媒體數位化降低人力成本 | .895 | | | |
| 媒體數位化使業績提升 | .635 | | | |
| 總累積解釋變異（%） | | | 73.306 | |

　　深度訪談對象計有 5 位平面媒體主管。訪談於 2021 年 3 月至 7 月間進行，大多服務媒體達三十二年以上。

### 表 2-3　深度訪談名單

| 編號 | 媒體類別 | 性別 | 媒體年資 | 職務 |
|---|---|---|---|---|
| PM1 | 報紙 | 男 | 36 | 營運長 |
| PF1 | 報紙 | 女 | 32 | 總編輯 |
| MM1 | 雜誌 | 男 | 33 | 總經理 |
| AM1 | 通訊社 | 男 | 36 | 主管 |
| EM1 | 電子報 | 男 | 37 | 總編輯 |
| EM2 | 電子報 | 男 | 33 | 總編輯 |

　　深度訪談問題如下：

1.請問服務集團所擔任的職務？負責的業務範圍？

2.請問服務集團何時開始推動數位化營運？推動的方式為何？

3.請問推動數位化營運過程的機會與挑戰？優勢或劣勢有哪些？

4.請問集團如何協助既有服務同仁對於數位化流程的適應？是否影響組織布局？

5.請問推展數位化的績效如何？是否面臨瓶頸？如何克服？

6.請問集團是否採用大數據或人工智慧的科技應用？應用現況如何？

7.請問有其他要補充的意見或建議嗎？

# 肆、研究結果

根據問卷調查與深度訪談結果，以下分別陳述受訪媒體主管或資深媒體人的性別、年資、服務媒體類別、服務部門、數位化工作流程，以及數位化工作優勢等。

問卷調查回收以女性略多，占 51.2%，男性占 48.8%。

平面媒體產業受訪者來自報紙、雜誌、網路電子報（含通訊社）等；其中雜誌最多，占 58.1%；其次為報紙，占 27.9%；再者為網路電子報（含通訊社），占 14.0%。

受訪服務部門類別以編輯部門主管較多（41.9%），其次為行政部門主管（34.9%）。

表 2-4　性別、媒體類別、部門類別分布

|  | 個數 | 百分比 |  | 個數 | 百分比 |  | 個數 | 百分比 |
|---|---|---|---|---|---|---|---|---|
| 男 | 21 | 48.8 | 報紙 | 12 | 27.9 | 編輯部門 | 18 | 41.9 |
|  |  |  | 雜誌 | 25 | 58.1 | 企劃部門 | 6 | 14.0 |
| 女 | 22 | 51.2 | 網路 | 6 | 14.0 | 採訪部門 | 4 | 9.3 |
|  |  |  |  |  |  | 行政部門 | 15 | 34.9 |
| 總計 | 43 | 100.0 | 總計 | 43 | 100.0 | 總計 | 43 | 100.0 |

平面媒體受訪者以編輯部門，或行政主管居多；不少行政主管也從編輯主管晉升。受訪男性與女性皆以服務於編輯部門、行政部門較多。

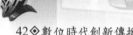

表 2-5　性別與服務部門交叉分析

|  |  | 編輯部門 | 企劃部門 | 採訪部門 | 行政部門 |
|---|---|---|---|---|---|
| 男 | 個數 | 9 | 1 | 4 | 7 |
|  | 百分比 | 42.9 | 4.8 | 19.0 | 33.3 |
| 女 | 個數 | 9 | 5 | 0 | 8 |
|  | 百分比 | 40.9 | 22.7 | 0.0 | 36.4 |
| 總和 | 個數 | 18 | 6 | 4 | 15 |
|  | 百分比 | 41.9 | 13.8 | 9.3 | 34.9 |

近九成平面媒體受訪者表示，服務媒體已經設置網路部門。其中男性受訪者服務媒體設置網路部門的比率，顯著高於女性受訪者所服務的媒體（$\chi 2$=5.4, p<.05*）。推究原因有可能涉及不同性別的主管，對於集團研發資訊的知曉及參與程度有別。

表 2-6　主管性別與網路部門設置交叉分析

|  |  | 是 | 否 |
|---|---|---|---|
| 男 | 個數 | 21 | 0 |
|  | 百分比 | 100.0 | 0.0 |
| 女 | 個數 | 17 | 5 |
|  | 百分比 | 77.3 | 22.7 |
| 總和 | 個數 | 38 | 5 |
|  | 百分比 | 88.4 | 11.6 |

卡方檢定=5.401a, df=1, p= .02*

現有受訪媒體人的服務年資從一年至四十一年不等，平均年資為十四年。其中服務低於十年者較多，占 35.8%；其次為年資達三十二年以上者，占 21%；再者為年資達二十年以上至三十年間，有 18.6%；其他為年資介於十年以上至二十年間，占 16.4%。

表 2-7 服務年資

| 年資 | 個數 | 百分比 |
|------|------|--------|
| 1 | 4 | 9.3 |
| 2 | 2 | 4.6 |
| 5 | 2 | 4.7 |
| 6 | 1 | 2.3 |
| 9 | 1 | 2.3 |
| 10 | 5 | 11.6 |
| 11 | 2 | 4.7 |
| 13 | 1 | 2.3 |
| 17 | 2 | 4.7 |
| 20 | 2 | 4.7 |
| 22 | 1 | 2.3 |
| 25 | 2 | 4.7 |
| 26 | 1 | 2.3 |
| 27 | 1 | 2.3 |
| 30 | 3 | 7.0 |
| 32 | 2 | 4.7 |
| 33 | 3 | 7.0 |
| 34 | 2 | 4.7 |
| 35 | 1 | 2.3 |
| 41 | 1 | 2.3 |
| 總計 | 39 | 90.8 |
| 遺漏值 | 2 | 9.4 |

　　檢視臺灣平面媒體科技流程應用，以平台面居多（M=3.47），其次為工具面應用（M=2.87）。平台面以運用既有跨國網路社群平台為主；工具面則以擴增數位化硬體如從業人員數位化工作配備、設置集團雲端資料庫居多，其次為參考網路大數據分析、自行開發網路社群平台或 APP，反觀積極投資發展物聯網業務較少。

　　平台面較偏重透過臉書社群媒體傳遞訊息（M=3.58），多透過 LINE

社群媒體（M=3.47）、YouTube 社群媒體（M=3.37）傳遞訊息，其中運用現有社群平台轉換為影音素材（YouTube）的比率低於靜態圖文素材（臉書、LINE）。

工具面著重設置集團雲端資料庫（M=3.26），或從業人員數位化工作配備（M=3.23）；其餘工具面數位化流程均有限。從業人員數位化工作配備為編採流程所必備，雲端資料庫攸關媒體內容建置保存運用。自行開發網路社群平台、APP，或物聯網相較有限。

### 表 2-8　平面媒體數位化流程李克特量表

| 類別 | 非常不同意 | 不同意 | 同意 | 非常同意 | 平均數 | 標準差 |
|---|---|---|---|---|---|---|
| 工具面 | | | | | 2.87 | .817 |
| 網路大數據分析 | 6 (14.3) | 8 (19.0) | 14 (33.3) | 14 (33.3) | 2.86 | 1.049 |
| 設置集團雲端資料庫 | 2 (4.7) | 6 (14.0) | 14 (32.6) | 21 (48.8) | 3.26 | .875 |
| 自行開發網路社群平台 | 11 (26.2) | 8 (19.0) | 14 (33.3) | 9 (21.4) | 2.50 | 1.110 |
| 物聯網業務發展 | 11 (26.8) | 9 (22.0) | 11 (26.8) | 10 (24.4) | 2.49 | 1.143 |
| 從業人員數位化工作配備 | 4 (9.3) | 1 (2.3) | 19 (44.2) | 19 (44.2) | 3.23 | .895 |
| 設置集團專屬APP傳遞訊息 | 8 (19.0) | 4 (9.5) | 15 (35.7) | 15 (35.7) | 2.88 | 1.109 |
| 平台面 | | | | | 3.47 | .550 |
| 透過 YouTube 影音平台傳遞訊息 | 1 (2.3) | 2 (4.7) | 20 (46.5) | 20 (46.5) | 3.37 | .691 |
| 透過 LINE 社群媒體傳遞訊息 | 1 (2.3) | 2 (4.7) | 16 (37.2) | 24 (55.8) | 3.47 | .702 |
| 透過臉書社群媒體傳遞訊息 | 0 (0) | 1 (2.3) | 16 (37.2) | 26 (60.5) | 3.58 | .545 |
| | | | | | 總平均值 3.07 | 總標準差 .644 |

　　根據 t 檢定分析，平面媒體設有網路部門，其工具面數位化流程應用，顯著高於沒有設網路部門的平面媒體（t=3.82，p<.001***）。

　　其中設有網路部門的平面媒體，在自行開發網路社群平台（t=5.57，p<.001***）、網路大數據分析（t=3.15，p<.01**）、設置集團雲端資料庫（t=2.46，p<.05*）、從業人員數位化工作配備（t=3.05，p<.05*）等，顯著高於未設網路部門的平面媒體。如前所述，從業人員數位化工作配備、設置集團雲端資料庫為數位化的基礎；自行開發網路社群平台、運用網路大數據分析，需要進一步的資金與人力投入。

　　平面媒體設有網路部門，其平台面數位化流程應用，高於沒有設網路部門的平面媒體（t=2.38，p<.05*）。其中設有網路部門的平面媒體，透過 YouTube 影音平台傳遞訊息（t=3.6，p<.01**），顯著高於未設網路部門的平面媒體。

　　網際網路為媒體數位化發展的基本款，平面媒體設有網路部門代表其對於數位化流程與發展的重視。

　　是否設置網路部門，除代表企業集團的數位化策略因應，也牽動集團對於數位化流程細節資源的建置取捨，以及後續相關數位化轉型。

表 2-9　網路部門設置與數位化流程 t 檢定

| 類別 | 選項 | 平均數 | t 值 | 顯著值 |
|---|---|---|---|---|
| 工具面 | 是 | 3.02 | 3.819 | .000*** |
| | 否 | 1.73 | | |
| 網路大數據分析 | 是 | 3.03 | 3.149 | .003** |
| | 否 | 1.60 | | |
| 設置集團雲端資料庫 | 是 | 3.37 | 2.461 | .018* |
| | 否 | 2.40 | | |
| 自行開發網路社群平台 | 是 | 2.68 | 5.573 | .000*** |
| | 否 | 1.20 | | |
| 物聯網業務發展 | 是 | 2.61 | 1.915 | .063 |
| | 否 | 1.60 | | |

(續)表 2-9　網路部門設置與數位化流程 t 檢定

| 類別 | 選項 | 平均數 | t 值 | 顯著值 |
|---|---|---|---|---|
| 從業人員數位化工作配備 | 是 | 3.45 | 3.045 | .036* |
| | 否 | 1.60 | | |
| 設置集團專屬 APP 傳遞訊息 | 是 | 3.00 | 1.957 | .057 |
| | 否 | 2.00 | | |
| 平台面 | 是 | 3.52 | 2.378 | .043* |
| | 否 | 3.13 | | |
| 透過 YouTube 影音平台傳遞訊息 | 是 | 3.42 | 3.597 | .01** |
| | 否 | 3.00 | | |
| 透過 LINE 社群媒體傳遞訊息 | 是 | 3.50 | .896 | .375 |
| | 否 | 3.20 | | |
| 透過臉書社群媒體傳遞訊息 | 是 | 3.63 | 1.702 | .096 |
| | 否 | 3.20 | | |

*p 值<.05，**p 值<.01，***p 值<.001

　　整體來看，平面媒體的數位化創新發展，以功能面略高（M=3.48），其次才涉及成本面（M=3.12）。也就是數位化創新發展偏重觀念與實務應用面，相關資金投入的評估相較謹慎。

　　功能面數位化創新發展，受訪者抱持數位化有助於媒體轉型（M=3.6）、媒體數位化有助於閱聽使用（M=3.56）、媒體數位化可更精確服務閱聽人（M=3.53）、媒體數位化帶來工作的便利性（M=3.53）。以上多為對於數位化創新發展的順應應然面。

　　相較之下，受訪者對於平面媒體數位化創新發展在成本面的表現，回答並不樂觀。成本面數位化創新發展在人力成本、業績表現上，平面媒體受訪者以為，媒體數位化使業績提升（M=3.14），但仍低於整體總平均值。

　　面對數位化創新發展，媒體集團在顧及現有編採人力外，還需要增聘資訊工程、資訊管理等相關背景的人力投資成本，且科技日新月異，須不斷持續更新與投資，資源投入與收益的平衡已經不易，能否獲益且建立有

效獲利的營運模式，仍在持續探索，的確形成平面媒體集團邁向數位化創新發展的挑戰。這也是多數傳統媒體遭遇的共同壓力課題。

表 2-10　平面媒體數位化發展李克特量表

| 類別 | 非常不同意 | 不同意 | 同意 | 非常同意 | 平均數 | 標準差 |
|---|---|---|---|---|---|---|
| 功能面 | | | | | 3.48 | .510 |
| 媒體數位化有助於閱聽使用 | 0 (0) | 1 (2.3) | 17 (39.5) | 25 (58.1) | 3.56 | .548 |
| 媒體數位化可更精確服務閱聽人 | 0 (0) | 1 (2.3) | 18 (41.9) | 24 (55.8) | 3.53 | .550 |
| 數位化有助於媒體轉型 | 0 (0) | 1 (2.3) | 15 (34.9) | 27 (62.8) | 3.60 | .541 |
| 媒體數位化帶來工作的便利性 | 0 (0) | 1 (2.3) | 18 (41.9) | 24 (55.8) | 3.53 | .550 |
| 媒體數位化呈現從業者的個人風格 | 3 (7.0) | 2 (4.7) | 14 (32.6) | 24 (55.8) | 3.37 | .874 |
| 工作數位化促進同儕社群交流 | 0 (0) | 3 (7.0) | 20 (46.5) | 20 (46.5) | 3.40 | .623 |
| 媒體數位化增加生產力 | 0 (0) | 2 (4.7) | 18 (41.9) | 23 (53.5) | 3.49 | .592 |
| 媒體數位化有助增進社群福祉 | 0 (0) | 4 (9.3) | 20 (46.5) | 19 (44.2) | 3.35 | .650 |
| 成本面 | | | | | 3.12 | .722 |
| 媒體數位化降低人力成本 | 1 (2.3) | 8 (18.6) | 20 (46.5) | 14 (32.6) | 3.09 | .781 |
| 媒體數位化使業績提升 | 2 (4.7) | 9 (20.9) | 13 (30.2) | 19 (44.2) | 3.14 | .915 |
| | | | | | 總平均值 3.40 | 總標準差 .503 |

　　平面媒體設置網路部門與否，在數位化創新發展有所差異。參考 t 檢定分析，設有網路部門的平面媒體，在功能面數位創新發展，顯著高於未

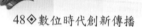

設網路部門的平面媒體（t=2.93, p<.005*）。

數位化有助於媒體轉型（t=2.88, p<.01**）、媒體數位化有助於閱聽使用（t=2.58, p<.005*）、媒體數位化可更精確服務閱聽人（t=2.45, p<.005*）、媒體數位化帶來工作的便利性（t=2.45, p<.005*）、媒體數位化呈現從業者的個人風格（t=3.02, p<.005*）。以上為目標理想取向。反觀涉及平面媒體成本面數位創新發展的差異則不顯著。

根據皮爾森相關分析發現，平面媒體功能面數位化流程，分別與工具面（r=.555***）、平台面（r=..607***）數位創新發展呈顯著正相關。

工具面數位化流程方面，其中網路大數據分析、設置集團雲端資料庫、從業人員數位化工作配備等工具面數位化流程，與功能面數位創新發展各題項皆呈不同顯著程度的正相關。代表平面媒體運用網路大數據分析、設置集團雲端資料庫、從業人員數位化工作配備等，直接有助於其數位創新發展。

物聯網業務發展除在媒體數位化帶來工作的便利性、工作數位化促進同儕社群交流、媒體數位化有助增進社群福祉等沒有相關外，對於其他功能面數位創新發展均有正面影響。

表 2-11　網路部門設置與數位化發展 t 檢定

| 類別 | 選項 | 平均數 | t 值 | 顯著值 |
|---|---|---|---|---|
| 功能面 | 是 | 3.56 | 2.932 | .005** |
| | 否 | 2.90 | | |
| 媒體數位化有助於閱聽使用 | 是 | 3.63 | 2.582 | .014* |
| | 否 | 3.00 | | |
| 媒體數位化可更精確服務閱聽人 | 是 | 3.61 | 2.448 | .019* |
| | 否 | 3.00 | | |
| 數位化有助於媒體轉型 | 是 | 3.68 | 2.882 | .006** |
| | 否 | 3.00 | | |

(續)表 2-11　網路部門設置與數位化發展 t 檢定

| 類別 | 選項 | 平均數 | t 值 | 顯著值 |
|---|---|---|---|---|
| 媒體數位化帶來工作的便利性 | 是 | 3.61 | 2.448 | .019* |
| | 否 | 3.00 | | |
| 媒體數位化呈現從業者的個人風格 | 是 | 3.58 | 3.016 | .037* |
| | 否 | 1.80 | | |
| 工作數位化促進同僚社群交流 | 是 | 3.42 | .980 | .362 |
| | 否 | 3.20 | | |
| 媒體數位化增加生產力 | 是 | 3.53 | 1.163 | .252 |
| | 否 | 3.20 | | |
| 媒體數位化有助增進社群福祉 | 是 | 3.39 | 1.286 | .206 |
| | 否 | 3.00 | | |
| 成本面 | 是 | 3.16 | 1.042 | .303 |
| | 否 | 2.80 | | |
| 媒體數位化降低人力成本 | 是 | 3.08 | -.322 | .749 |
| | 否 | 3.20 | | |
| 媒體數位化使業績提升 | 是 | 3.24 | 1.989 | .053 |
| | 否 | 2.40 | | |

*p 值<.05，**p 值<.01，***p 值<.001

　　自行開發網路社群平台與媒體數位化有助於閱聽使用（r=.361*）、媒體數位化可更精確服務閱聽人（r=.340*）、媒體數位化呈現從業者的個人風格（r=.498**）等呈正相關；但與其他題項無關。

　　設置集團專屬 APP 傳遞訊息僅與媒體數位化有助於閱聽使用（r=.309*）、媒體數位化可更精確服務閱聽人（r=.384*）等相關；與其他各題項無關。

　　平台面數位化流程如透過 YouTube 影音平台傳遞訊息、透過臉書社群媒體傳遞訊息，皆與功能面各題項顯著相關。透過 LINE 社群媒體傳遞訊息也多呈現顯著關聯，僅與媒體數位化有助於閱聽使用無關。

## 表 2-12　數位化流程與功能面數位化發展相關分析

| | 功能面 | 媒體數位化有助於閱聽使用 | 媒體數位化可更精確服務閱聽人 | 數位化有助於媒體轉型 | 媒體數位化帶來工作的便利性 | 媒體數位化呈現從業者的個人風格 | 工作數位化促進同儕社群交流 | 媒體數位化增加生產力 | 媒體數位化有助增進社群福祉 |
|---|---|---|---|---|---|---|---|---|---|
| 工具面 | .555*** | .537*** | .564*** | .504*** | .440*** | .626*** | .322* | .339* | .312* |
| 網路大數據分析 | .617*** | .528*** | .561*** | .548*** | .477** | .640*** | .387* | .469** | .430** |
| 設置集團雲端資料庫 | .564*** | .589*** | .599*** | .521*** | .500** | .526*** | .422** | .396** | .216 |
| 自行開發網路社群平台 | .341* | .361* | .340* | .285 | .180 | .498** | .193 | .166 | .151 |
| 物聯網業務發展 | .382* | .332* | .349* | .380* | .270 | .373* | .232 | .321* | .254 |
| 從業人員數位化工作配備 | .655*** | .603*** | .612*** | .539*** | .612*** | .830*** | .386* | .364* | .307* |
| 設置集團專屬APP傳遞訊息 | .251 | .309* | .384* | .282 | .224 | .245 | .032 | .014 | .192 |
| 平台面 | .607*** | .473** | .534*** | .510*** | .613*** | .484** | .530*** | .516*** | .393** |
| 透過YouTube影音平台傳遞訊息 | .502** | .382* | .404** | .403** | .466** | .357* | .480** | .476** | .393** |
| 透過Line社群媒體傳遞訊息 | .442** | .299 | .389** | .371* | .512*** | .371* | .386* | .357* | .262 |
| 透過臉書社群媒體傳遞訊息 | .632*** | .562*** | .606*** | .556*** | .606*** | .535*** | .500** | .501** | .355* |

　　工具面數位化流程中僅從業人員數位化工作配備（r=.337*）、透過臉書社群媒體傳遞訊息（r=.311*），與媒體數位化使業績提升相關；其餘題項皆不相關。媒體數位化發展須投入資訊網路相關人力，這部分未呈現明顯績效。

表 2-13　數位化流程與成本面數位化發展相關分析

|  | 成本面 | 媒體數位化降低人力成本 | 媒體數位化使業績提升 |
|---|---|---|---|
| 工具面 | .116 | .052 | .138 |
| 網路大數據分析 | .198 | .134 | .197 |
| 設置集團雲端資料庫 | .121 | -.036 | .222 |
| 自行開發網路社群平台 | .105 | .139 | .047 |
| 物聯網業務發展 | .076 | .001 | .118 |
| 從業人員數位化工作配備 | .270 | .104 | .337* |
| 設置集團專屬 APP 傳遞訊息 | -.154 | -.075 | -.178 |
| 平台面 | .208 | .080 | .260 |
| 透過 YouTube 影音平台傳遞訊息 | .197 | .067 | .255 |
| 透過 LINE 社群媒體傳遞訊息 | .102 | .049 | .119 |
| 透過臉書社群媒體傳遞訊息 | .248 | .094 | .311* |

## 深度訪談

　　平面媒體逐漸轉型數位化，除了資金投入外，分別運用於人力資源、硬體建置、組織結構、內容質變、社群拓展、新創實驗等。這部分以報業 E 化為先驅。

　　對於已經有媒體發行執照的平面媒體如報紙而言，在邁入數位化發展過程，以硬體科技近用為主，首先運用於組織內部產製流程。如用電腦編排方式，取代過往檢字排版印刷，其中牽涉到內部編採印製流程人員的在

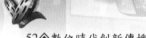

職教育，部分人力則面臨離職或轉業（PM1, AM1）。

在轉型過程，組織內部面臨的是人力的配置與數位化知能訓練。除透過開設相關在職課程，協助原有同仁因應數位化流程與環境外，一些媒體則直接採取人力的調整，新聘有相關經驗者，逐漸調整或解聘資深人員。

「幸好當時沒有目前的《勞動基準法》，否則一定引發抗爭。」（PM1, AM1）。

此一階段的創新形同維持性創新，平面媒體工作者以先適應硬體科技運用為主。

《有線廣播電視法》1993 年 7 月施行，臺灣政府在 1994 年才正式開放有線電視系統業者登記立案。衛星有線電視普及化，也形成對平面媒體的另一項競爭。

第二階段走向資訊數位化，《民生報》從 1995 年開始發展《民生天地》網站，1997 年 9 月 30 日，轉型為《民生天地生活資訊網》，由《民生報》與元碁資訊共同經營，不僅網站更改，連作業流程也完成自動化，每日約有二百則新聞上線（蘇芸，1997）。

中國時報系全球資訊網《中時電子報》於 1995 年 9 月 11 日正式上線，並於 10 月 2 日宣告設立，為《中時新聞網》前身（中時新聞網，2021）。

《聯合線上》由聯合報系於 2000 年成立，以成為中文市場頂尖全面內容服務提供者為目標。透過優質內容、資源整合、客製服務及市場開發，提供更多元及全面的資訊服務解決方案。主要事業體包括聯合新聞網（udn.com）及聯合知識庫（udndata.com），並發展數位出版，營運 udn 讀書吧（reading.udn.com）和 udn 讀創故事（story.udn.com）（聯合線上，2021）。

此一階段臺灣原有平面媒體刊載形式，多半將原有印刷媒體內容轉載網站。

2003 年 5 月 2 日，臺灣《蘋果日報》創刊，以零售價格 5 元促銷，

或搭配便利超商早餐等方式，席捲臺灣平面媒體市場，當時臺灣報紙售價為 15 元，各報後來調整為 10 元售價因應。

《蘋果日報》以大幅圖片比例呈現視覺化的新聞議題版面，以及《蘋果動新聞》的出現，都挑戰臺灣原本以質感取勝的臺灣文人報業。動新聞臺灣版於 2009 年 11 月 16 日推動，由臺灣壹傳媒互動有限公司負責製作，衝擊採訪記者前往事件現場蒐集資料的取向，以便將素材交給動畫師還原現場。

例如，2009 年，美國高爾夫球名將老虎伍茲，在奧蘭多自家外開車自撞路樹，當時有目擊者聲稱，伍茲前妻艾琳（Ellin）還拿著球桿擊破車窗把伍茲救出來，後來卻爆發出其實是伍茲偷腥導致和老婆吵架才開車外出發生車禍，《蘋果動新聞》還原伍茲遭妻持球桿追打的糗事，引起國際媒體注意（黎建忠，2017）。其中揮打球桿的方向究竟是由左向右？或從右向左？也引發熱議（AM1, PF1）。

《中央社》為臺灣的國家通訊社，於 2011 年 4 月 1 日推出中文新聞 App（中央通訊社，2021），將國內外大事即時推播傳送給使用者，包括新聞、照片、影音、資訊圖表。之後陸續也推出英文版、日文版 App，服務各地使用者。

組織結構面向，臺灣媒體產業因應數位化發展，逐漸設置新媒體部或網路部。有別於一般文字印刷媒體以編輯部為主力，新媒體部由少數全職主管、多數兼職小編呈現議題。《蘋果日報》將新媒體部視為採訪主力。

《蘋果新聞網》於 2019 年 4 月 1 日改為會員訂閱制，開放免費註冊為會員；但沒有穩定讀者群，2020 年 7 月 1 日，《蘋果新聞網》取消付費訂閱制。

臺灣閱聽人對於《蘋果日報》的休閒娛樂內容，沒有採取付費瀏覽的方式（AM1, PF1）。

除了兼顧數位平台，或原有紙本的議題採編寫，網路互動性也提供平

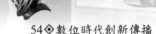

面媒體產業與讀者溝通的空間。如《中央社》網站影音頻道「全球視野」節目於 2010 年 4 月 1 日上線（中央通訊社，2021），提供即時影音及重大議題報導。

臺灣媒體走向數位化發展，最直接運用的是跨國社群平台，如臉書、YouTube 影音社群平台。這些以瀏覽量或點閱率的計算方式，直接左右媒體主管的進退（AM1, EM1, EM2）。電子報總編輯的去留取決於跨國社群平台的流量起伏。

各平面媒體除結合照片、圖表、影音、動畫等多元素材展現時事議題，也藉由跨國粉絲平台集結閱聽社群，提供閱聽友留言、互動分享、彼此交流的園地。

一些專業定位平面媒體結合特定主題建立各式主題社群，舉辦各式專業成長的講座或論壇，讓社群成員以付費方式進修或彼此集結，互通有無。這些專業社群的付費講座也形成商業模式（PM1, MM1），成為平面媒體部分收入。

平面媒體組織內部人力資源也從早期文字、圖像各司其職的分工，逐漸改以統整的方式，以有效運用人力。這些也衝擊傳播相關教育課程（AM1, EM1）。過往類似媒體科技形式，或內容素材的分類課程，目前逐漸以匯流科技或圖文、影音整合方式規劃。

除了社群平台成員或粉絲的交流互動外，成員也可以有個人專屬頁面上傳各自的創作，展現自媒體傳播的媒體近用權。公廣集團 PeoPo 公民新聞平台曾出現公民記者侵犯人權的內容，爆出守門失職的爭議，使得商業平面媒體數位平台在自媒體運用上特別謹慎，有相關媒體自律規範、使用者守則等，並設有機器人或守門編輯進行品質維護（PF1, EM1, EM2）。

社群集結不僅僅在使用者層面，也涵蓋同集團內工作群組，或跨媒體同路線記者的社群，提供成員交流的空間。

資產管理層面，以《聯合新聞網》為例，資料庫活化產生新的經營模

式，將資料中心保存七十年以來的照片、新聞素材進行有效整合運用，配合集團的出版方向，採取特定主題編排推出，也是平面媒體面臨數位化的重要資源（AM1, PM1）。相關資產有助於建立新的商業模式，也方便讀者進一步搜尋查閱。

《中央社》2018 年 7 月成立「媒體實驗室」，任務有強化新聞編採的數位戰力，提升社會的數位閱讀經驗，開發創新科技在媒體產業的應用；如既有的讀者與流量分析，以及持續規劃製作的數位專題、數據新聞、專網建置、客製化推薦及 AI 寫新聞等（梁君棣，2018）。

平面媒體發展大數據或 AI 報導，涉及集團投資行動，目前僅在部分平面媒體出現，且以與外部單位進行專案合作為主。如中央社與資策會簽署合作備忘錄，深化雙方在數位轉型、數位教育及數位服務的合作項目。

2016 年起，聯合報集團鼓勵同仁內部創業，探索新創營運模式的可能（PM1），是少數採取主動出擊行動方案的平面媒體。

## 伍、結論與討論

行動上網邁入 5G 時代，臺灣平面媒體面臨數位化科技導入的數位化流程現況為何？平面媒體如何進行數位化創新發展？以下將陳述研究發現。

依據問卷調查與深度訪談結果，臺灣平面媒體面臨數位科技變革，所採取的破壞式創新，先是「從上而下式破壞」（disruption from Above），其次是「大爆炸式破壞」（big bang disruption）。

此有別於廣播產業是先「大爆炸式破壞」（黃葳威，2021a），如經歷 2000 年第一波數位廣播實驗，因公部門政策驟變，延後開放，廣播產業投資宣告失敗。其次是「從上而下式破壞」，即急遽轉型網路廣播服務。

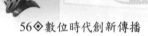
平面媒體產製流程的精進，促使平面媒體逐漸在集團內部進行從上而下式破壞。檢視臺灣平面媒體科技流程應用，以平台面居多（M=3.47），其次為工具面應用（M=2.87）。平台面以運用既有跨國網路社群平台為主；工具面則以擴增數位化硬體如從業人員數位化工作配備、設置集團雲端資料庫居多，其次為參考網路大數據分析、自行開發網路社群平台或APP，反觀積極發展物聯網業務較少。

平台面較偏重透過臉書社群媒體傳遞訊息（M=3.58），多透過 LINE社群媒體（M=3.47）、YouTube 社群媒體（M=3.37）傳遞訊息；工具面著重設置集團雲端資料庫（M=3.26），或從業人員數位化工作配備（M=3.23）；其餘工具面數位化流程均有限。

經深度訪談得知，臺灣媒體走向數位化發展，最直接運用的是跨國社群平台，如臉書、YouTube 影音社群平台。這些以瀏覽量或點閱率的計算方式，直接左右媒體主管的進退。

整體來看，平面媒體的數位化創新發展，以功能面略高（M=3.48），其次才涉及成本面（M=3.12）。可呼應臺灣廣播媒體破壞式創新研究結果（黃葳威，2021a）。

功能面數位化創新發展，受訪者抱持數位化有助於媒體轉型（M=3.6）、媒體數位化有助於閱聽使用（M=3.56）、媒體數位化可更精確服務閱聽人（M=3.53）、媒體數位化帶來工作的便利性（M=3.53）。

成本面數位化創新發展，平面媒體受訪者以為，媒體數位化有助於業績提升（M=3.14）。

皮爾森相關分析發現，平面媒體功能面數位化流程，分別與工具面（r=.555***）、平台面（r=..607***）數位創新發展呈顯著正相關。

網路大數據分析、設置集團雲端資料庫、從業人員數位化工作配備等工具面數位化流程，與功能面數位創新發展各題項皆呈不同顯著程度的正相關。代表平面媒體運用網路大數據分析、設置集團雲端資料庫、從業人

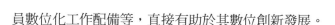

員數位化工作配備等，直接有助於其數位創新發展。

　　物聯網業務發展除在媒體數位化帶來工作的便利性、工作數位化促進同儕社群交流、媒體數位化有助增進社群福祉等沒有相關外，對於其他功能面數位創新發展均有正面影響。

　　自行開發網路社群平台與媒體數位化有助於閱聽使用（r=.361*）、媒體數位化可更精確服務閱聽人（r=.340*）、媒體數位化呈現從業者的個人風格（r=.498**）等呈正相關；但與其他題項無關。

　　設置集團專屬 APP 傳遞訊息僅與媒體數位化有助於閱聽使用（r=.309*）、媒體數位化可更精確服務閱聽人（r=.384*）等相關。

　　分析深度訪談，一些財經取向專業資訊定位的平面媒體，結合特定主題建立各式主題社群，舉辦各式專業成長的講座或論壇，讓社群成員以付費方式進修或彼此集結，這些專業社群的付費講座也形成商業模式。相較之下，大眾流行取向的媒體在數位化市場競爭下，其閱聽人的忠誠度則不穩定。

　　檢視臺灣平面媒體的破壞式創新，以民營媒體組織內部「從上而下式破壞」創新為先，有別於廣播媒體數位化第一槍來自於政府政策。

　　參考江子鳴（2011）有關科技產品的五種破壞式創新分類，平面媒體在數位科技演進的破壞式創新分別有：作業流程電腦化引發的「傳統破壞」、《蘋果日報》臺灣版大量圖像視覺呈現議題形成的「商業模式破壞」、網路視聽服務平台形成的「高階急遽式破壞」、社群平台內容農場出現的「低階利基破壞」，或遭遇網路原生平面媒體的衝擊所造成的「快速破壞式創新」。

　　廣播媒體破壞式創新研究顯示（黃葳威，2021a），愈投資數位科技設備或平台者，愈有機會步入生態圈的營運前景，也可能有機會獲利。

　　本研究探討平面媒體數位化發展獲悉，媒體內容資產管理層與主題式社群經營，如資料庫活化產生的新創模式，有助於形成新的商業模式。

　　破壞式創新理論文獻（Bower & Christensen, 1995; Christensen, 1997; Christensen et al., 2015）主張，現有企業被創新者所破壞，這些創新者向市場提供了替代價值主張。探索臺灣平面媒體的破壞式創新，在曇花一現消長之間的確引發各式的創新，在激烈競爭下，迄今仍以臺灣創刊悠久的平面媒體，堅守文字傳播基地。

# 第三章

## 廣播媒體破壞創新

# 壹、前言

　　跨國管理顧問公司埃森哲（Accenture）預估（行政院，2018），先進國家投入人工智慧與否，將對長期經濟發展帶來深刻影響，積極投入 AI 發展與不投入 AI 發展的國家，2035 年 GDP 差距將可達兩倍以上。

　　為落實「數位國家，智慧島嶼」的國家發展戰略，及產業創新的經濟結構轉型，行政院 2017 年核定「數位國家・創新經濟發展方案」（簡稱 DIGI+方案）。其中將人工智慧列為我國科技政策與人才培育的重點。

　　臺灣數位媒體應用暨行銷協會（DMA）公布報告（2019），臺灣 2018 年整體數位廣告量達 389 億臺幣，金額創新高，成長率卻連續兩年下滑。主因在於各產業都開始投入數位廣告，總流量則沒有太大成長。

　　《凱絡媒體週報》分析全媒體廣告市場（2020），平面紙媒投資量縮減最劇，跌幅超過 15%；電視持續縮減約 5%左右；廣播則微幅縮減。

　　面對廣告市場的轉移，電子媒體面臨各式數位化轉型的命運。例如，交通部電信總局 2000 年 1 月 14 日提出數位音訊服務試播計畫，採用歐規 Eureka-147 廣播系統，利用無線音頻中的五個頻道進行試播（吳嘉輝，2001）。參與 DAB 實驗電台，包括中國廣播公司、中央電台，以及飛碟聯播網的臺北飛碟電台、臺中真善美電台、高雄南臺灣之聲等。最後無疾而終，導致廣播業者走上街頭。

　　行政院數位內容產業發展推動小組於 2002 年 8 月 29 日臺灣數位視訊協會成立大會報告，政府為推動廣播、電視及電影的數位化，促進數位視訊產業的發展，特於「數位臺灣（e-Taiwan）計畫」中，研擬數位娛樂計畫（黃葳威、樊誌融，2004）；其目標在推展有線、無線廣播電視之數位化及輔導獎勵數位電影，並藉訂定相關法規、補助數位設備、協助籌建數

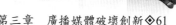

位傳輸平台等策略，來健全數位發展環境，且以補助數位視訊製作、獎勵優良數位視訊及培訓數位視訊人才等方式，來提升數位節目品質。

數位化在媒體發展持續演進（陳成良譯，2015），但政策因政權轉移無法持續，數位消費型態的獲利模式，充滿不確定。

另一方面，自從串流平台推出《紙牌屋》號稱結合 AI 大數據進行編劇，大數據應用在戲劇創作，蔚為主流。臺灣推出《我們與惡的距離》網劇，結合網路數據資料探勘。大數據分析出來後，第一時間卻讓編劇面臨癱瘓（奧美觀點，2019）。目前實際將數據應用在創作本身的案例，寥寥可數。

國內設有新聞傳播學院的大學院校，為因應數位科技人才培育，除起聘跨科技、AI 領域師資外，不斷進行課程重整；新冠疫情蔓延也促使教學數位遠距化。

哈佛大學（Harvard University）教授克雷頓・克里斯汀生（Clayton M. Christensen）1990 年提出破壞式創新的主張（Bower & Christense, 1995; Christensen, 1997; Christensen et al., 2015），且包含兩種不同的創新情境：維持性創新（sustaining innovation）及破壞性創新（disruptive innovation）。

臺灣自 2009 年陸續有科技層面的破壞式創新論文出現，有關科技產業的案例分析較多；傳播領域破壞式創新的研究，付之闕如。

本文將兼用問卷調查與深度訪談，探討臺灣廣電媒體面臨數位化、人工智慧科技導入，在數位化流程，以及數位化創新發展，如何進行破壞式創新。

## 貳、管理學派的演進

根據「社會科學辭典」（A Dictionary of the Social Sciences）的定義，管理（management）是一種企業決策形成與執行的過程，這個過程包括

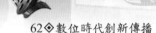

計畫、組織、指導、協調與控制等功能性的活動（Gould & Klib, 1964: 403）。這說明管理涵蓋了決策的形成和執行；管理牽涉到的範疇不只是決策的研擬、實踐，還有為執行決策的指導、協調等人際或部門間的互動，以及執行成果或績效控制。

管理學不算是新興的學問，早從 1930 年代開始，就有許多關於管理學的論述，這些論述大致可以分為古典管理學派、人類關係管理學派及現代管理學派（Albarran, 2012）。

## 一、古典管理學派

古典管理學派較為人熟知的研究取向，分別有美國的科學管理取向、法國的行政管理取向和德國的官僚管理取向。美國的科學管理取向，重視的是管理或經理人員針對增加生產所面臨的挑戰，而採取的系統化方式。所謂系統化方面落實的層面從全面協調、職位人選的選擇、適當的訓練與發展，到經濟上的誘因等（Taylor, 1991）。科學管理取向，比較站在達成目標的立場來看管理，且假設職員須有加薪、升遷等實際的利益才會克盡職守。

法國的行政管理取向，也較從資方觀點探討管理。行政管理取向重視的是如何計畫、組織、命令／統領、協調，及控制等功能，以達成既定任務目標（Fayol, 1949）。

另一個古典管理取向來自德國，是以韋伯（Max Weber）為首的官僚管理取向。社會學者韋伯根據工作生產力的組織架構，將組織階級制度理論化，促使生產力發揮極致。韋伯提出的分工方式有：最高權威中心、資深系統、嚴格訓練與控制、清楚的決策和過程、謹慎的分工等（Weber, 1947）。官僚管理取向強調不同階層的責任分工，且推崇經驗、資歷，鞏固任務指導最高的地位。

古典管理學派的最終目的在建立工作職責、維持密集的管理、監督生

產結果。其基本假設為：職員只有在合理的薪資、職位等利益考量下，才有工作士氣。很明顯地，古典管理學派傾向資方管理角度，且質疑職員的職業道德，也忽略職員的性向或興趣。

　　古典管理學派的資方管理角度，也引起行為學派的批評。重視人類關係的行為管理學派，並未假設職員「唯利是圖」，取而代之的主張管理人員應與職員一同承擔組織目標達成的責任，共同創造共享利潤的成果。

## 二、人類關係管理學派

　　人類關係管理學派的主要取向包括霍桑研究、需求階層研究、衛生學研究，以及 X 理論、Y 理論與 Z 理論。其中較著名的霍桑研究，由哈佛大學商學院教授馬友（Elton Mayo）提出。研究透過工廠燈光照明的實驗，測試員工的工作效率，結果發現，員工的生產力與照明的強弱無關，但與員工的人際關係有關。人際溝通良好則工作效率高，反之則降低（Mayo, 1933）。馬友的實驗說明生產力與環境因素未必有關，相對取決於人際關係，這使得管理學者開始關懷「員工」的情緒。

　　心理學者馬斯洛（Abraham Maslow）便從人的心理需求，提出了需求階層。需求階層為一金字塔階層，底端至尖端分別是生理、安全感、社會、自尊、和自我實現。生理需求如同人對食物、水、衣服等基本需要，當人的基本需求被滿足，會進入安全感的需求層次；當人有了安全感後，也需要為周圍的人群接納、與人相處等社會層次的需求；當人的社會層次需求被滿足，再進入自尊的建立與肯定；當人的自尊需求獲得滿足，則進入自我實現的階段，嘗試完成各項任務，成就自我的能力（Maslow, 1954）。

　　賀茲伯格（Herzberg, 1966）則由衛生學的角度審視管理議題，主張應同時兼顧員工的工作環境安全與舒適、任務分配、薪水、利潤分配等因素，才有適當的管理。賀茲伯格重視的層面兼顧了情境安排、任務調配，以及適宜的回饋。

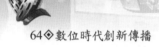

馬斯洛與賀茲伯格都比較關懷員工的身心需要；還有一些工業心理學者分別提出 X 理論、Y 理論與 Z 理論，分析管理方式與管理風格。X 理論的著眼點在於如何建立管理風格，如控制、威脅、壓迫等方式（McGregor, 1960）。X 理論類似古典管理學派的人性本惡主張，認為員工需要極強烈的領導壓力，才會完成任務，X 理論從員工的被動心理，觀察管理議題。

Y 理論則從員工的主動心理，說明員工只要被安排在適宜的任務位置，便可發揮所長（McGregor, 1960）。Y 理論從人性本善的角度，詮釋人盡其才的必要性。

大內（William Ouchi）提出的 Z 理論，相較美國、日本的企業管理，他發現日本企業中的員工參與和員工發展是企業成長的主因（Ouchi, 1981）。Z 理論關心的不是人盡其才，或管理風格，而是如何引導員工認同企業任務，並看重員工的自我成長。

人類關係管理學派等文獻，開始站在員工的立場研究管理學，其強調的重點是：如何創造積極的工作環境，同時滿足每一位員工的需求。

## 三、現代管理學派

現代管理學派因應民主政治的發展和多元化社會的趨勢，將管理學研究帶入重視過程的方向。現代管理學派的研究取向大致為管理效益取向、領導取向、系統管理取向，與全質量管理取向。

管理效益取向視任務完成為自然、預期的結果，要緊的是其中的過程。管理效益研究以德洛克（Peter Drucker）為首，他以為，管理是經理人員和員工對目標及行事曆的協調、共識（Drucker, 1973）；換言之，企業任務目標的設立與完成期限，不再只是資方或勞方單方面的責任。

領導取向將管理界定為（Hersey & Blanchard, 1993: 94）：在特定情境下，影響個人或一群人協力完成目標的過程。領導取向的研究焦點，包括任務行為、關係行為，及前置準備情形。同時，領導取向相當重視管理的

角色，認為管理的落實過程，將視上述目標達成的程度。

　　全質量管理取向的學者，既未從資方領導的角度，也未就勞資雙方的協調層面審視管理，其看重的是企業組織的品質。全質量管理取向主張組織品質的改善，可提升產品競爭力；所謂組織品質，尤其是指產品產製及國內外顧客服務而言（Weaver, 1991）。

## 四、系統管理學派

　　系統管理取向與全質量管理取向皆從企業組織整體的立場分析管理議題，系統管理取向關懷的層面包括企業組織、所處的環境、輸入、產製過程，以及輸出。系統取向較由系統生態的整體運作、互動，觀察系統內部的產製過程，及內部與外部的輸入、輸出等互動現象。

　　系統的運作、互動具有的特徵包括（黃葳威，2002；蔡琰，1995；Tsai, 1991; Van Gigch, 1974）：

　　1.系統整體大於部分與部分相加。
　　2.系統整體決定部分的性質。
　　3.需要評估整體部分，不能單獨被審視。
　　4.系統部分彼此牽動，互相依存。

　　所謂整體大於部分與部分相加，如電視頻道所採取的定位，與其節目內容、節目編排、節目製作方式、節目片源、頻道播送範圍均密切相關。系統整體決定部分的性質，如電視頻道被定位為綜合台，則其節目內容、促銷服務方式、時段安排都須以綜合台的定位為依據。對擁有兩個頻道以上的頻道家族而言，任一頻道決定調整定位，其節目內容、節目編排、節目製作方式、節目來源也必然隨之調動。

　　由於傳播媒介的運作如同一個系統的運作，當管理學與傳播學相整合時，系統管理取向的觀點，一直為媒介管理中節目管理的理論與實證基

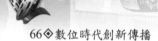

礎。所謂節目管理，艾爾摩（Ellmore, 1991: 465）以為是「有關廣播電視、有線電視、多頻道多點傳輸服務、直播衛星及相關媒介節目的計畫、安排、編排等」。本文所指的節目管理是指衛星暨有線電視頻道節目的計畫、安排、編排等。國內有關節目管理的文獻十分有限，大致分為概念建構的初探性研究與實證論述兩方向。

## 五、節目管理概念初探

根據《聲音的所在：透視電台節目規劃管理》一書（黃葳威，2002），節目管理的概念建構論述，始於類比訊號時代。關尚仁（1992）在〈節目策略研究初探〉一文，以系統分析的方法，將影響節目策略的元素，分列為投入、控制、處理、產出、回饋等層面；其中投入包括外部因素：市場與競爭對手、受眾特質、廣告商與節目供應，及內部因素：節目選擇、節目存量、節目促銷、財務預算、製播能力；控制為政策與法規、利潤目標、經營者與電台定位；處理指節目策略形成與節目編排；產出即節目播出；回饋為收受調查。由於論述焦點為節目策略，因而作者將投入、控制、回饋等層面對處理層面的影響分別討論，未就投入、控制、回饋對控制層面的互動加以著墨。而且，其投入層面忽略了節目播出後影帶管理；節目促銷因素僅被置於投入層面，而未考慮促銷服務亦可能在輸出層面呈現。這似乎沒有涵蓋節目管理流程中節目回流與再利用（重複播出）的現象。

蔡琰（1995）在〈生態系統與控制理論在傳播研究之應用〉一文，自傳播觀點與理念出發，探究系統生態（環境與組織）、系統行為（適應、互動、傳播），以及系統控制（前饋、回饋）在傳播研究的應用，尤其強調系統如何經由前饋與回饋來與環境互動以維繫系統生存。

所謂回饋，是一種利用輸出結果來規範與修正反應機制的控制信號；前饋是一種事先提供資訊給接收機制以利轉化行為的控制信號（黃葳威，2002；蔡琰，1995）。

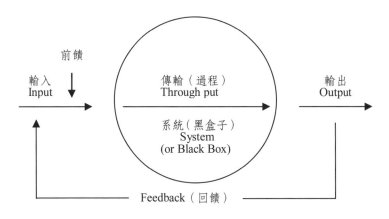

**圖 3-1　系統的基本資訊流程**

資料來源：黃葳威，2002；蔡琰，1995。

## 六、節目管理實證論述

### （一）節目內容安排

　　節目管理的實證論述大致分為節目內容安排與系統分析兩取向。從節目內容安排探討節目規劃的研究，包括討論文化接近性（cultural proximity）對節目管理的影響（李秀珠，1995），以及節目多樣性與市場競爭的關聯性（李秀珠、江靜之，1998；劉幼琍，1997）。

　　文化接近性是指文化特質對一電視節目的影響，即當所有其他因素相當時，觀眾會較偏好類似其固有文化的節目（Straubhaar, 1997）。李秀珠（1995）針對衛星電視公司（Star TV）、電視廣播國際有限公司（TVBI），及傳訊電視公司等三家衛星頻道探討三家衛星頻道所採用的文化接近性策略，結果說明各頻道策略的共通性包括：配音本土化、與當地媒體或製作公司合作、大量使用本土製播人才、以市場調查來評估策略成敗，及增加區域內節目比率來加強文化接近性。這篇論述介紹了三家衛星頻道的經營創設沿革、節目製作方式、節目來源等，也對節目語言策略有所觀察，但沒有就節目類型比率進行分析。

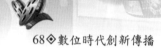

　　李秀珠與江靜之（1998）在〈市場競爭與節目多樣性之研究〉一文，根據李特曼（Litman, 1979）的觀點，將節目多樣性分為垂直多樣性和平行多樣性，分析臺視、中視、華視等三家無線電視台的節目編排。垂直多樣性是指不同類型節目在一年的分配；平行多樣性為特定時段中的節目多樣性，如將一天分為早上、中午、下午、傍晚、黃金、夜間六時段。她以有線電視合法化的年度民國 82 年為基準，抽取前後三年的三台電視節目表作為分析樣本，結果顯示：多頻道電視市場的競爭所帶來的節目多樣性只限於節目播出時間的加長，以及節目數量的增加；至於節目類型的多元化則未出現，反而有傾向減少的可能。這篇研究在結論中指出，來自衛星暨有線電視的競爭無法趨使三家無線電視台走向多樣性節目的製作，但閱聽大眾卻因此競爭有了更多的視聽選擇機會。雖然研究結果包含有線電視合法化前後的無線電視節目內容呈現，文中卻忽略廣播電視法過去對三家無線電視台節目的規範可能帶來的影響。

　　另一篇市場競爭與節目多樣性的論述（劉幼琍，1997），則就臺視、中視、華視、民視、衛視中文台、無線衛星電視、超視、東視綜合台等綜合頻道，進行節目類型與時段安排的分析。結果發現，無線電視台與有線電視綜合台皆以新聞氣象播出的時數最多，且均將八點檔規劃為戲劇時段，有些有線電視綜合台因無預算製作連續劇，而以外購港劇替代；談話性節目因製作成本低，為有線電視綜合台的主要節目類型，綜藝歌唱節目則是無線電視台的重要節目類型。這項研究也獲致相似的結果，即三台節目並未因市場競爭而增加節目的垂直多樣性，劉幼琍認為理由在於三台寧可選擇最大多數觀眾偏好的類型，以規避風險。這篇研究揭示了年代多頻道電視綜合台的節目安排，文中亦未討論相關法令對節目類型所可能帶來的約制。

## （二）系統分析論述

　　在系統分析論述方面，王德馨（1998）在《我國專業廣播電台定位之研究》論文，分別從廣播電視法有關節目的分類與語言比率的規定，分析

廣播電台的節目內容安排，同時自電台經營方式、工作人員素質探究系統內部的互動。結果建議《廣播電視法》修正有關節目分類與比率的規定，取消對語言比率的規定，並檢討廣播頻道的分配使用，也對國營電台播放廣告的可能性提出探討。

有關臺灣綜藝節目的節目規劃，林紀慧（1995）曾就臺灣綜藝節目的製播歷史與現況進行概括性陳述，同時針對臺灣綜藝節目的製作環境做一綜合回顧。這篇論述將綜藝節目的發展分為歌唱綜藝節目時期、短劇綜藝節目時期，及主持人「脫口說」時期，雖然缺乏實證分析數據，但對時下綜藝節目受到美國、日本等外來文化的影響，提出反省的批評。

李嘉崑（1995）以國內教育電台為研究對象，從策略管理的角度探討教育電台的宗旨與定位、背景資訊、策略與行動計畫。這篇論文採用敘述性研究為主，透過內容分析、深度訪談、文獻分析法，探討電台定位與功能的理念，論文中針對教育電台節目編排策略提出具體建議，未就收聽調查回饋機能對節目編排的影響進行探討，是一篇實務導向的論述。

至於類型電台的經營策略，張湘蓉（1996）比較臺北愛樂電台與人人電台的經營策略，從媒介生態的觀點討論了市場競爭下電台的行銷策略、定位策略、節目策略與推廣策略。她以文獻調查法分析廣播頻道釋出的生態變化，正如其結論中所言「以另闢蹊徑的利基（niche）策略取代依附潮流的跟隨（follow）策略，提升相對競爭優勢」，這篇論文對工具、方法、途徑等層面的策略多所著墨，未就節目內容、節目來源、節目播出後處理進行觀察分析。

節目策略的研究，包括從德國經驗看臺灣未來公共電視節目可行的節目策略（翁秀琪，1997）、臺北廣播電台節目策略分析（黃葳威，2003）。前者首先分析德國公、民營台的節目規劃策略，以德國為例提供策略資訊，如德國的公視和民營電視在節目上有愈來愈重疊的趨勢，同時由德國經驗提出未來我國公視可以採取的節目策略──「對比策略」、多服務民

營電視無法顧及的觀眾群、有歷史觀或文化性的節目等。這篇節目策略論述對德國公視、民營電台主打節目類型有所探討，未包含節目類型安排比例、節目採購來源、節目播出後處理等因素。

《臺北想像的延伸：臺北廣播電台節目規劃探討》報告指出（黃葳威，2003），面對媒體競爭激烈生態的都會空間，臺北電台除維護公共利益與公共領域價值外，播放範圍以臺北都會生活圈為主，尤應關注網路廣播服務，以及網路世代的閱聽需求，加強網路廣播內容的規劃與發展。

黃葳威（2002）將回饋與前饋概念，應用於多頻道的廣播生態下，新聞頻道或音樂頻道節目管理人員在考慮頻道定位前，除依據其頻道擁有數、播送範圍之外，還須考慮其他頻道現有定位與訴求聽眾已占有的飽和情形，再採取定位，這如同前饋對定位的影響；而回饋則是當頻道節目播出後，聽眾的反應或市場的改變。

其實，從回饋與前饋的目的均是為了使系統運作健全來看，當系統首次運作之前所需要蒐集的資訊如同前饋，而當系統不斷重複運作，爾後的循環過程，回饋均視同前饋的一部分。換言之，當一個電視頻道首次開播前所進行的資訊蒐集、處理，如同前饋；而開播後欲修正、調整節目管理所根據的播出反應即為回饋。前饋如同前置規劃，開播後欲調整定位的前置規劃實已包含回饋。

回饋也被界定為：先有訊息輸入，爾後產生接收者對訊息的反應、效果及互動溝通，以期接近互動傳播的影響（黃葳威，1997a）。黃葳威在〈節目製播者與回饋〉一文中，獲悉電視節目製播單位在進行節目規劃時，會參酌製作人員的創意構想、社會流行話題，或相關節目收視率調查報告為基礎；當節目播出後欲修正節目內容，則會參考廣告市場反應，或觀眾群藉由傳真信函或電話的參與和意見表達，或針對該節目的市場調查結果，進行調整（黃葳威，1997a）。

另一篇〈多頻道廣播生態下聽眾回饋的定位〉則指出（黃葳威，

1997b），大部分的中功率區域電台或小功率社區電台，在修正電台定位與節目內容時，會參考電台叩應節目聽眾對電台的建議，或聽眾藉由電話、信函、傳真、網路等途徑的意見，作為改變的依據。這似乎反映一個現象，即在一個循環運作的傳播系統，已開始運作系統的前饋，也可能包含系統運作輸出的回饋。

　　參酌相關文獻，及今年影音演進生態，由衛星暨有線電視「頻道節目的計畫、安排、編排」的定義基礎，試擬節目管理架構（見圖 3-2）。文中頻道節目的計畫是指根據頻道擁有數、播送範圍及所採取的定位、訴求閱觀眾；頻道節目的安排包含根據頻道擁有數、播送範圍、頻道定位及訴求閱觀眾而安排的自製／委製／合製／採購節目比率、片源採購、閱觀眾服務、影帶播出後處理等；頻道節目編排則是指依據節目計畫、安排所採行的節目編排、與其他頻道的區隔方式、輸出節目類型比率、節目調整方式等。頻道節目計畫、安排、編排彼此相互影響。

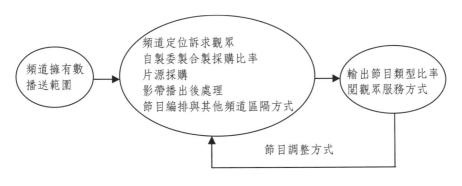

**圖 3-2　節目管理架構**

七、媒體定位

　　定位是 1950 年代中期興起的一種行銷策略，由於一般閱聽大眾每日沉浸於千變萬化的訊息洪流，如何令閱聽人印象深刻，在眾多競爭者脫穎

而出，是定位的主要考量（Albarran, 2012），所以，學者曾將定位界定為「按著心中期望來推動」（Ries & Trout, 1986）。

對於傳播產業而言，定位如同建立一種清晰的識別或認同，以求與眾不同，學者伊斯蔓（Eastman, 1993: 550）便認為「使閱聽大眾相信電台或電視公司有別於其競爭者」，即是定位。例如，不同定位的音樂類型電台，或有線電視與無線電視各頻道的內容與服務的區別。

伊斯蔓的界定並未強調產業競爭者之間真正本質的差異，但重視「使閱聽大眾相信」的表象區隔。換言之，與本質有關的內容可能異中有同，同中有異，但電台對外的形象、號召要有其特色。

《媒介與傳播辭典》（*Webster's New World Dictionary of Media and Communication*）將定位解釋為：經由廣告、公共關係或其他技巧等對產品或服務所塑造出的獨特認同、形象或概念（Weiner, 1990: 362）。以廣播產業為例，電台定位可由台聲、節目編排、節目訴求聽眾、相關公共關係活動呈現。如新聞台、交通資訊台、漁業氣象台的節目表安排與所服務的聽眾群便不盡完全一致。

根據《大眾媒介辭典》（*NTC' Mass Media Dictionary*）的界定（Ellmore, 1991: 447），定位包含以下幾種涵義：

1.廣告主、廣播電台、電視公司、報紙，或其他組織機構嘗試說服大眾相信其產品或服務的獨特及略勝一籌之處。
2.廣告代理人及節目編排人員嘗試為廣告或節目選擇適當的位置或時段，以觸及最多訴求閱聽人，發揮最大效益。

審視上述定位的定義不難發現，既有環境、訴求閱聽眾、產品或服務的特色，以及與既有市場的區隔、影響傳播產業的成長與服務品質。

本文的既有環境是指制度規範層，如一個國家地區的傳播制度與核配執照的涵蓋範圍；訴求閱聽眾為其傳播內容、服務的對象或消費者；產品

或服務的特色在於傳播的內容取向；與既有市場的區隔係指其產品或服務
在核配執照的涵蓋範圍所占的相對比率。

　　隨著媒體數位化進展，廣播媒體也面臨許多變動與變革，本章將關注
廣播媒體經歷數位化的破壞式創新。

# 參、研究設計

　　研究兼用問卷調查與深度訪談法，以臺灣廣播策略聯盟中功率，或大
功率全區廣播媒體為主，調查並訪問前述媒體的主管對於服務媒體的科技
創新經驗。

　　問卷內容除調查媒體主管或資深媒體人服務媒體類別、性別、服務年
資之外，還有調查主管在媒體的服務部門，包括企劃行銷或行政管理；以
及服務媒體是否設有網路部門。

　　媒體主管或資深媒體人針對服務媒體科技流程應用，以李克特量表從
非常同意、同意、不同意、非常不同意等尺度進行評估；問題題項包括：
個人工作配備、訊息傳遞方式、科技應用、科技開發等，得分愈高代表應
用程度愈強。

表 3-1　傳播媒體科技流程應用因素分析

| 問卷變項 | 因素負荷值 | 特徵值 | 解釋變異（%） | 信度（Cronbach's Alpha） |
|---|---|---|---|---|
| 因素一　平台面 | | 2.268 | 25.198 | .795 |
| 透過LINE社群媒體傳遞訊息 | .894 | | | |
| 透過YouTube影音平台傳遞訊息 | .829 | | | |
| 透過臉書社群媒體傳遞訊息 | .636 | | | |
| 設置集團專屬APP傳遞訊息 | .534 | | | |

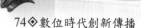

(續)表 3-1 傳播媒體科技流程應用因素分析

| 問卷變項 | 因素負荷值 | 特徵值 | 解釋變異（%） | 信度（Cronbach's Alpha） |
|---|---|---|---|---|
| 因素二　生態面 | | 2.178 | 24.202 | .765 |
| 自行開發網路社群平台 | .887 | | | |
| 物聯網業務發展 | .849 | | | |
| 因素三　工具面 | | 1.979 | 21.988 | .659 |
| 網路大數據分析 | .775 | | | |
| 設置集團雲端資料庫 | .734 | | | |
| 從業人員數位化工作配備 | .681 | | | |
| 總累積解釋變異（%） | | | 71.388 | .82 |

　　經由傳播媒體科技流程應用因素分析分別以 9 題項進行調查，經信度分析 Cronbach's Alpha 值為.82。再以因素分析可分為以下平台面、生態面、工具面三因素群。平台面的信度為.8，生態面信度達.77，工具面信度為.66。

表 3-2 破壞式創新優勢的因素分析

| 問卷變項 | 因素負荷值 | 特徵值 | 解釋變異（%） | 信度（Cronbach's Alpha） |
|---|---|---|---|---|
| 功能面 | | 4.714 | 47.136 | .947 |
| 數位化有助於媒體轉型 | .919 | | | |
| 媒體數位化有助於閱聽使用 | .911 | | | |
| 媒體數位化可更精確服務閱聽人 | .898 | | | |
| 媒體數位化帶來工作的便利性 | .824 | | | |
| 媒體數位化呈現從業者的個人風格 | .724 | | | |
| 媒體數位化有助增進社群福祉 | .648 | | | |

(續)表 3-2　破壞式創新優勢的因素分析

| 問卷變項 | 因素負荷值 | 特徵值 | 解釋變異（%） | 信度（Cronbach's Alpha） |
|---|---|---|---|---|
| 績效面 | | 3.313 | 33.129 | .877 |
| 工作數位化促進同儕社群交流 | .828 | | | |
| 媒體數位化降低人力成本 | .827 | | | |
| 媒體數位化增加生產力 | .756 | | | |
| 媒體數位化使業績提升 | .755 | | | |
| 總累積解釋變異（%） | | | 80.265 | .94 |

　　破壞式創新問卷設計，參考卡洛塔・佩雷斯（Peatz, 2014: 6）分析破壞式創新的優勢：簡單、便利、可親近性，低價、使用友善、以及價值主張等，建構臺灣傳播媒體破壞性創新的量表（黃葳威，2020a），由 10 題項測量，以李克特量表從非常同意、同意、不同意、非常不同意等尺度進行評估。

　　經信度分析 Cronbach's Alpha 值為.94。再以因素分析可分為以下功能面、績效面兩因素群。

　　功能面因素信度達.95，績效面信度為.88。

　　深度訪談對象計有 5 位廣播產業主管。訪談於 2020 年 10 月至 12 月間進行，訪問對象除行銷部門主管，大多服務媒體達二十五年以上。

表 3-3　深度訪談名單

| 編號 | 媒體類別 | 性別 | 年資 | 職務 |
|---|---|---|---|---|
| RMM1 | 廣播 | 男 | 32 | 總經理 |
| RMM2 | 廣播 | 男 | 45 | 董事長 |
| RFB1 | 廣播 | 女 | 30 | 業務部主管 |
| RFM2 | 廣播 | 女 | 9 | 行銷部主管 |
| RFP3 | 廣播 | 女 | 25 | 節目部主管 |

深度訪談問題如下：

1. 請問服務集團所擔任的職務？負責的業務範圍？
2. 請問服務集團何時開始推動數位化營運？推動的方式為何？
3. 請問推動數位化營運過程的機會與挑戰？優勢或劣勢有哪些？
4. 請問集團如何協助既有服務同仁對於數位化流程的適應？是否影響組織布局？
5. 請問推展數位化的績效如何？是否面臨瓶頸？如何克服？
6. 請問集團是否採用大數據或人工智慧的科技應用？應用現況如何？
7. 請問有其他要補充的意見或建議嗎？

# 肆、研究結果

根據問卷調查與深度訪談結果，以下分別陳述受訪媒體主管或資深媒體人的性別、年資、服務媒體類別、服務部門、數位化工作流程，及數位化工作優勢等。

問卷調查回收以女性較多，占 68%，男性占 32%。

表 3-4　性別、功率、部門類別分布

| | 個數 | 百分比 | | 個數 | 百分比 | | 個數 | 百分比 |
|---|---|---|---|---|---|---|---|---|
| 男 | 13 | 32 | 中功率 | 22 | 53.7 | 企劃行銷 | 9 | 22 |
| 女 | 28 | 68 | 大功率 | 19 | 46.3 | 行政主管 | 32 | 78 |
| 總計 | 41 | 100.0 | 總計 | 41 | 100.0 | 總計 | 41 | 100.0 |

廣播產業受訪者來自中功率、大功率電台，其中中功率電台占 53.7%，大功率電台有 46.3%。

　　受訪服務部門類別以行政主管較多（78%），其次為企劃行銷主管（22%）。

　　廣播產業受訪者以行政管理職居多；廣播行政管理者往往就是經營資方。

表 3-5　性別與服務部門交叉分析

| | | 企劃行銷 | 行政主管 |
|---|---|---|---|
| 男 | 個數 | 0 | 6 |
| | 百分比 | 0.0% | 100.0% |
| 女 | 個數 | 8 | 5 |
| | 百分比 | 61.5% | 35.8% |
| 總和 | 個數 | 8 | 11 |
| | 百分比 | 42.1% | 57.9% |

卡方檢定=6.378$^a$, df=1, p= .012*

　　受訪廣播媒體，設置網路部門的占六成六。

表 3-6　設置網路部門與否

| | 個數 | 百分比 |
|---|---|---|
| 是 | 27 | 66 |
| 否 | 14 | 34 |
| 總計 | 41 | 100.0 |

　　現有受訪媒體人的服務年資從兩年至四十二年不等，平均年資為二十三年。其中服務低於五年者，多半跨業轉職到媒體服務，也有持續在媒體領域服務數十年者。以服務三十年者最多，有一成七；其餘皆在一成以下。

表3-7　服務年資

| 年資 | 個數 | 百分比 |
|---|---|---|
| 2 | 2 | 4.9 |
| 4 | 1 | 2.4 |
| 5 | 2 | 4.9 |
| 7 | 1 | 2.4 |
| 9 | 1 | 2.4 |
| 10 | 1 | 2.4 |
| 12 | 1 | 2.4 |
| 15 | 2 | 4.9 |
| 17 | 1 | 2.4 |
| 19 | 1 | 2.4 |
| 20 | 4 | 9.8 |
| 25 | 4 | 9.8 |
| 26 | 4 | 9.8 |
| 30 | 7 | 17.1 |
| 33 | 4 | 9.8 |
| 37 | 1 | 2.4 |
| 40 | 2 | 4.9 |
| 42 | 2 | 4.9 |
| 總計 | 41 | 100.0 |

檢視臺灣廣播媒體科技流程應用，以平台面居多（M=3.17），其次為工具面（M=2.98），生態面應用較低（M=2.37）。

平台面較偏重透過臉書社群媒體傳遞訊息（M=3.44）、多透過 LINE 社群媒體傳遞訊息（M=3.25）；工具面著重從業人員數位化工作配備（M=3.3），或設置集團雲端資料庫（M=3）；生態面部分，自行開發網路社群平台略高（M=2.49），投入物聯網科技應用較有限。

表 3-8　廣電媒體科技流程應用

| 類別 | 非常不同意 | 不同意 | 同意 | 非常同意 | 平均數 | 標準差 |
|---|---|---|---|---|---|---|
| 平台面 | | | | | 3.17 | .612 |
| 透過臉書社群媒體傳遞訊息 | 0<br>(0) | 0<br>(0) | 23<br>(56.1) | 18<br>(43.9) | 3.44 | .502 |
| 透過 LINE 社群媒體傳遞訊息 | 2<br>(5.0) | 2<br>(5.0) | 20<br>(50.0) | 16<br>(40.0) | 3.25 | .776 |
| 透過 YouTube 影音平台傳遞訊息 | 1<br>(2.4) | 5<br>(12.2) | 25<br>(61.0) | 10<br>(24.4) | 3.07 | .685 |
| 設置集團專屬APP 傳遞訊息 | 4<br>(9.8) | 11<br>(26.8) | 9<br>(22.0) | 17<br>(41.5) | 2.95 | 1.048 |
| 生態面 | | | | | 2.37 | .866 |
| 自行開發網路社群平台 | 9<br>(22.0) | 11<br>(26.8) | 13<br>(31.7) | 8<br>(19.5) | 2.49 | 1.052 |
| 物聯網業務發展 | 9<br>(23.1) | 15<br>(38.5) | 13<br>(33.3) | 2<br>(5.1) | 2.21 | .864 |
| 工具面 | | | | | 2.98 | .596 |
| 從業人員數位化工作配備 | 0<br>(0) | 2<br>(5.0) | 24<br>(60.0) | 14<br>(35.0) | 3.30 | .564 |
| 網路大數據分析 | 5<br>(12.8) | 11<br>(28.2) | 16<br>(41.0) | 7<br>(17.9) | 2.64 | .932 |
| 設置集團雲端資料庫 | 2<br>(4.9) | 8<br>(19.5) | 19<br>(46.3) | 12<br>(29.3) | 3.00 | .837 |
| | | | | | 總平均值<br>2.93 | 總標準差<br>.53 |

　　t 檢定分析顯示，廣播媒體部門類別不同，從業人員數位化工作配備呈現顯著差異（t=-3.5，p<.001***）。行政主管的數位化配備得分顯著高於企劃行銷。

表 3-9　部門類別與數位化流程應用之 t 檢定

| 類別 | 選項 | 平均數 | t 值 | 顯著值 |
|------|------|--------|------|--------|
| 工具面 | 企劃行銷 | 2.93 | -.326 | .746 |
| | 行政主管 | 3 | | |
| 網路大數據分析 | 企劃行銷 | 2.38 | -.610 | .559 |
| | 行政主管 | 2.71 | | |
| 設置集團雲端資料庫 | 企劃行銷 | 3.33 | 1.368 | .179 |
| | 行政主管 | 2.91 | | |
| 從業人員數位化工作配備 | 企劃行銷 | 3 | -3.503 | .001*** |
| | 行政主管 | 3.39 | | |

*p 值<.05，**p 值<.01，***p 值<.001

　　根據卡方檢定，受訪者服務部門與電台功率類別有顯著差異。不同功率電台的受訪從業人員，行政主管皆顯著高於企劃行銷（$\chi^2$=8.4，p<.01**）。

表 3-10　部門類別與電台功率之卡方檢定

| 中功率電台 | 服務部門 | 企劃行銷 | 行政主管 |
|-----------|---------|---------|---------|
| 是 | 個數 | 1 | 21 |
| | 百分比 | 4.5% | 95.5% |
| 否 | 個數 | 8 | 11 |
| | 百分比 | 42.1% | 57.9% |
| 總和 | 個數 | 9 | 32 |
| | 百分比 | 22.0% | 78.0% |

卡方檢定=8.395, df=1, p= .004**

　　卡方檢定顯示，受訪性別與電台部門有顯著差異。男性服務於行政主管顯著多於女性服務於行政主管；擔任行政主管的男性，顯著多於擔任企

劃行銷的男性；擔任行政主管的女性，顯著少於企劃行銷服務的女性（$\chi^2$ =6.38，p<.05*）。

表 3-11　2021_電台問卷_卡方檢定_性別*服務部門

| 性別　　　服務部門 | | 企劃行銷 | 行政主管 |
|---|---|---|---|
| 男 | 個數 | 0 | 6 |
| | 百分比 | 0.0% | 100.0% |
| 女 | 個數 | 8 | 5 |
| | 百分比 | 61.5% | 35.8% |
| 總和 | 個數 | 8 | 11 |
| | 百分比 | 42.1% | 59.9% |

卡方檢定=6.378a, df=1, p= .012*

　　根據 t 檢定分析，廣播媒體設有網路部門，其工具面數位化流程應用，顯著高於沒有設網路部門的廣播媒體（t=2.18，p<.05*）。其中設有網路部門的廣播媒體，在設置集團雲端資料庫得分顯著高於未設網路部門的廣播業者（t=3.34，p<.01**）。

表 3-12　網路部門與數位化流程應用之 t 檢定

| 類別 | 選項 | 平均數 | t 值 | 顯著值 |
|---|---|---|---|---|
| 工具面 | 是 | 3.14 | 2.18 | .035* |
| | 否 | 2.72 | | |
| 網路大數據分析 | 是 | 2.76 | .929 | .359 |
| | 否 | 2.46 | | |
| 設置集團雲端資料庫 | 是 | 3.30 | 3.34 | .002** |
| | 否 | 2.46 | | |
| 從業人員數位化工作配備 | 是 | 3.35 | .666 | .510 |
| | 否 | 3.23 | | |

*p 值<.05，**p 值<.01，***p 值<.001

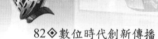

廣播媒體的數位化創新發展，以功能面略高（M=3.34），其次是績效面（M=3）。

功能面數位化創新發展，受訪者抱持數位化有助於媒體轉型（M=3.46）、媒體數位化可更精確服務閱聽人（M=3.45）。

績效面數位化創新發展，廣播主管以為，工作數位化促進同儕社群交流（M=3.17）、媒體數位化增加生產力（M=3.12）。

表 3-13　廣播數位化創新發展

| 類別 | 非常不同意 | 不同意 | 同意 | 非常同意 | 個數 | 平均數 | 標準差 |
|---|---|---|---|---|---|---|---|
| **功能面** | | | | | | 3.34 | .51 |
| 數位化有助於媒體轉型 | 0 (0) | 0 (0) | 22 (53.7) | 19 (46.3) | 41 | 3.46 | .505 |
| 媒體數位化可更精確服務閱聽人 | 0 (0) | 1 (2.5) | 20 (50.0) | 19 (47.5) | 40 | 3.45 | .552 |
| 媒體數位化呈現從業者的個人風格 | 0 (0) | 5 (12.2) | 23 (56.1) | 13 (31.7) | 41 | 3.20 | .641 |
| 媒體數位化帶來工作的便利性 | 0 (0) | 5 (12.2) | 19 (46.3) | 17 (41.5) | 41 | 3.29 | .680 |
| 媒體數位化有助增進社群福祉 | 0 (0) | 3 (7.3) | 27 (65.9) | 11 (26.8) | 41 | 3.20 | .558 |
| **績效面** | | | | | | 3 | .643 |
| 工作數位化促進同儕社群交流 | 0 (0) | 5 (12.2) | 24 (58.5) | 12 (29.3) | 41 | 3.17 | .629 |
| 媒體數位化增加生產力 | 0 (0) | 5 (12.2) | 26 (63.4) | 10 (24.4) | 41 | 3.12 | .600 |
| 媒體數位化使業績提升 | 2 (4.9) | 8 (19.5) | 20 (48.8) | 11 (26.8) | 41 | 2.98 | .821 |
| 媒體數位化降低人力成本 | 5 (12.2) | 8 (19.5) | 20 (48.8) | 8 (19.5) | 41 | 2.76 | .916 |
| | | | | | | 總平均值 3.21 | 總標準差 .523 |

服務於行政主管的廣播主管，和服務於企劃行銷的主管，對於績效面數位化創新發展觀點顯著有別。t 檢定顯示，行政主管在媒體數位化降低人力成本得分，顯著高於企劃行銷主管（t=-3.09，p<.01**）。

表 3-14　廣播部門數位化創新發展 t 檢定

| 類別 | 選項 | 平均數 | t 值 | 顯著值 |
|---|---|---|---|---|
| 績效面 | 企劃行銷 | 2.72 | -1.52 | .136 |
| | 行政主管 | 3.09 | | |
| 工作數位化促進同儕社群交流 | 企劃行銷 | 3.11 | -.318 | .752 |
| | 行政主管 | 3.19 | | |
| 媒體數位化降低人力成本 | 企劃行銷 | 2.00 | -3.09 | .004** |
| | 行政主管 | 2.97 | | |
| 媒體數位化增加生產力 | 企劃行銷 | 3.11 | -.061 | .952 |
| | 行政主管 | 3.13 | | |
| 媒體數位化使業績提升 | 企劃行銷 | 2.67 | -1.288 | .205 |
| | 行政主管 | 3.06 | | |

*p 值<.05，**p 值<.01，***p 值<.001

　　廣播媒體設置網路部門與否，在數位化創新發展有所差異。參考 t 檢定發現，設有網路部門的廣播媒體，在功能面數位創新發展，顯著高於未設網路部門的廣播業者（t=3.27, p<.01**）。

表 3-15　廣播設置網路部門數位化創新發展 t 檢定

| 類別 | 選項 | 平均數 | t 值 | 顯著值 |
|---|---|---|---|---|
| 功能面 | 是 | 3.5000 | 3.27 | .003** |
| | 否 | 3.0385 | | |
| 數位化有助於媒體轉型 | 是 | 3.63 | 3.38 | .002** |
| | 否 | 3.15 | | |
| 媒體數位化有助於閱聽使用 | 是 | 3.67 | 4.90 | .000*** |
| | 否 | 3.08 | | |

(續)表 3-15　廣播設置網路部門數位化創新發展 t 檢定

| 類別 | 選項 | 平均數 | t 值 | 顯著值 |
|---|---|---|---|---|
| 媒體數位化可更精確服務閱聽人 | 是 | 3.62 | 3.02 | .005** |
| | 否 | 3.15 | | |
| 媒體數位化帶來工作的便利性 | 是 | 3.48 | 2.56 | .014* |
| | 否 | 2.92 | | |
| 媒體數位化呈現從業者的個人風格 | 是 | 3.33 | 2.17 | .038* |
| | 否 | 2.92 | | |
| 媒體數位化有助增進社群福祉 | 是 | 3.30 | 1.59 | .121 |
| | 否 | 3.00 | | |
| 績效面 | 是 | 3.1111 | 1.49 | .145 |
| | 否 | 2.7885 | | |
| 工作數位化促進同儕社群交流 | 是 | 3.30 | 1.99 | .056 |
| | 否 | 2.92 | | |
| 媒體數位化降低人力成本 | 是 | 2.74 | -.090 | .929 |
| | 否 | 2.77 | | |
| 媒體數位化增加生產力 | 是 | 3.30 | 2.79 | .008** |
| | 否 | 2.77 | | |
| 媒體數位化使業績提升 | 是 | 3.11 | 1.516 | .138 |
| | 否 | 2.69 | | |

*p 值<.05，**p 值<.01，***p 值<.001

　　廣播媒體設有網路部門，其功能面數位創新發展，明顯高於未設網路部門的廣播（t=3.27, p<.01**）。

　　設有網路部門在媒體數位化有助於媒體轉型（t=3.38, p<.01**）、媒體數位化有助於閱聽使用（t=4.9, p<.001***）、媒體數位化可更精確服務閱聽人（t=3.02, p<.01**）、媒體數位化帶來工作的便利性（t=2.56, p<.05*）、媒體數位化呈現從業者的個人風格（t=2.17, p<.05*），得分均高於未設有網路部門的電台業者。

廣播媒體績效面創新發展，設置網路部門的廣播媒體，僅在媒體數位化增加生產力，顯著高於未設網路部門的電台業者（t=2.79, p<.01**）。

　　根據皮爾森相關分析，廣播媒體在平台面（r=.473, p<.01**）、工具面（r=.629, p<.001***）數位化流程與創新發展呈正相關。

　　平台面數位化流程方面，透過臉書社群媒體傳遞訊息，與功能面創新發展，如有助於媒體轉型（r=.505, p<.01**）、有助於閱聽使用（r=.361, p<.05*）、可更精確服務閱聽人（r=.451, p<.01**），及有助增進社群福祉（r=.4, p<.01**）皆呈正相關。

　　透過 LINE 社群媒體傳遞訊息，與功能面創新發展，如有助於媒體轉型（r=.343, p<.05*）、有助於閱聽使用（r=.361, p<.05*），及可更精確服務閱聽人（r=.329, p<.05*）皆呈正相關。

　　設置集團專屬 APP 傳遞訊息，與功能面創新發展，如有助於媒體轉型（r=.564, p<.001***）、有助於閱聽使用（r=.469, p<.01**）、及更精確服務閱聽人（r=.595, p<.001***）、帶來工作的便利性（r=.442, p<.01**）、呈現從業者個人風格（r=.387, p<.05*），及增進社群福祉皆（r=.445, p<.01**）呈正相關。

表 3-16　廣播數位化流程與功能面創新發展皮爾森相關分析

|  | 功能面 | 數位化有助於媒體轉型 | 有助於閱聽使用 | 可更精確服務閱聽人 | 帶來工作的便利性 | 呈現從業者個人風格 | 有助增進社群福祉 |
|---|---|---|---|---|---|---|---|
| 平台面 | .473** | .520*** | .433** | .519** | .34* | .314* | .429** |
| 透過臉書社群媒體傳遞訊息 | .394* | .505** | .361* | .451** | .2 | .271 | .4** |
| 透過 LINE 社群媒體傳遞訊息 | .301 | .343* | .361* | .329* | .240 | .147 | .234 |
| 透過 YouTube 影音平台傳遞訊息 | 226 | .261 | .189 | .244 | .114 | .137 | .289 |
| 設置集團專屬 APP 傳遞訊息 | .541*** | .564*** | .469** | .595*** | .442** | .387* | .445** |

(續)表 3-16　廣播數位化流程與功能面創新發展皮爾森相關分析

| | 功能面 | 有助於媒體轉型 | 有助於閱聽使用 | 可更精確服務閱聽人 | 帶來工作的便利性 | 呈現從業者個人風格 | 有助增進社群福祉 |
|---|---|---|---|---|---|---|---|
| 生態面 | .206 | .146 | .060 | .189 | .174 | .138 | .366* |
| 自行開發網路社群平台 | .273 | .223 | .176 | .262 | .250 | .189 | .345* |
| 物聯網業務發展 | .116 | .066 | -.054 | .099 | .068 | .063 | .216 |
| 工具面 | .629*** | .635*** | .580*** | .625*** | .588*** | .445** | .486** |
| 網路大數據分析 | .486** | .492** | .436** | .526** | .42** | .296 | .439** |
| 設置集團雲端資料庫 | .519** | .533*** | .473** | .477** | .483** | .373* | .429** |
| 從業人員數位化工作配備 | .506** | .505** | .505** | .483** | .516** | .422** | .24 |

*p 值<.05，**p 值<.01，***p 值<.001

　　廣播媒體生態面數位化流程，僅與有助增進社群福祉（r=.366, p<.05*；r=.345, p<.05*）呈正相關。

　　廣播媒體工具面數位化流程與功能面數位創新發展皆呈密切正相關；僅從業人員數位化工作配備與有助增進社群福祉無關。

　　廣播媒體平台面數位化流程，僅設置集團專屬 APP 傳遞訊息，與績效面數位創新發展相關（r=.381, p<.05*）；其中促進同儕社群交流（r=.355, p<.05*）、增加生產力（r=.447, p<.01**）、使業績提升（r=.405, p<.01**）正相關。

　　廣播媒體生態面數位化流程，與績效面數位創新發展（r=.377, p<.05*），及其中降低人力成本（r=.32, p<.05*）、增加生產力（r=.345, p<.05*）、使業績提升（r=.452, p<.01**）呈正相關。

　　廣播媒體生態面數位流程中，自行開發網路社群平台與績效面創新發

展（r=.31, p<.05*）、增加生產力（r=.379 p<.05*），及使業績提升（r=.39, p<.05*）形成正相關。

物聯網業務發展與績效面創新發展（r=.422, p<.01**）、降低人力成本（r=.497, p<.01**）、及使業績提升（r=.441, p<.01**）形成正相關。

廣播媒體工具面數位化流程與績效面數位創新發展皆呈密切正相關；僅設置集團雲端資料庫，與促進同儕社群交流、降低人力成本無關。

表 3-17　廣播數位化流程與績效面創新發展皮爾森相關分析

| | 績效面 | 促進同儕社群交流 | 降低人力成本 | 增加生產力 | 使業績提升 |
|---|---|---|---|---|---|
| 平台面 | .170 | .148 | .059 | .196 | .212 |
| 透過臉書社群媒體傳遞訊息 | .050 | .073 | .076 | -.016 | .027 |
| 透過 LINE 社群媒體傳遞訊息 | -.022 | .013 | -.099 | .041 | .000 |
| 透過 YouTube 影音平台傳遞訊息 | -.001 | -.088 | -.011 | -.022 | .092 |
| 設置集團專屬 APP 傳遞訊息 | .381* | .355* | .170 | .447** | .405** |
| 生態面 | .377* | .158 | .32* | .345* | .452** |
| 自行開發網路社群平台 | .31* | .098 | .204 | .379* | .39* |
| 物聯網業務發展 | .422** | .216 | .497** | .247 | .441** |
| 工具面 | .609*** | .541*** | .359* | .612*** | .646*** |
| 網路大數據分析 | .567*** | .505*** | .431** | .450** | .592*** |
| 設置集團雲端資料庫 | .372* | .285 | .065 | .548*** | .473** |
| 從業人員數位化工作配備 | .494** | .494** | .430** | **.412**** | **.399*** |

*p 值<.05，**p 值<.01，***p 值<.001

## 深度訪談

深度訪談廣播媒體主管得知，廣播產業所面臨的廣告量滑落現象不如電視產業般強烈，廣播頻道一波波開放申設，以及網路時代來臨，廣播電台除先建置電台官網外，紛紛將無線廣播節目音檔掛上網站，結合既有網

路平台,提供網路廣播(RMM1, RFB1, RFM2, RFP3)播放管道。

其次,開發業外相關服務,諸如旅遊、健康食品、在地農產合作等。一位資深廣播主管談到新近大量運用大數據於業外相關業務行銷,如賣豪宅等,成效顯著(RMM1)。

廣播產業原本是聲音服務,近年也鼓勵主持人走向網紅模式,貼近數位科技新的傳遞管道(RMM1, RFB1, RFM2, RFP3)。

公營廣播有固定預算,則結合各式專案,開發語音辨識(RFM2)、行動錄音室(RMM1, RFB1, RFM2, RFP3)等服務。

廣播產業製作流程邁向數位化,以內部人員(RMM1, RFB1, RFM2, RFP3)、辦公室配備為主(RMM1, RFB1, RFM2, RFP3),或運用既有資訊科技公司服務(RMM1, RFB1, RFP3);少數自行建置雲端資料庫,放置聲音檔案(RFB1, RFM2, RFP3),部分業者自行開發社群平台(RFM2, RFP3),然結合物聯網業務的部分(RMM1, RFB1, RFM2, RFP3, TFP1),相當有限。

面對廣播頻道聽眾年長化,年輕世代傾向透過網路或行動 APP 聽音訊服務,廣播電視產業引進跨業年輕主管協助行銷或資訊流程建置(RMM1, RFB1, RFM2, RFP3)。由於廣播產業規模有限,在因應數位科技變革中,較易應變調整。

訪談廣播主管得知,廣播媒體面對數位科技日新月異,投入數位科技創新乃不得不然,形同功能面科技創新發展。僅少數由業外轉入廣電產業擔任行銷或社群平台主管,在策略規劃創新推展從數位科技思維出發(RFM2, RFP3);經營者從嘗試結合業外服務發展(RMM1, RFB1, RFP3),嘗試營運面創新發展。

一位長年服務商業電台,並在公營電台開節目的主管表示,公營電台有穩定的預算,節目製播經費相較充裕,內部管理與人力的積極度卻不如商業電台,有很好的新科技設備卻未達物盡其用的價值,相當可惜

（RFP3）。

　　歷經新聞部、節目部、行政管理到業務管理的資歷，一位廣播主管表示，數位科技創新發展，對於廣播產業比較容易轉型，服務面也偏重社區、社群經營型態；電台營業需要維持精簡人力，也給予從業人員一波波的挑戰（RMM1, RFB1, RFP3）。

　　深度訪談廣播主管，傾向肯定數位世代的活潑行銷創意，但對於決策整體的評估執行力則不足。

　　商業廣播媒體面臨經營挑戰，將數位科技創新應用於工具功能面開發，營運面投資相較裹足不前。受訪對象有熟悉公營經營者，不諱言公營媒體相較沒有財務壓力，較有足夠資金投入新科技研發，可惜產出的創新開發應用效益不足（RMM1, RFB1, RFP3），投資報酬率極低，值得省思。

## 伍、討論與建議

　　為因應全球數位化浪潮，臺灣 AI 行動計畫興未艾，本文從破壞式創新觀點，分析臺灣傳播媒體面臨數位化科技導入的數位化流程現況，以及數位化科技創新發展樣態，以下將陳述研究發現。

　　根據問卷調查與深度訪談，臺灣廣播媒體面臨數位科技變革，所採取的破壞式創新，先是「大爆炸式破壞」（big bang disruption），其次是「從上而下式破壞」（disruption from above）（Seba, 2014）。前者如廣播產業經歷 2000 年第一波數位廣播實驗，因公部門政策驟變，延後開放，廣播產業投資宣告失敗；急遽轉型網路廣播服務。電視產業從衛星廣播電視，邁入線上影音服務平台的轉變。後者廣告市場轉移，也形成相當壓力。

　　媒體閱聽市場的改變，促使廣電媒體逐漸進行從上而下式破壞。在有關數位科技流程應用方面問卷調查顯示，檢視臺灣廣播媒體科技流程應

用，以平台面居多（M=3.17），其次為工具面（M=2.98），生態面應用較低（M=2.37）。

平台面較偏重透過臉書社群媒體傳遞訊息（M=3.44）、多透過 LINE 社群媒體傳遞訊息（M=3.25）；工具面著重從業人員數位化工作配備（M=3.3），或設置集團雲端資料庫（M=3）；生態面部分，自行開發網路社群平台略高（M=2.49），投入物聯網科技應用較有限。

調查分析發現，廣播媒體的數位化創新發展，以功能面略高（M=3.34），其次是績效面（M=3）。

功能面數位化創新發展，受訪者抱持數位化有助於媒體轉型（M=3.46）、媒體數位化可更精確服務閱聽人（M=3.45）。

績效面數位化創新發展，廣播主管以為，工作數位化可促進同儕社群交流（M=3.17）、媒體數位化增加生產力（M=3.12）。

根據皮爾森相關分析，廣播媒體在平台面（r=.473, p<.01**）、工具面（r=.629, p<.001***）數位化流程與不同面向的創新發展呈正相關。

其中平台面數位化流程與功能面數位創新發展相關。與績效面數位創新發展密切相關，則取決於生態面與工具面數位化流程。這意味著廣播產業如果希望達成數位創新發展的績效，須重視工具面與生態面流程的提升。

廣播媒體平台面數位化流程，僅設置集團專屬 APP 傳遞訊息，與績效面數位創新發展相關（r=.381, p<.05*），如促進同儕社群交流（r=.355, p<.05*）、增加生產力（r=.447, p<.01**）、使業績提升（r=.405, p<.01**）等。

廣播媒體生態面數位化流程，與績效面數位創新發展（r=.377, p<.05*），及其中降低人力成本（r=.32, p<.05*）、增加生產力（r=.345, p<.05*）、使業績提升（r=.452, p<.01**）呈正相關。

廣播媒體生態面數位流程中，自行開發網路社群平台（r=.31, p<.05*）

與績效面創新發展（r=.31, p<.05*）、增加生產力（r=.379 p<.05*），及使業績提升（r=.39, p<.05*）形成正相關。

　　物聯網業務發展（r=.422, p<.05*）與績效面創新發展（r=.422, p<.01**）、降低人力成本（r=.497, p<.01**），及使業績提升（r=.441, p<.01**）形成正相關。

　　廣播媒體工具面數位化流程與績效面數位創新發展皆呈密切正相關；唯設置集團雲端資料庫，與促進同儕社群交流、降低人力成本無關。

　　參考江子鳴（2011）有關科技產品的五種破壞式創新分類，檢視臺灣廣播媒體在數位科技演進的破壞式創新分別有：廣告市場所帶來的「商業模式破壞」，網路視聽服務平台形成的「高階急遽式破壞」，網路直播引發的「低階利基破壞」，或遭遇線上聲音或影音平台的衝擊，所面對的「快速破壞式創新」。

　　廣播頻道由於仍維持服務閱聽眾的播放管道，在「傳統破壞」式創新較不明顯，資深廣播主管表示，網路廣播對於廣播頻道的訪談、論壇節目可能有相重疊的挑戰；但涉及音樂版權事宜，傳統廣播媒體的音樂節目仍有重要價值。廣播媒體跨足異業經營，以便維持營運。

　　皮爾森相關分析顯示，愈投資數位科技設備或平台者，愈有機會步入生態圈的營運前景，也可能有機會獲利。

　　依據學者提出破壞式創新的情境（Christensen, Raynor, & McDonald, 2015），臺灣廣電媒體仍以漸進式破壞式創新（sustaining innovation）發展。整體而言，即便面臨新冠疫情期間，數位平台成為現代人重要的生活空間；臺灣多數廣播媒體對於數位科技的創新發展，傾向以保守穩健步伐，迎接數位科技引爆的破壞式創新挑戰與機會。

# 第四章

## 電視媒體破壞創新

- 前言
- 文獻探討
- 研究設計
- 研究結果
- 結論與討論

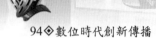
# 壹、前言

疫情生活進入日常，一個不斷創新的時代正在興起，媒體組織不僅要考慮創新以維持業務，還要有意識地思考如何用創新來超越。面臨能否持續經營的挑戰，到底是「破壞或被破壞」（disrupt or be disrupted）。

跨國管理顧問公司埃森哲（Accenture）預估（行政院，2018），先進國家投入人工智慧與否，將對長期經濟發展帶來深刻影響，積極投入 AI 發展與不投入 AI 發展的國家，2035 年 GDP 差距將可達兩倍以上。

英國牛津大學公布的「2020 數位報告」顯示，截至 2020 年 4 月，所有國家／地區媒體對 Covid-19 報導的信任度相對較高，與各國政府的信任度相似，明顯高於個別政治人物。就 Covid-19 信息而言，民眾對出現於社交網絡、視頻平台或訊息服務的媒體信任度，較平時高出兩倍（Newman, 2020）。

根據「2020 數位報告」，在過去九年，網路新聞已取代電視成為最常用的新聞來源。印刷報紙繼續下滑，社交媒體在大幅上漲後趨於平穩。

不可否認，數位平台的普及發展，明顯衝擊到文字傳播媒體。

凱絡媒體週報分析全媒體廣告市場（2020），平面紙媒投資量縮減最劇，跌幅超過 15%；電視持續縮減約 5% 左右；廣播則微幅縮減。

2020 年第二季潤利艾克曼公司媒體大調查報告（競業信息，2020），民眾獲得新聞資訊的主要來源仍為「網路媒體」（58.90%），次者為「電視媒體」（53.92%）。

行政院數位內容產業發展推動小組於 2002 年 8 月 29 日臺灣數位視訊協會成立大會報告，政府為推動廣播、電視及電影的數位化，促進數位視訊產業的發展，特於「數位臺灣（e-Taiwan）計畫」中，研擬數位娛樂計

黃葳威、樊誌融，2004）；其目標在推展有線、無線廣播電視之數位化及輔導獎勵數位電影，並藉訂定相關法規、補助數位設備、協助籌建數位傳輸平台等策略，來健全數位發展環境，且以補助數位視訊製作、獎勵優良數位視訊及培訓數位視訊人才等方式，來提升數位節目品質。

數位化在媒體發展持續演進，但政策因政權轉移無法持續，數位消費型態的獲利模式，充滿不確定性。

另一方面，自從串流平台推出《紙牌屋》號稱結合 AI 大數據進行編劇，大數據應用在戲劇創作，蔚為主流。臺灣推出《我們與惡的距離》網劇，結合網路數據資料探勘。大數據跑出來時，第一時間竟讓編劇面臨癱瘓（奧美觀點，2019）。目前實際將數據應用在創作本身的案例，寥寥可數。

近年國內設有新聞傳播學院的大學院校，為因應數位科技人才培育，除起聘跨科技、AI 領域師資外，也不斷進行課程重整。

哈佛大學（Harvard University）教授克雷頓‧克里斯汀生（Clayton M. Christensen）1990 年提出破壞式創新的主張（Bower & Christense, 1995; Christensen, 1997; Christensen et al., 2015; Christensen, McDonald, Altman, & Palmer, 2018），且包含兩種不同的創新情境：維持性創新（sustaining innovation）及破壞性創新（disruptive innovation）。

臺灣自 2009 年陸續有科技層面的破壞式創新論文出現，有關科技產業的案例分析較多；傳播領域破壞式創新的研究，尚待驗證。

本文將兼用問卷調查與深度訪談，探討臺灣電視媒體面臨數位化、人工智慧科技導入，在數位化流程以及數位化創新發展上，如何進行破壞式創新。

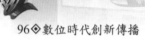

# 貳、文獻探討

數位電視和網際網路一樣，允許多量、分眾、檢索式的內容同時播送，並且優先考慮使用者的需求，再提供服務內容；同時又以推播（push）代替拉播（pull）技術，落實隨選視訊的服務。也就是說，數位電視將引導傳統電視媒體朝向「以網際網路為導向」（internet-oriented content）的內容發展（李桂芝，2001）。

臺灣在 1992 年 10 月由經濟部成立「高畫質視訊工業發展推動小組」，負責執行數位電視計畫，2002 年 7 月更名為「數位視訊工業發展推動小組」，以便更符合科技時代潮流變化；行政院院會於 2002 年 5 月 8 日正式核定「挑戰 2008──國家發展重點計畫」（2002-2007），其中「數位臺灣計畫（e-Taiwan）」，將廣播與數位電視之數位化列為未來五年之施政目標。

為加速數位電視產業之發展，建立數位電視環境，提升產業競爭力，政府於 1997 年 11 月 10 日核定數位電視推動時程，並要求無線電視台於 2001 年 12 月全區開播，計畫 2006 年 1 月 1 日數位收視普及率達 85%時，停止類比電視訊號播送，全面改為數位訊號播送。

但是在 2004 年 11 月 8 日行政院財經會報中，決議將比照日本規劃時程，把回收類比頻道的期限延至 2010 年，並提出「數位電視普及化，數位頻道多元化，數位內容優質化，數位落差極小化」的發展願景（黃兆璽，2004）。

由於數位訊號可以壓縮，原來的一個電視頻道在數位化以後至少可以變成四個頻道；數位訊號的畫質和音效優於目前的類比訊號，可以帶來更高的視聽享受；而更重要的是，數位訊號可以涵蓋文字、圖片和影像等各

種內容，數位電視除了播放傳統的影音節目以外，還可以播放其他型態的資訊，帶來新的商機（傅尚裕，2001）。

數位地面廣播電視之訊號傳輸流程，是透過無線電視台的發射器，發射電波到用戶家中，由用戶家中的數位電視機或是數位機上盒（STB）接收，顯示在電視機螢幕上。用戶如果想要和電視媒體互動，可透過行動電話，或是經由電信網路、有線電纜上網，回傳訊息（蔡念中，2003）。

無線電視進行數位化的主要因素有（林清修，2002）：

1. 政府的電波資源分配使用政策：為有效使用空中的電波公共資財，主管機關設定時程要求無線廣播電視業者進行數位化。

2. 與有線電視的競爭壓力：在有線電視普及率已達全國總戶數的八成，並且提供七、八十個衛星頻道節目情況下，一個無線廣播電視台只占其中之一，因此在節目提供及廣告時間的分配方面均相形見絀。因此無線廣播電視台希望能藉由數位化頻寬的有效使用，將6MHz 播送一個類比節目頻道轉變成播送四個數位節目頻道，增加其競爭籌碼。

   數位電視中的高畫質節目被視為是無線電視台的賣點，一旦觀眾接觸到高畫質電視節目，現今類比式彩色電視的命運會和過去黑白電視一樣走入歷史（邊明道，2002）。

3. 建構獨立於有線電視系統之外另一個有效的多頻道影視節目通路（Multi Video Programming Distributor, MVPD）：無線電視本來就是一個獨立的影視傳輸方式，但因為目前五個無線電視台各自播出一個類比頻道，節目型態類似，彼此競爭，即便整合的頻道數也有限，難以成為一個具有競爭力的獨立多頻道影視節目通路。數位化之後，如果共同經營，加起來就是二十個節目頻道，等於無線台在全臺另外建立一個可以替代衛星直播，又獨立於有線電視系統之外，能提供足夠頻道數及數位類型的多頻道影視節目通路，並與有線電

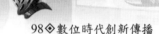

視相抗衡。

4.增加新的營業項目：例如資訊傳輸，利用點對面的傳輸及移動接收特性，在相當程度與 3G 業者競爭，以開闢新的營收來源，這恐怕才是無線電視業者進行數位化的主要誘因。

5.改善收視畫質：無線電視廣播的類比訊號因為會受到天候雨水及都市建築物阻擋之影響，經常會造成畫面模糊現象。改為數位訊號後要就看得到，要就看不到，不會再有中間模糊地帶。

臺灣繼積極推動國家整體的電子化政府建設以來，籌劃多時的數位電視自 2002 年 5 月 31 日，在臺灣西部地區全面開播，計畫全臺有 96%的民眾透過數位電視機，或在現有電視機加裝數位機上盒，接收數位電視訊號，反映臺灣電視產業全面邁入數位化紀元。面對數位化發展的趨勢，如何整合網路媒體與數位電視的加乘服務效益，尤值得關心。

政府為推動廣播、電視及電影的數位化，促進數位視訊產業的發展，特於「數位臺灣（e-Taiwan）計畫」中，研擬數位娛樂計畫。其目標在推展有線、無線廣播電視之數位化及輔導獎勵數位電影，並藉訂定相關法規、補助數位設備、協助籌建數位傳輸平台等策略，來健全數位發展環境，且以補助數位視訊製作、獎勵優良數位視訊及培訓數位視訊人才等方式，來提升數位節目品質。

其次，政府力推的「挑戰 2008：國家發展重點計畫」（2002-2007），即將數位內容列為「兩兆雙星」的重點產業，且將設立「數位內容學院」，培育跨學門和跨領域的數位內容人才。其中由政務委員蔡清彥籌組的「數位內容產業發展推動小組」，便開始積極協調、整合、推動數位內容產業之發展，致力建構臺灣成為亞太地區數位內容設計、開發與製作中樞。

數位電視可讓消費者欣賞畫質清晰、色彩逼真、身歷聲音響的影音節目內容，經由科技壓縮技術，可在原有頻道接收四到五套的同品質影音節目或互動服務。也就是說，裝有有線電視系統的消費者，原來擁有一百個

頻道選擇，進入數位化階段後，可以增加到五百個頻道選擇。

　　一般來說，數位媒體的發展反映傳播媒體產生了以下幾種變革（黃葳威，2002）：

1. 節目訊號數位化：所謂的數位電視，是指電視訊號在發射端就是以數位方式記錄、處理、壓縮、編碼、調變及傳送；而在接收端也是以數位的方式接收、解調、解碼、解壓縮及播放；換言之，真正的DTV在訊號的所有傳播過程都是全數位化（fully digital; 李長龍，1996）。

2. 傳輸管道網路化：由於各式通訊網路技術普遍應用於有線電視、電話、電腦網路、廣播網路等，這些應用促使跨媒介網絡的聯絡結合，建構了更寬廣的溝通形式。

3. 使用方式多樣化：簡單來說，過去觀看電視節目是藉由使用電視，一旦數位媒體日益普及，閱聽人可經由電腦觀看電視，即使收聽廣播亦然；甚至一般青少年極感興趣的電玩遊戲，已經不只透過使用電玩遊戲機，也可藉由電腦、手機來玩電玩遊戲。

4. 節目內容分殊化：數位電視系統將訊號數位化後加以傳送，可提供清晰無雜訊的影音訊號，業者可採用不同的規格播送節目，例如以一個頻道播送一個高畫質電視節目或四個標準畫質節目（可做多頻道節目播送）；除了節目播送外可播送數位化資料（股市、體育、旅遊、新聞、教育等服務）。此外，還可發展連接網際網路、點播節目等互動功能，這意味著內容供應者將朝向更區隔、專業化的方向努力。

5. 資訊彙統全球化：數位媒體的聚合似乎勾勒了理想的遠景；不過，如果各地區、國家的資訊產製能力有限，不同地區與地域的內容勢必受到資訊產製強勢國家的主導，全球化的形成更為迅速。

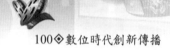

　　挪威奧斯陸大學廣電學者甚至指出（Syvesten, 2000），數位化帶來頻道激烈的競爭，反促使不同頻道由單一獨大媒體集團支持，致使媒體內容可能流於同質化。

　　其次，節目版權的競價大戰勢必揭幕。如一些影集、現場節目、體育節目會以拍賣競價方式推出，使商業媒體採取出價優勢，搶得原本屬於公共服務屬性的內容，將其藉由付費頻道播出，直接損及民眾的媒介接近使用權。

　　因此，如何帶動數位電視產業普及，並兼顧公共服務的平衡，備受矚目。

　　隨著多元數位匯流時代來臨，臺灣有線電視系統目前已達成全數位化，相較於類比時代的技術限制，有線電視系統數位化後所帶來的技術進步，使得系統經營者得在同樣的傳輸頻寬中傳送更多高畫質頻道內容，並提供多元且雙向的加值服務，面對 IPTV 及 OTT TV 崛起，有線電視業者如何融入創新思維，放鬆固有商業考量的排頻想法，轉型為新世代的匯流平台。

　　有線電視系統頻位規劃自前新聞局林佳龍局長積極推動以來，長期採頻道區塊化機制，然因過去類比時代形成之頻道區塊化空間狹隘，難以容納其他頻道，使有線電視系統經營者與頻道商往往因頻道上下架及移頻問題爭端不斷。

　　自有線電視全面數位化後，可供播送之頻道數量增加，如何改善頻位編碼及分類機制，拉大頻道區塊，並減少有線電視系統與頻道商爭端，為監理機關積極關注議題。

　　不可否認，政府機關的創新能力為政府服務再造成功與否的關鍵因素之一；如果將政府創新產生、創新擴散、與創新應用等機制，納入政府創新知識經濟體系，全面推動政府創新的產生、擴散與應用，將有助於促進政府整體運作效能的提升（陳啟光、王國明，2002）。

聯合國經濟合作發展組織（OECD）早在 1996 年發表「知識經濟報告」，所謂「知識經濟」是指直接建立在知識和資訊的激發、擴散與應用的所有經濟活動；在知識經濟的時代，支持經濟發展的主要動力未必是傳統的土地、資金、勞力等生產要素，而是應用知識和創造新知識的能力和效率（馮震宇，2002）。

根據聯合國經濟合作發展組織的界定，知識產業分為以製造為主的「知識製造業」，與提供服務為主的「知識服務業」。前者如同高科技產業和中高科技為主的製造業；知識服務業諸如通訊服務、金融服務、工商服務、教育服務，及醫療服務等項目（王健全，2001）。

美國商務部對知識服務業的定義在於，只要符合「提供服務時融入科學、工程技術等產業，或協助科學工程技術推動的服務業」皆屬於知識服務業，由此觀察美國商務部的界定，知識服務業涵蓋的行業包括通訊服務、金融服務、工商服務（如電腦軟體、電腦及資訊處理、醫藥臨床實驗、各類技術研究發展、工程服務及其他相關服務；王健全，2001）。

身處知識經濟與數位媒體的紀元，媒體不再只是供給，而是需求。

追求破壞式創新，無論是創造，還是因應新興創新，主要都是基於知識和決策的活動。企業做出的破壞性決策可能顯現兩種現象（Baiyere & Salmela, 2013）：可能因為創新成就目標，也可能因為破壞既有就消失殆盡。

破壞式創新的影響如此極端，以至於一家幾乎不存在的公司可以崛起成為主導地位，而領先的老牌企業基本上可以停止存在或重要性大大降低。這些極端結果強調瞭解角色的必要性。

資訊科技和訊息系統在破壞式創新產生重要作用（Johnson, Christensen, & Kagermann, 2008）。當企業的市場地位已在行業中達到顯著成熟度，營運穩定，卻發現業務處於減緩成長，且可能失去市場的領頭羊角色，即面臨破壞式創新的挑戰。

　　破壞式創新為傳統的商業模式引入一套不同的規則領域。面對破壞式創新，企業多年累積的功能性知識和營運流程技能可能會逐漸面臨愈來愈無關緊要和落後的風險（Johnson, Christensen, & Kagermann, 2008）。這些積累的知識和流程框架，邏輯上與業務處理結構和所擁有的信息處理能力攸關組織的生存。除其他外，組織的業務流程及其信息處理能力同樣根基於定義組織的資訊科技數位化能力（Chesbrough, 2010; Pavlou & Sawy, 2006）。因此，這表明組織的資訊科技與資訊系統在破壞性方面發揮重要作用。創新場景始自其中的創造或策略性地回應其威脅。

　　一般來說，破壞式創新出現時，現有公司往往認為採取的創新不適合他們當前的主流客戶，但逐漸成熟到可威脅到現有公司受人尊敬的地位。破壞式創新通常從市場邊緣的簡單應用開始，但逐漸邁入「高檔市場」（up market），然後發展最終有可能取代現存的市場領導者（Christensen, 1997），導致新進入者和初出茅廬的企業家取代了領先的老牌企業。

　　檢視破壞式創新理論，偏重低價小眾市場以質量換取價格的方式，東尼・塞巴（Tony Seba）進而提出「從上而下式破壞」（disruption from above）和「大爆炸式破壞」（big bang disruption）。從上而下的破壞是由自身改革，遠遠優於同行造成的干擾，未必將成本轉嫁於顧客（Seba, 2014）。大爆炸式破壞創新則是新產品功能更優於現有產品，且價格較低。

　　研究人員保羅・盧內斯（Paul Nunes）及賴瑞・唐納斯（Larry Downes）將「大爆炸的破壞」與數位創新進行連結，主張數位化過程的破壞創新，從頂部、底部和側面攻擊了市場上現有的市場品牌（Downes & Nunes, 2014: 6）。

　　卡洛塔・佩雷斯從價值的觀點觀察破壞式創新，提出革新的產品或服務可以超越現有既定產品或服務。她分析破壞式創新的優勢有：簡單、便利、可親近性、低價、使用友善，以及價值主張等（Perez, 2010: 6）。

　　大數據、人工智能、區塊鏈、3D 列印和物聯網等破壞性技術的融合

帶來新一波變革，也轉化了經濟結構，商業模式，公司和工作的潛力。這些技術可以歸類為通用技術（David, 1976; Rosenberg, 1982; Bresnahan & Trajtenberg, 1995），這些技術可以跨多個部門部署，並且可以帶來其他創新。

顧客在傳統環境中，機構會根據已確定的社會經濟特徵將其價值主張指定給特定市場。這種方法表明，主流機構多年來一直將消費者視為僅僅是其「價值主張」的接受者（Osterwalder, Pigneur, Bernarda, & Smith, 2014; Anderson, Narus, & Van Rossum, 2006; Seppanen & Laukkanen, 2015; Ayvari & Jyrama, 2017; Sheehan & Bruni-Bossio, 2015）。

破壞式創新理論文獻顯示（Bower & Christensen, 1995; Christensen, 1997; Christensen et al., 2015），現有企業被創新者所破壞，這些創新者向市場提供了替代價值主張。其中並未解決消費者真正尋求的「什麼」（what）價值，也沒有完全回答「大多數消費者為什麼採用這些顛覆的產品或服務」（why）。

大數據等數位科技發展，機器學習和人工智能技術組織處於更有利的地位，可以獲取更多有關工作類型的數據（Christensen, Hall, Dillon, & Duncan, 2016）。顧客直接來自消費者本身（Gupta & Malhotra, 2013; Foroudi, Melewar, & Gupta, 2014），並以獨特的產品或服務的形式將其價值主張定位在市場中。因此，組織的角色轉變為價值促進者，而消費者承擔了價值創造者的角色（Prahalad & Ramaswamy, 2004）。因此，未被開發的領域或市場機會，以及未被現有產業所占的方位，形成創造創新和破壞的機會（Maynes & Rawson, 2016; Maletz & Nohria, 2001）。

臺灣自 2009 年陸續有科技層面的破壞式創新論文出現，大致分為科技產品的破壞式創新取向、策略法律架構取向，以及社區文化的破壞式創新取向，有關科技產業的案例分析較多，近兩年始有傳播面向的實證論述。

廣播媒體破壞式創新研究顯示，愈投資數位科技設備或平台者，愈有

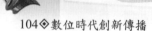

機會步入生態圈的營運前景，也可能有機會獲利。臺灣廣播媒體面臨數位科技變革，採取的破壞式創新（黃葳威，2021a），先是「大爆炸式破壞」（big bang disruption），其次是「從上而下式破壞」（disruption from above）。前者如廣播產業歷經 2000 年第一波數位廣播實驗，因公部門政策驟變，延後開放，業者配合公部門的投資宣告失敗；急邊轉型網路廣播服務。電視產業從衛星廣播電視，邁入線上影音服務平台的轉變。後者廣告市場轉移，也形成相當壓力。廣播頻道由於仍維持服務閱聽眾的播放管道，在「傳統破壞」式創新較不明顯。臺灣廣播媒體仍以漸進式破壞創新（sustaining innovation）發展。

反觀臺灣平面媒體的破壞式創新，以民營媒體組織內部「從上而下式破壞」創新為先，有別於廣播媒體數位化第一槍來自於政府政策。平面媒體在數位科技演進的破壞式創新分別有：作業流程電腦化引發的「傳統破壞」、《蘋果日報》臺灣版大量圖像視覺呈現議題形成的「商業模式破壞」、網路視聽服務平台形成的「高階急邊式破壞」、社群平台內容農場出現的「低階利基破壞」，或遭遇網路原生平面媒體的衝擊所造成的「快速破壞式創新」（黃葳威，2021b）。

媒體內容資產管理層與主題式社群經營，如資料庫活化產生的新創模式，有助於形成新的商業模式（黃葳威，2021b）。探索臺灣平面媒體的破壞式創新，在曇花一現消長之間的確引發各式的創新，在激烈競爭下，迄今仍以臺灣創刊悠久的平面媒體，堅守文字傳播基地。

傳播媒體破壞式創新的研究，除新近針對廣播媒體的論述，亟待驗證探討。論述以個案研究、文獻分析，或質性訪談等方法為主，本文將兼用問卷調查與深度訪談，探討臺灣電視媒體面臨數位化、人工智慧科技導入，如何進行破壞式創新。

# 參、研究設計

　　研究兼用問卷調查與深度訪談法，以取得營運執照的臺灣無線電視、衛星有線電視台主管或資深工作人員為主，調查並訪問前述媒體主管對於服務媒體的科技創新經驗。

　　問卷內容除調查媒體主管或資深媒體人服務媒體類別、性別、服務年資之外，還有調查主管在媒體的服務部門，包括企劃行銷或行政管理；以

表 4-1　電視媒體數位化流程

| 類別 | 非常不同意 | 不同意 | 同意 | 非常同意 | 平均數 | 標準差 |
|---|---|---|---|---|---|---|
| 透過 LINE 社群媒體傳遞訊息 | 1 (2.6) | 2 (5.1) | 19 (48.7) | 17 (43.6) | 3.18 | .701 |
| 透過 YouTube 影音平台傳遞訊息 | 2 (5.1) | 3 (7.7) | 15 (38.5) | 19 (48.7) | 3.36 | .832 |
| 透過臉書社群媒體傳遞訊息 | 1 (2.6) | 5 (12.8) | 19 (48.7) | 14 (35.9) | 3.31 | .756 |
| 設置集團專屬 APP 傳遞訊息 | 1 (2.6) | 4 (10.3) | 14 (35.9) | 20 (51.3) | 3.10 | .778 |
| 自行開發網路社群平台 | 3 (7.7) | 5 (12.8) | 16 (41.0) | 15 (38.5) | 2.79 | .912 |
| 物聯網業務發展 | 2 (5.1) | 9 (23.1) | 16 (41.0) | 12 (30.8) | 2.77 | .873 |
| 網路大數據分析 | 2 (5.1) | 14 (35.9) | 13 (33.3) | 10 (25.6) | 3.13 | .894 |
| 設置集團雲端資料庫 | 1 (2.6) | 7 (17.9) | 17 (43.6) | 14 (35.9) | 2.97 | .801 |
| 從業人員數位化工作配備 | 3 (7.7) | 13 (33.3) | 13 (33.3) | 10 (25.6) | 3.33 | .931 |
| | | | | | 總平均值 3.10 | 總標準差 .611 |

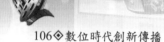
及服務媒體是否設有網路部門。

電視媒體數位科技流程應用經信度分析 Cronbach's Alpha 值為.89，因素分析分別以 9 題項進行調查，為整體一概念。

破壞式創新發展問卷設計，參考卡洛塔‧佩雷斯（Perez, 2010: 6）分析破壞式創新的優勢：簡單、便利、可親近性、低價、使用友善，以及價值主張等，建構臺灣傳播媒體破壞性創新的量表（黃葳威，2020a），由 10 題項測量，以李克特量表從非常同意、同意、不同意、非常不同意等尺度進行評估。

經信度分析 Cronbach's Alpha 值為.82。再以因素分析可分為執行面、營運面、市場面三因素群。執行面因素信度達.84，營運面信度為.74，市場面信度達.86。

表 4-2　電視媒體數位化創新發展因素分析

| 問卷變項 | 因素負荷值 | 特徵值 | 解釋變異（%） | 信度（Cronbach's Alpha） |
|---|---|---|---|---|
| 因素一　執行面 | | 2.688 | 26.876 | .844 |
| 媒體數位化帶來工作的便利性 | .908 | | | |
| 工作數位化促進同儕社群交流 | .754 | | | |
| 媒體數位化呈現從業者的個人風格 | .711 | | | |
| 因素二　營運面 | | 2.450 | 24.504 | .741 |
| 媒體數位化有助增進社群福祉 | .691 | | | |
| 媒體數位化增加生產力 | .673 | | | |
| 媒體數位化降低人力成本 | .670 | | | |
| 媒體數位化使業績提升 | .640 | | | |
| 因素三　市場面 | | 2.248 | 22.481 | .856 |
| 媒體數位化可更精確服務閱聽人 | .831 | | | |
| 媒體數位化有助於閱聽使用 | .828 | | | |
| 數位化有助於媒體轉型 | .605 | | | |
| 總累積解釋變異（%） | | | 73.862 | 整體信度 .822 |

深度訪談對象計有 6 位電視產業主管。訪談於 2021 年 10 月至 12 月間進行，訪問對象除行銷部門主管，大多服務媒體達二十年以上。

表 4-3　深度訪談名單

| 編號 | 媒體類別 | 性別 | 年資 | 職務 |
|---|---|---|---|---|
| TMJ1 | 電視 | 男 | 32 | 副總經理 |
| TMM1 | 電視 | 男 | 20 | 台長 |
| TMM2 | 電視 | 男 | 34 | 總編輯 |
| TFM1 | 電視 | 女 | 38 | 董事長 |
| TFM2 | 電視 | 女 | 28 | 副總經理 |
| TFM3 | 電視 | 女 | 35 | 新聞部主管 |

深度訪談問題如下：

1.請問服務集團所擔任的職務？負責的業務範圍？

2.請問服務集團何時開始推動數位化營運？推動的方式為何？

3.請問推動數位化營運過程的機會與挑戰？優勢或劣勢有哪些？

4.請問集團如何協助既有服務同仁對於數位化流程的適應？是否影響組織布局？

5.請問推展數位化的績效如何？是否面臨瓶頸？如何克服？

6.請問集團是否採用大數據或人工智慧的科技應用？應用現況如何？

7.請問有其他要補充的意見或建議嗎？

# 肆、研究結果

　　問卷調查的電視媒體主管中有六成二以上為女性主管，三成七為男性

主管。受訪對象有三成五服務與行政部門，其次是企劃部門、採訪部門，編輯部門受訪者低於兩成。

表 4-4　性別、媒體類別、部門類別分布

|  | 個數 | 百分比 |  | 個數 | 百分比 |
|---|---|---|---|---|---|
| 男 | 15 | 37.5 | 編輯部門 | 7 | 17.5 |
|  |  |  | 企劃部門 | 10 | 25.0 |
| 女 | 25 | 62.5 | 採訪部門 | 9 | 22.5 |
|  |  |  | 行政部門 | 14 | 35.0 |
| 總計 | 40 | 100.0 | 總計 | 40 | 100.0 |

調查對象男性服務於採訪部門的比例高於女性，其他編輯、行政、企劃部門的女性受訪者皆多於男性受訪者。

表 4-5　性別與服務部門交叉分析

|  |  | 編輯部門 | 企劃部門 | 採訪部門 | 行政部門 |
|---|---|---|---|---|---|
| 男 | 個數 | 2 | 2 | 6 | 5 |
|  | 百分比 | 13.3 | 13.3 | 40.0 | 33.3 |
| 女 | 個數 | 5 | 8 | 3 | 9 |
|  | 百分比 | 20.0 | 32.0 | 12.0 | 36.0 |
| 總和 | 個數 | 7 | 10 | 9 | 14 |
|  | 百分比 | 17.5 | 25.0 | 22.5 | 35.0 |

問卷調查僅一位資深工作者表示服務媒體設置網路部門，意味著電視媒體的網路部門為獨立營運，未必附屬於電視台組織，相關審核機制也各司其職。經由卡方分析，性別不同，其服務媒體是否設置網路部門未呈明顯差異。

表 4-6　性別與網路部門設置交叉分析

|  |  | 是 | 否 |
|---|---|---|---|
| 男 | 個數 | 15 | 0 |
|  | 百分比 | 100.0 | 0.0 |
| 女 | 個數 | 24 | 1 |
|  | 百分比 | 96.0 | 4.0 |
| 總和 | 個數 | 39 | 1 |
|  | 百分比 | 97.5 | 2.5 |

卡方檢定=6.15$^a$, df=1, p= .433

　　現有受訪媒體人的服務年資從八年至三十八年不等，平均年資為二十二點四年。年資集中於二十年至三十年間。其中以服務二十四年者最多，近一成三；其次有一成受訪者服務達十八年；其餘皆在一成以下。

表 4-7　服務年資

| 年資 | 個數 | 百分比 | 年資 | 個數 | 百分比 |
|---|---|---|---|---|---|
| 8 | 1 | 2.5 | 24 | 2 | 5.0 |
| 10 | 3 | 7.5 | 25 | 5 | 12.5 |
| 15 | 3 | 7.5 | 26 | 1 | 2.5 |
| 16 | 1 | 2.5 | 28 | 1 | 2.5 |
| 17 | 1 | 2.5 | 30 | 3 | 7.5 |
| 18 | 4 | 10.0 | 33 | 2 | 5.0 |
| 19 | 1 | 2.5 | 35 | 1 | 2.5 |
| 20 | 3 | 7.5 | 37 | 1 | 2.5 |
| 22 | 3 | 7.5 | 38 | 1 | 2.5 |
| 23 | 3 | 7.5 | 總計 | 40 | 100.0 |

　　電視媒體的數位化流程，以設置集團專屬 APP 傳遞訊息（M=3.36）、透過 LINE 社群媒體傳遞訊息（M=3.33）、透過 YouTube 影音平台傳遞訊息（M=3.31）、透過臉書社群媒體傳遞訊息（M=3.18）、設置集團雲端資

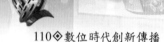

料庫（M=3.13）高於整體平均值。前述設置專屬 APP 集團雲端資料庫，較需要較多專業人力或資金投入。其餘運用既有影音社群平台，則投入相關人力可以運作。

自行開發網路社群平台（M=3.1）大致持平推動；物聯網業務發展（M=2.97）、網路大數據分析（M=2.79）、從業人員數位化工作配備則較低（M=2.77）。以上開發網路社群平台、規劃物聯網業務，亦需要較多資金投入。

電視台數位化流程除善用既有的網路社群平台，也紛紛投入開發專屬 APP、LINE 群組，其次運用影音社群平台或設置集團雲端資料庫，方便影音資料存取。

以上顯示，電視媒體自行開發網路社群平台稍有著力，在物聯網業務發展、網路大數據分析、從業人員數位化工作配備投入較有限。

整體來看，數位化流程資源建置以集團整體考量居多，以接觸第一線閱聽用戶為主；物聯網業務發展、網路大數據分析，或從業成員數位化工作配備，涉及投資成本與效益平衡，仍有努力空間。

表 4-8　電視媒體數位化流程量表

| 類別 | 非常不同意 | 不同意 | 同意 | 非常同意 | 平均數 | 標準差 |
|---|---|---|---|---|---|---|
| 透過 LINE 社群媒體傳遞訊息 | 1<br>(2.6) | 2<br>(5.1) | 19<br>(48.7) | 17<br>(43.6) | 3.33 | .701 |
| 透過 YouTube 影音平台傳遞訊息 | 2<br>(5.1) | 3<br>(7.7) | 15<br>(38.5) | 19<br>(48.7) | 3.31 | .832 |
| 透過臉書社群媒體傳遞訊息 | 1<br>(2.6) | 5<br>(12.8) | 19<br>(48.7) | 14<br>(35.9) | 3.18 | .756 |
| 設置集團專屬 APP 傳遞訊息 | 1<br>(2.6) | 4<br>(10.3) | 14<br>(35.9) | 20<br>(51.3) | 3.36 | .778 |
| 自行開發網路社群平台 | 3<br>(7.7) | 5<br>(12.8) | 16<br>(41.0) | 15<br>(38.5) | 3.10 | .912 |

**(續)表 4-8　電視媒體數位化流程量表**

| 類別 | 非常不同意 | 不同意 | 同意 | 非常同意 | 平均數 | 標準差 |
|---|---|---|---|---|---|---|
| 物聯網業務發展 | 2<br>(5.1) | 9<br>(23.1) | 16<br>(41.0) | 12<br>(30.8) | 2.97 | .873 |
| 網路大數據分析 | 2<br>(5.1) | 14<br>(35.9) | 13<br>(33.3) | 10<br>(25.6) | 2.79 | .894 |
| 設置集團雲端資料庫 | 1<br>(2.6) | 7<br>(17.9) | 17<br>(43.6) | 14<br>(35.9) | 3.13 | .801 |
| 從業人員數位化工作配備 | 3<br>(7.7) | 13<br>(33.3) | 13<br>(33.3) | 10<br>(25.6) | 2.77 | .931 |
| | | | | | 總平均值<br>**3.10** | 總標準差<br>**.611** |

　　電視媒體的數位化創新發展，以市場面略高（M=3.66），其餘皆低於總平均值（M=3.42），包括執行面（M=3.38），再者為營運面（M=3.28）。

　　市場面數位化創新發展，受訪媒體主管抱持數位化有助於媒體轉型（M=3.68）、媒體數位化有助於服務閱聽使用（M=3.66）、媒體數位化可更精確服務閱聽人（M=3.63）。電視媒體面對媒體生態潮流發展，勢必變革轉型，轉型陣痛期也強化其對服務對象的需求分析。

　　執行面數位化創新發展，電視主管以為，媒體數位化帶來工作的便利性（M=3.47）、媒體數位化呈現從業者的個人風格（M=3.42）、工作數位化促進同儕社群交流（M=3.24）。數位化對於訊息交流傳遞，方便媒體作業溝通應變。

　　營運面數位化創新發展，受訪主管表示，媒體數位化增加生產力（M=3.42）持平，媒體數位化有助增進社群福祉（M=3.29）、使業績提升（M=3.29），以及媒體數位化降低人力成本（M=3.13）相較略少。廣告分配受到網路平台瓜分的影響，電視數位化發展在廣告業績效益不顯著。

　　以上呼應電視媒體數位化流程推展，電視媒體數位化創新發展也以市

場面的閱聽使用端為主，其次為實務執行面的資源投入，在營運面的降低人力成本有待觀察，但仍保持樂觀。

　　經皮爾森績差相關分析，電視媒體數位化流程應用與數位化創新發展息息相關（r=.684，p<.001***）。

表 4-9　電視媒體數位化發展量表

| 類別 | 非常不同意 | 不同意 | 同意 | 非常同意 | 平均數 | 標準差 |
|---|---|---|---|---|---|---|
| **因素一　執行面** | | | | | 3.38 | .559 |
| 媒體數位化帶來工作的便利性 | 0 (0) | 0 (0) | 20 (52.6) | 18 (47.4) | 3.47 | .506 |
| 工作數位化促進同儕社群交流 | 0 (0) | 5 (13.2) | 19 (50.0) | 14 (36.8) | 3.24 | .675 |
| 媒體數位化呈現從業者的個人風格 | 1 (2.6) | 2 (5.3) | 15 (39.5) | 20 (52.6) | 3.42 | .722 |
| **因素二　營運面** | | | | | 3.28 | .520 |
| 媒體數位化有助增進社群福祉 | 0 (0) | 2 (5.3) | 23 (60.5) | 13 (34.2) | 3.29 | .565 |
| 媒體數位化增加生產力 | 1 (2.6) | 1 (2.6) | 17 (44.7) | 19 (50.0) | 3.42 | .683 |
| 媒體數位化降低人力成本 | 2 (5.3) | 4 (10.5) | 19 (50.0) | 13 (34.2) | 3.13 | .811 |
| 媒體數位化使業績提升 | 0 (0) | 5 (13.2) | 17 (44.7) | 16 (42.1) | 3.29 | .694 |
| **因素三　市場面** | | | | | 3.66 | .455 |
| 媒體數位化可更精確服務閱聽人 | 0 (0) | 1 (2.6) | 12 (31.6) | 25 (65.8) | 3.63 | .541 |
| 媒體數位化有助於閱聽使用 | 0 (0) | 0 (0) | 13 (34.2) | 25 (65.8) | 3.66 | .481 |
| 數位化有助於媒體轉型 | 0 (0) | 1 (2.6) | 10 (26.3) | 27 (71.1) | 3.68 | .525 |
| | | | | | 總平均值 **3.42** | 總標準差 **.438** |

　　電視媒體數位化流程應用與執行面創新發展密切正相關（r=.68，p<.001***），且與媒體數位化帶來工作的便利性（r=.68，p<.001***）、工作數位化促進同儕社群交流（r=.52，p<.001**）、媒體數位化呈現從業者的個人風格（r=.63，p<.001***）呈正相關。

　　進一步檢視數位化流程與執行面創新發展相關性，透過 LINE 社群媒體傳遞訊息與執行面數位創新發展無關，僅與媒體數位化帶來工作的便利性有關（r=.376，p<.05*）。類似 LINE 封閉式社群僅有助於相關人員工作任務應變。

　　透過臉書社群媒體傳遞訊息、透過 YouTube 影音平台傳遞訊息、設置集團專屬 APP 傳遞訊息、自行開發網路社群平台、運用網路大數據分析、從業人員數位化工作配備等，皆與執行面數位創新發展正相關。且電視媒體愈常透過上述平台傳遞訊息，在媒體數位化帶來工作的便利性、工作數位化促進同儕社群交流、媒體數位化呈現從業者的個人風格愈顯著。

　　設置集團雲端資料庫、物聯網業務發展，與執行面數位創新發展也呈正相關。其中且電視媒體愈重視設置集團雲端資料庫，在媒體數位化帶來工作的便利性愈高。

　　愈重視物聯網業務發展，其在工作數位化促進同儕社群交流、媒體數位化呈現從業者的個人風格愈顯著。

### 表 4-10　數位化流程與執行面數位化發展相關分析

|  | 執行面 | 工作便利性 | 促進同儕交流 | 呈現個人風格 |
|---|---|---|---|---|
| 流程化_全 | .684*** | .680*** | .520** | .627*** |
| 從業人員數位化工作配備 | .542*** | .530** | .367* | .547*** |
| 透過臉書社群媒體傳遞訊息 | .604*** | .596*** | .516** | .504** |
| 透過 LINE 社群媒體傳遞訊息 | .303 | .376* | .168 | .285 |
| 透過 YouTube 影音平台傳遞訊息 | .534** | .488** | .395* | .530** |

(續)表 4-10　數位化流程與執行面數位化發展相關分析

| | 執行面 | 工作便利性 | 促進同儕交流 | 呈現個人風格 |
|---|---|---|---|---|
| 設置集團專屬 APP 傳遞訊息 | .550*** | .635*** | .355* | .503** |
| 設置集團雲端資料庫 | .330* | .424** | .281 | .209 |
| 自行開發網路社群平台 | .429** | .365* | .347* | .417** |
| 網路大數據分析 | .616*** | .552*** | .486** | .592*** |
| 物聯網業務發展 | .394* | .317 | .342* | .374* |

電視媒體數位化流程應用與營運面數位創新發展部分有關。電視媒體數位化流程與營運面創新發展密切正相關（r=.39，p<.05*），且與媒體數位化有助增進社群福祉（r=.36，p<.05*）、媒體數位化增加生產力（r=.45，p<.001***）、媒體數位化使業績提升（r=.36，p<.05*）呈正相關。

其中自行開發網路社群平台與營運面創新發展密切正相關（r=.5，p<.01**），且與媒體數位化增加生產力（r=.53，p<.01**）、媒體數位化使業績提升（r=.58，p<.001***）顯著正相關。這代表自行開發網路社群平台可以掌握營運細節；運用既有跨國科技平台，可能增加市場服務面或營運面的內容生產投入，但對於經營業績則不彰。

從業人員數位化工作配備與營運面數位創新發展部分有關。電視媒體數位化流程與營運面創新發展正相關（r=.33，p<.05*）。但在有助增進社群福祉、增加生產力、降低人力成本或業績提升，相關性不足。

電視媒體數位化流程應用與市場面數位創新發展相關。電視媒體數位化流程與市場面創新發展密切正相關（r=.54，p<.001***），且與媒體數位化可更精確服務閱聽人（r=.52，p<.01**）、媒體數位化有助於閱聽使用（r=.55，p<.001***）、數位化有助於媒體轉型（r=.36，p<.05*）呈正相關。

其中透過臉書社群媒體傳遞訊息、透過 YouTube 影音平台傳遞訊息、網路大數據分析與市場面創新發展相關；上述平台運用與媒體數位化可更精確服務閱聽人，媒體數位化有助於閱聽使用，數位化有助於媒體轉型皆呈正相關。

表 4-11　數位化流程與營運面數位化發展相關分析

| | 營運面 | 有助增進社群福祉 | 增加生產力 | 降低人力成本 | 業績提升 |
|---|---|---|---|---|---|
| 流程化_全 | .390* | .361* | .445** | .069 | .357* |
| 從業人員數位化工作配備 | .328* | .294 | .312 | .114 | .305 |
| 透過臉書社群媒體傳遞訊息 | .297 | .252 | .427** | .007 | .257 |
| 透過 LINE 社群媒體傳遞訊息 | .174 | .238 | .141 | .043 | .141 |
| 透過 YouTube 影音平台傳遞訊息 | .207 | .232 | .403* | -.087 | .137 |
| 設置集團專屬 APP 傳遞訊息 | .261 | .294 | .392* | -.031 | .194 |
| 設置集團雲端資料庫 | .267 | .332* | .221 | .076 | .223 |
| 自行開發網路社群平台 | .498** | .209 | .533** | .187 | .580*** |
| 網路大數據分析 | .316 | .258 | .274 | .136 | .309 |
| 物聯網業務發展 | .100 | .162 | .086 | -.003 | .088 |

　　設置集團專屬 APP 傳遞訊息，僅與媒體數位化有助於閱聽使用呈正相關。

　　透過 LINE 社群媒體傳遞訊息、設置集團雲端資料庫等數位化流程，與媒體數位化可更精確服務閱聽人、媒體數位化有助於閱聽使用呈正相關。

　　自行開發網路社群平台與市場面數位創新發展部分有關，且與媒體數位化有助於閱聽使用（r=.55，p<.001***）、數位化有助於媒體轉型（r=.36，p<.05*）呈正相關。

表 4-12　數位化流程與市場面數位化發展相關分析

| | 市場面 | 更精確服務閱聽人 | 有助於閱聽使用 | 有助媒體轉型 |
|---|---|---|---|---|
| 流程化_全 | .539*** | .521** | .548*** | .361* |
| 從業人員數位化工作配備 | .279 | .296 | .296 | .150 |
| 透過臉書社群媒體傳遞訊息 | .669*** | .609*** | .658*** | .509*** |

**(續)表 4-12　數位化流程與市場面數位化發展相關分析**

|  | 市場面 | 更精確服務閱聽人 | 有助於閱聽使用 | 有助媒體轉型 |
|---|---|---|---|---|
| 透過 LINE 社群媒體傳遞訊息 | .326* | .401* | .435** | .037 |
| 透過 YouTube 影音平台傳遞訊息 | .404* | .366* | .382* | .323* |
| 設置集團專屬 APP 傳遞訊息 | .281 | .246 | .332* | .174 |
| 設置集團雲端資料庫 | .338* | .387* | .366* | .145 |
| 自行開發網路社群平台 | .367* | .280 | .325* | .367* |
| 網路大數據分析 | .430** | .393* | .360* | .384* |
| 物聯網業務發展 | .283 | .302 | .289 | .160 |

### 深度訪談

依據深度訪談電視媒體資深主管，電視產業在數位化衝擊下，所面臨的變革分別從閱聽市場、執行推動與營運管理角度觀察。

閱聽市場的挑戰來自平台轉變過程，流失年輕閱聽人、廣告量滑落現象顯著。

根據訪談與文獻資料，臺灣廣告主逐漸投放廣告於數位媒體平台，總流量則沒有太大成長。其中平面紙媒投資量跌幅最劇，其次為電視頻道廣告（TMJ1, TMM1, TFM1, TFM3）。

閱聽內容方面，電視媒體影音內容透過網路平台播放，首先面臨的挑戰是數位內容版權的授權問題。

跨國既有影音平台已經有相當用戶，臺灣的電視頻道面臨兩難抉擇，運用既有跨國影音社群平台，可以盡快將內容編排上傳，也可觸達現有年輕用戶；但跨國影音平台卻沒有付版權費給國內電視台，且其點閱分潤機制不盡合理，對於電視頻道投入的人力創作成本，完全無法平衡（TMJ1, TMM1, TFM1, TFM3）。

如果捨棄跨國影音社群平台，國內電視頻道也可自行開發網路影音平台（TMM1, TMM2, TFM3），但閱聽用戶未必會使用，較難導入閱聽觀眾。

　　數位影音時代來臨，盜版影音網站問題浮現。電視節目、電影紛紛被不肖盜版網站剽竊播放（TMM1, TMM2, TFM2, TFM3），加上凝聚大量網友點閱瀏覽，也有廣告收益。這些外部挑戰，促使電視台不得不將影音節目上傳合法的跨國社群影音平台。電視台也開始強化網路會員的建置規劃。

　　電視媒體從無線電視頻道邁入衛星有線電視頻道，再變革轉型數位電視階段，除面臨影音內容授權上網與否的評估，還包括廣告播出的平台區隔因應。

　　電視媒體朝向數位化發展的執行面，除影音內容放置平台的取捨規劃外，一些具規模的電視台初期延攬資訊領域專才，逐步推動電視頻道迎向數位時代。衛星有線電視多半為商業頻道，需要考量成本效益，電視台成立的新媒體部門／數位平台部門主管須定期會報推動進展以及相關效益，並設定各階段目標。

　　新媒體主管為說服資方持續投資，對於績效表報告往往出現虛虛實實的現象，有集團投入相當資金與時間，後來發現績效報表不真實，便立即抽身不再投資，新媒體人員也大幅縮減（TMJ1, TMM1, TFM2, TFM3）。

　　類似案例也出現在寬頻系統與頻道的共生樣態，電視媒體主管表示，政府鼓勵電視台數位化或光纖上網服務等發展，寬頻系統未必投入內容產製，而是以拓展有線電視收視戶為先。如果寬頻系統訂戶數沒有顯著增長，且各縣市訂戶收視費率又以吃到飽費率為主，寬頻系統業者為了部門績效與工作生計需要，便將虧損轉嫁給產製影音內容為主的電視頻道，降低授權付費（TMM1, TMM2, TFM3）。影音產製的電視頻道為降低成本，只得提供重播內容，最終吃虧的是閱聽收視戶。

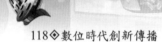

頻道申設或執照換發需要向監理機關提出營運計畫,通過評鑑才有機會持續營運。包括無線電視台、衛星有線電視台為求營運,提出各項專案合作,包括與公部門政策宣導、私部門產品服務等資訊,或為求收視率或網路點閱率,相關報導也出現擦槍走火的意外(TMJ1, TMM1, TMM2, TFM1, TFM2, TFM3)。電視頻道能否順利換照,往往取決於營運規劃的落實,或是否牴觸監理機關的審查事項。

不可否認,有關頻道申設與經營,涉及人民財產權益,中天新聞台2020年底申請換照未被NCC核准,NCC主委陳耀祥直接點名公廣集團接替中天新聞台空出的頻道,受訪代表質疑恐涉及干預衛星有線電視頻道系統規劃自主權的公司治理(TMJ1, TMM1, TMM2, TFM1, TFM2, TFM3)。

再者,不論申請換照的新聞台是否咎由自取,中天換照聽證會的參與代表是否符合程序正義(TMJ1, TMM1, TMM2, TFM1, TFM2, TFM3),也引發關注。

檢視公部門對於媒體監理機制,仲裁人人選由NCC事前把關,雙方僅得自NCC遴聘的仲裁人名冊中選擇,仲裁委員會由NCC負責組成,程序規範也授權NCC訂定,從仲裁人資格與遴(解)聘、仲裁委員會的組成、仲裁與調查程序規範等由NCC掌握,社會有聲音質疑此一遁入仲裁、迴避司法監督的設計,恐怕與NCC被寄予厚望的專業管制機關原始設計不符(TMJ1, TMM1, TMM2, TFM1, TFM2, TFM3)。

從另一角度觀察,這種結構變革也促使該新聞頻道不得不轉戰網路,主播或評論節目主持人轉型為網紅身分,即便點閱率衝高,仍無法與過往電視新聞廣告收益相比(TMJ1, TMM1, TFM2, TFM3)。

雖然公廣集團華視新聞台被NCC主委欽點,公民媒改團體也期盼以形成質變影響量變的效果。媒體報導,華視連年虧損累積逾18億,已超過16億元資本額規模,公視、華視聯席董事會通過華視最新資產活化方

案，準備向銀行融資 17 億元，花三年打造媒體旗艦園區，取名「元宇宙」媒體中心，新大樓將出租，相關決議送文化部審議。

　　進駐電視新聞頻道區塊是否形成影響尚待查驗，但電視台透過活化資產，調整經營模式，也是面對電視產業變革中的一種做法。

　　儘管臺灣電視新聞頻道競爭激烈，仍有不少申請新聞頻道的提案。從早期黎智英時代的壹電視集團申設電視執照，承諾成立新聞倫理委員會自律監督品質；或中嘉集團申請系統換照，承諾支持媒體素養教育推廣；近期鏡電視申設新聞頻道營運執照，承諾設置新聞自評人機制（ombudsman）等，類似案例促成電視頻道營運過程的創新影響。另外，由於現有公廣集團未設置類似機制，商業頻道率先設置，也引發討論（TMM1, TMM2, TFM3）。

　　電視頻道區塊化發展始自前新聞局長林佳龍在頻道申換執照過程的推動，將有線電視前二十五頻道定為「公益及闔家觀賞頻道」，包含無線電視、部分宗教頻道、原民台、客語台等必載頻道。

　　國家通訊傳播委員會為擴大目前有線電視頻道區塊化規模及研議未來數位有線電視頻位編碼機制，提出兩個「數位有線廣播電視頻位區塊化暨編碼機制」方案，徵詢產官學界建議，創造更為公平競爭的政策內容，健全有線電視產業之競爭環境。計有：採取頭端與機上盒頻位編排技術，將所有頻道按三位數編排；或在現有基本頻道機制外，開闢新區塊。

　　資深電視主管分析（TMJ1, TMM1, TMM2, TFM2, TFM3），頻道數編排重整，除讓頻道重新規劃品牌印象與行銷文宣外，對於閱聽眾的重組也可能產生影響。目前電視觀眾年長化，年長者有既定的生活習慣，未必都可以在短期內適應新的頻道數編排，此時也讓新進頻道有機可乘，因此，既有頻道業者傾向少更動，而新進頻道則期待「混水摸魚」。

　　寬頻系統業者站在頻道編排上風，希望內容頻道競爭性愈高，帶動上架機會如同洛陽紙貴般的主場優勢，增加寬頻系統與內容頻道提供者的談

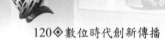

判籌碼。

電視頻道數位化衍生的各式營運變革,是否有利於閱聽眾的收視權益,更有不同見解。有可能刺激既有上架頻道業者更兢兢業業於內容產製編。另一方面,如果形成寬頻系統與內容頻道的垂直整合,內容品質是否可以提升,仍待查驗。

## 伍、結論與討論

根據問卷調查結果與深度訪談分析,臺灣電視媒體自行開發網路社群平台稍有著力,在物聯網業務發展、網路大數據分析、從業人員數位化工作配備投入較有限。電視媒體的數位化創新發展,以市場面略高(M=3.66),其餘皆低於總平均值(M=3.42),包括執行面(M=3.38),再者為營運面(M=3.28)。

整體而言,臺灣電視新聞頻道歷經數位化的破壞式創新,先是「大爆炸式破壞」(big bang disruption),其次是「從上而下式破壞」(disruption from above)。「大爆炸式破壞」源自跨國影音社群平台的衝擊,促使電視媒體經歷流失年輕閱聽眾,開始經營數位平台的創新。媒體組織外部「從上而下式破壞」創新來自公部門監理機關,透過換照審查各項指標評鑑,媒體組織內部在人力資源的調整。

電視新聞頻道在數位科技演進的破壞式創新分別有:廣告被數位平台瓜分但收益有限引發的「傳統破壞」;網路直播、網紅興起形成的「商業模式破壞」;行動視聽服務平台形成的「高階急遽式破壞」;盜版影音平台出現的「低階利基破壞」;或遭遇電視新聞頻道換照未通過的衝擊導致的「快速破壞式創新」。

電視新聞頻道歷經的破壞式創新不僅是科技面、服務面,更明顯出現

於閱聽眾市場。數位平台、行動視頻的個人化使用型態，促使閱聽眾年輕化；而經由電視頻道收視觀眾群年長化。過往闔家觀賞電視的場景愈來愈少見，取而代之的是個人化、分眾化的內容與服務。

　　跨國影音社群平台方便電視媒體上傳影音作品，擴大服務對象與服務地理範圍，惜分潤機制無法合理反映電視台投入的人力與資源；加上盜版影音平台大量以浮動網址出現，罔顧電視頻道影音智慧財產權，形成侵權行為。

　　網路平台提供媒體產業一片無所不在的閱聽空間，超越實體地理播放區域，其中廣告利潤未必可平衡電視媒體相關成本支出。電視頻道的廣告收益穩定，惜被數位平台瓜分逐年下降，數位平台投入資本與廣告收益間仍無法平衡。

　　新興新聞頻道上架與既有新聞頻道的競爭，系統平台業者收取消費者的收視費，未能有效回饋給內容頻道業者產製需求，導致頻道重播率提高，影響電視節目呈現的品質，以及閱聽大眾的收視選擇。

　　電視頻道身處與網路平台的不對等監理機制中，境內媒體與境外媒體的雙標治理，政府介入電視頻道、系統業者編排等，究竟是維護公平正義？或干擾自由市場機制？或促使寬頻業者與內容頻道的垂直策略聯盟，形成電視頻道垂直壟斷的疑慮？值得持續關注。

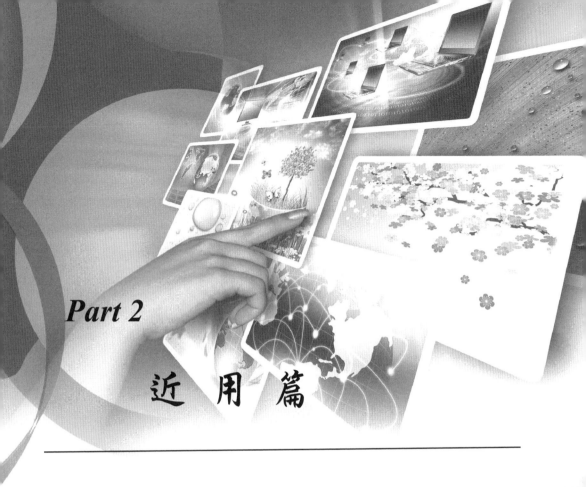

# *Part 2*

# 近 用 篇

# 第五章

# 樂齡人士手機學習

- · 前言
- · 文獻探討
- · 研究設計
- · 研究結果
- · 結論與討論

# 壹、前言

　　人工智慧（artificial intelligence, AI）與物聯網（internet of things）、區塊鏈（blockchain）應用日益普及。社交媒體調查機構 We Are Social 與品牌管理服務提供商 Hootsuite 發表《2019 年全球數位報告》顯示，全球使用網路的人口已破 40 億大關，總計 40 億 3,800 萬人，占全球人口 57%（林行健，2018 年 2 月 2 日）。

　　全球上網人口數逾五成，臺灣 12 歲以上的上網人口，已達 1,738 萬人，行動上網率逐年攀升，突破七成（臺灣網路資訊中心，2019 年 1 月 10 日）；今年調查仍有 10.8% 的民眾未使用網路，未上網的民眾主要是 60 歲以上年齡層居多，其中主要為「不需要」（29.9%）、「對電腦恐懼或不熟悉」（27.0%）、「無興趣」（26.6%）。高齡人口無論在擁有智慧型手機方面，及使用網路或社群媒體的情況，皆為總人口比率最低的族群，因此政府與非營利組織致力推動打造友善高齡的數位環境。

　　依據內政部統計，2019 年 6 月底我國老年人口（65 歲以上）達 352 萬人，較上年同月底增加 17 萬人，年增 5.2%；自 2016 年底起，已連續三年增幅超過 5%。我國老年人口占總人口比率自 2018 年 3 月底跨越 14%「高齡社會」門檻後，今年 6 月底占比持續提高至 14.9%。根據國家發展委員會推估，預計 2026 年我國老年人口比率將超過 20%，邁入「超高齡社會」（內政部戶政司，2019 年 7 月 17 日）。面對人口結構巨大的改變以及人口老化迅速的衝擊，珍視與維護高齡人口的生活品質以及人性尊嚴（Bründl, Matt, & Hess, 2017），刻不容緩。

　　大衛‧柯柏（David Allen Kolb）經驗學習理論對「學習」的定義是

由經驗轉換而創造知識的歷程，而知識則是由直接轉換經驗結合而得。經驗學習理論包含了四個階段，分別為（Kolb, 1984）：具體經驗面向（concrete experience, CE）、反思觀察面向（reflective observation, RO）、抽象概念化（abstract conceptualization, AC）、行動實驗面向（active experimentation, AE）。

英國教育學者彼得賈維思（Peter Jarvis）以柯柏的經驗學習為基礎提出經驗學習歷程理論，認為經驗學習是個體終身的歷程，當個體進入生活世界後，即開始學習的歷程，個人會從情感、行動與反思的過程中獲得經驗，並且在經驗中賦予新的意義、知識、情感與技術（Allen, 2010）。爾後，個體會進入新的學習循環，持續進行個人的改變，並且將個人的經驗與實踐的結果進行整合。成人從經驗中進行學習有助於將目前的經驗連結到過去與未來的情境（Merriam et al., 2007）。換言之，學習者能藉由先前的經驗，作為引導未來學習的基礎（Bélanger, 2011）。

國外文獻探索樂齡人士少接觸網路科技的原因，以資訊近用、科技近用層面居多（黃葳威，2020b），包括：無法取得科技載具及缺乏使用知能（Eynon & Helsper, 2015; Eynon & Malmberg, 2011; Friemel, 2016; Livingstone, Van Couvering, & Thumin, 2009; Peter & Valkenburg, 2006）、環境保護考量的選擇（Ineland, Molin, & Sauer, 2009），或無法看到網路與生活關聯、感覺年邁、缺乏上網經驗或技能、時間不足和高連接成本（Helsper & Reisdorf, 2013; Selwyn, 2006）、個性孤獨（Helsper & Reisdorf, 2013），甚至新技術專業術語往往成為使用障礙（Dickinson et al., 2005; Richardson, Weaver, & Zorn, 2005）。熱中學習上網常是為了與家人或親友聯絡交流（Dickinson et al., 2005）。

臺灣樂齡人士與媒體論述可由資訊素養（徐碧蓮，2017；蔡琰、臧國仁，2013；盧祐德，2016；洪千涵，2019）、科技使用（蔡琰、臧國仁，2008；胡佩蘭，2016；蔡琰、臧國仁，2018；柯志祥、張文德，2019；黃

葳威，2020b）、互動裝置設計應用（何于凡，2016；羅珮婷，2018）等層面審視。鮮有關注樂齡人士智慧型手機的學習動機與歷程。

本文以問卷調查法結合深度訪談，探討社區樂齡人士使用智慧型手機的動機、學習歷程與應用，作為提升樂齡族資訊科技接近使用權的規劃與實踐參考。

# 貳、文獻探討

學習來自實踐或其他形式的經驗導致行為的持續改變，或持續以既定方式表現的能力；學習涉及獲取和改變、知識、技能、策略、信念、態度、以及行為（Schunk, 2012）。

經驗學習（experiential learning）關注從操作、實踐中的體驗學習，所謂做中學（learning by doing）、學中做（doing by learning）。

經驗學習理論的發展大致分為行動研究、生活反思、認知發展、人本心理、經驗轉化，以及全人教育等取向。以下將簡述各取向的學習模式，並探討樂齡與學習的情況。

## 一、行動取向

行動研究取向的經驗學習以社會心理學者柯特‧黎溫（Kurt Lewin）為主。這位出生於猶太家庭，在德國完成大學教育的美國心理學家，於1940年代中期發展行動研究模型，以回應社會行動中發現的問題(Kemmis, 1988)。二次世界大戰期間社會面臨諸多挑戰，黎溫認為社會問題應形同民主環境中的公眾疑問（public inquiry），行動研究必須做出集體決策並致力於改進。

1946年夏天，黎溫與團體動力學研究中心（Research Center for Group

Dynamics）同事，參與美國康乃狄克州種族間委員會（Connecticut State Interracial Commission）的領導力和團體動力學培訓；設計執行兩個為期一週的計畫，即鼓勵參與者如同儕般進行小組討論和決策。培訓人員和研究人員蒐集小組活動的詳細觀察結果和記錄（Lewin, 1946）。

　　黎溫將機械學中的回饋（feedback）應用於行為科學研究，強調回饋成為培訓團隊（training group, T-group）的關鍵要素，並提出場域理論（field theory）的價值(Lewin, 1951)：基於現在當下（here-and-now）的觀察結果，相關資訊緊隨事件發生進行核對時，才具效度，減少曲解感知（Yalom, 1995: 489）。

　　黎溫提出行動研究的循環架構有（Lewin, 1946）：界定主題、尋找資料、擬訂計畫、展開行動、進行評估、修正計畫、更新行動等。

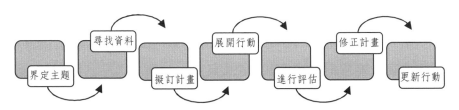

**圖 5-1　黎溫的行動研究循環架構**

## 二、反思取向

　　對於教育學者杜威（John Dewey）而言，經驗始終是一個動態的雙向過程。他提到「交換」（transaction）：「體驗永遠是交換的結果，發生在個人與身處的環境之間。」（Dewey, 1938: 43）

　　正如杜威（Dewey）所說的「交換性，肇因於經驗來自環境、經驗的人與環境維持恆定的互惠關係」（Garforth, 1966: 13）。

　　杜威說明這一雙向的過程，涉及「嘗試」和「進行中」的經驗；當我們經歷某些事情時，就會採取行動；然後我們受苦或經歷後果。我們對事

物做某事，然後它對我們做某事作為回報：這就是奇特的組合。這兩個階段的經驗測度之間的聯繫經驗的成果。單純的活動並不構成經驗（Dewey, 1916: 104）。

杜威提出所謂「工具主義」（instrumentalism）（1897, 1910, 1916, 1938），主張理論和思想需要與個人現實生活和社區相關，如此才可應用並擴大體驗。他主張要使思想和想法有意義，就必須具有經驗性。

杜威主張體驗是活生生的經驗，體驗學習的重點在於擁抱日常生活，並非外加或自我阻隔的經驗。

杜威提出五階段／面向的反思（Dewey's five phases or aspects of reflective thought）（Miettinen, 2000）：

1. 疑慮干擾（disturbance and uncertainty: habit does not work）：面對疑慮干擾，檢視不合適的習慣。
2. 界定問題（intellectualization and definition of problem）：釐清面臨的困難，集思廣益以便提出解決方案。
3. 分析／假設（study the conditions of the situation and formation of a working hypothesis）：分析真實情境並研擬可行的假設。
4. 理性推論（reasoning）：根據實際應用與知識，理性提出可行方案。
5. 假設驗證（testing the hypothesis in action）：透過觀察或實驗證明，尋求可行方式或發現新問題。

經過上述歷程，形成概念想法，或解決問題控制行動。

杜威認為教育是一種「屬於（within）經驗」、「由於（by）經驗」和「為著（for）經驗」的發展（Dewey, 1997: 28），他相信一切的教育來自於經驗。

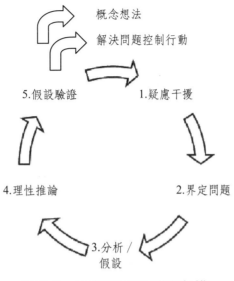

圖 5-2　杜威的反思五階段架構

## 三、發展取向

瑞士發展心理學者皮亞傑（Jean Piaget）是第一位針對兒童認知心理進行研究的心理學者，從認知發展理論解釋了兒童如何構建世界的心理模型。他認為認知發展是由於生物成熟和與環境相互作用而發生的過程，不同意智力是固定的特徵的觀點。

認知心理理論包含三個基本組成部分：

1. 基模（知識的基礎）；
2. 適應過程：可以從一個階段過渡到另一個階段（平衡、內化和適應）；
3. 認知發展階段：感知運思、運思前期、具體運思、形式運作。

認知發展牽涉認知過程，以及認知能力的改變。幼年時期依感覺統合的行動為主，爾後進展到心智運作。這些皆與經驗相關。

認知發展模式可分為四階段（Piaget, 1936）：

1. 感知動作期（sensory-motor stage）0 至 2 歲：發展出物體存在的概念，運用感覺系統以及動覺來解決問題，為個人認知發展奠定基礎。

2. 前運思期（representational stage）2 至 7 歲：透過語文及符號呈現事物的抽象思考，僅以自我為角度去思考處理問題。

3. 具體運思期（concrete operational stage）7 至 11 歲：能以具體的經驗或事物所獲得的結果進行邏輯思考，也經由生活體驗建構自我概念及思考架構。邏輯思維僅限於解決與具體的、真實的或能觀察到的有關事物，而未能進行抽象假設的或純粹語言的邏輯思考。

4. 形式運思期（formal operational stage）11 至 16 歲：開始具備抽象思考的推理能力。最顯著的特色是皮亞傑所謂的「假設演繹思考」（hypothetico-deductive thought）的發展，即能運用非現實的素材（即陳述或假設）來進行推理。

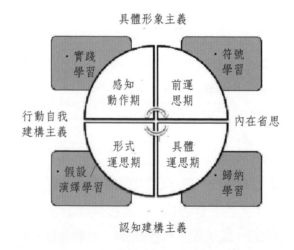

圖 5-3　皮亞傑的認知發展模式

## 四、人本取向

美國心理治療學者卡爾‧羅傑斯（Carl Rogers）首先提出並倡導體驗學習，他認為體驗式學習是學生通過發現和探索學習信息的積極過程。這是一個以學生為中心的方法，可以解決每個學生的需求。學習既有成功也有失誤，它可以幫助學生發展新的技能、態度和解決問題的技術。

羅傑斯的體驗式學習理論奠基於心理治療和人本主義，他主張將情感納入教育的重要性。羅傑斯認為教育的目標應該改變，包括個人改變和自我認識。因此，羅傑斯關注學習可導致個人的成長和發展。

羅傑斯提出兩種不同類型的學習思想：認知和體驗。認知學習涉及記憶和學習事實，例如詞彙。體驗式知識可以滿足學習的需求和興趣，重點放在經驗和現實。

羅傑斯梳理體驗教育得以實踐的條件（Drummond, 2003）：

1.教師作為促進者的角色——創造學習環境的人。

2.學生參與。

3.控制和指導學習歷程。

4.活動以直接與大自然互動為主。

5.減少傳統上透過自我評估的方式來評鑑成效。

| 1.教師創造學習環境 | 2.學生參與 | 3.控管學習歷程 | 4.與大自然的互動 | 5.減少傳統的自我評鑑 |
|---|---|---|---|---|

**圖 5-4　羅傑斯的體驗教育實踐條件**

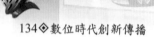

### 五、轉化取向

美國社會心理學者大衛‧柯柏（David Allen Kolb）主張，學習是經驗轉化為創造知識的過程。知識源於對經驗的掌握和轉化（Kolb, 1984）。

研究組織行為的柯柏認為「具體的學習經歷對學習至關重要」。

柯柏提出體驗式學習（experience based learning systems）具備六個主要特徵（Kolb & Kolb, 2011）：

1. 最好將學習視為一個過程，而不是結果。
2. 學習是基於經驗的連續過程。
3. 學習需要解決在辨證對立的適應世界模式之間的衝突。
4. 學習是適應世界的整體過程。
5. 學習涉及人與環境之間的交流。
6. 學習是創造知識的過程，是社會知識和個人知識之間交流的結果。

體驗式學習是基於解決方案驅動的學習週期的動態學習，可視為一種行動／反思和經驗／抽象的雙重辨證法。學習被定義為通過經驗的轉化創造知識的過程。

知識源於對經驗的把握和轉變（Kolb, 1984, p.9, 41）。掌握經驗是指獲取信息的過程，以及改變經驗是個人如何解釋信息並對其採取行動。ELT 該模型描繪了兩種與辨證相關的抓取體驗模式：具體體驗（CE）和抽象概念化（AC），以及兩種與辨證法相關的模式變革的經驗——反射觀察（RO）和主動實驗（AE）。

學習來自解決這四種學習模式之間的創造性張力。該過程被描繪為理想的學習週期或學習者「觸及」的螺旋式所有基礎，包括體驗（CE）、反思（RO）、思考（AC）和表演（AE）——對學習情況和所學內容敏感的遞歸過程。

立即或具體的經驗是進行觀察和思考的基礎。這些反思被吸收並提煉成抽象概念，由此產生新的含義可以畫出動作。

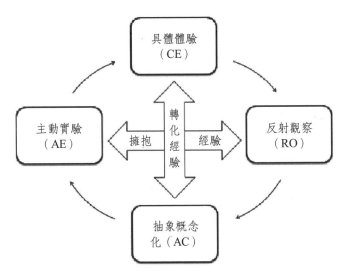

**圖 5-5　柯柏的體驗式學習特徵**

## 六、全人取向

　　從全人教育的角度，英國成人教育學者賈維斯（John Jarvis）以為學習結合個人一生中各種歷程，整個人——身體（遺傳，體格和生物學）、心思（知識，技能，態度，價值，情感，信念和感情）——社交情境，其感知的內容隨後發生轉變在認知、情感或實踐（或經由任何組合）並整合到個人生涯中，導致成為一個不斷改變（或經驗更豐富）的人（Jarvis, 2006: 134）。

　　賈維斯（John Jarvis）主張，學習歷程始於成人經驗，無論訊息的準確性如何；即便成人經驗有時是無法應付的情況，其仍可激發當事人本能的學習經驗（Jarvis, 1987: 35）。他認為人們的經驗深植於個人各自的生涯（Jarvis, 2009: 89）。

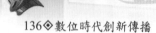

賈維斯的學習理論始於擁抱學習者是整個人的五種感覺。經過一段時間的經驗通過思想、情感和行動，這個人在身體、思想、自我，以及過往生活史。重複該過程，代表學習是如何連續發生的。

賈維斯的學習歷程模式被視為是最完整的模式，此模式將學習置於社交環境中，關注學習的根本「互動現象」（Merriam, Caffarella, & Baumgartner, 2007）。

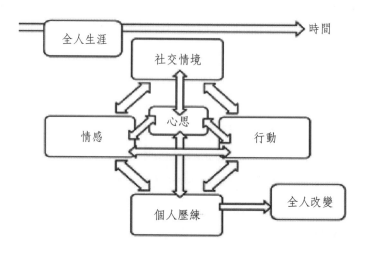

**圖 5-6　賈維斯的終身學習歷程模式**

從時間持續的觀點，賈維斯提出一個人如何從生活世界進入學習情節或學習週期，他們所學習的社會脈絡，有時可能會經歷過往經驗和當前狀況之間的脫節；一旦如此，這個人將通過反思、情感和行動來改變這種新的體驗。

這種轉變的結果是隨著時間的推移而發生的：它可以解決他們的分歧，或者無法解決所提出的問題。賈維斯（Jarvis, 2012）探索社會互動，將其作為情感、行動和反思之外的變革活動；也就是說，我們可以學習並對他人世界的理解，界定為一種社會的互動過程。

## 七、樂齡與科技

　　資訊科技日益普及，樂齡人士使用資訊科技的論述仍待累積（Findahl, 2017; Friemel, 2016）。國外文獻探索樂齡人士少接觸網路科技的原因，以資訊近用、科技近用層面居多（黃葳威，2020b），包括：無法取得科技載具及缺乏使用知能（Eynon & Helsper, 2015; Eynon & Malmberg, 2011; Friemel, 2016; Livingstone, Van Couvering, & Thumin, 2009; Peter & Valkenburg, 2006）、環境保護考量的選擇（Ineland, Molin, & Sauer, 2009）、無法看到網路與生活關聯、感覺年邁、缺乏上網經驗或技能、時間不足和高連接成本（Helsper & Reisdorf, 2013; Selwyn, 2006）、個性孤獨（Helsper & Reisdorf, 2013），甚至新技術專業術語往往成為使用障礙（Dickinson et al., 2005; Richardson, Weaver, & Zorn, 2005）。熱中學習上網常是為了與家人或親友聯絡交流（Dickinson et al., 2005）。

　　樂齡人士網路使用與一般有別（Niehaves & Plattfaut, 2014; van Deursen & Helsper, 2015）。一項針對 2,057 位樂齡人士的調查發現（Helsper & Reisdorf, 2013），男女樂齡人士在科技使用方面沒有顯著差異；女性比男性少接觸在於科技知能不足（Findahl, 2017）。研究發現，不使用數位科技產品的樂齡人士，有 43% 家中有裝設網路設備，他們選擇在生活中不使用科技（van Deursen & Helsper, 2015），未必是經濟困難或個人偏好需求（Eynon & Helsper, 2015）。抱持數位科技與日常生活無關的樂齡人士，往往選擇不使用數位科技（Selwyn, 2006）。

　　樂齡人士終身學習的研究以資訊近用為主（Blank & Dutton, 2012; Bozinis, 2007; Loges & Jung, 2001; Nussbaum, 2011; Seale & Dutton, 2012; Reneland-Forsman, 2018），將選擇歸因於是否融入社交情境與期待（embedded within a social context and expectations），未必是數位落差（digital exclusion）、社交隔離（social exclusion）使然。

　　臺灣樂齡人士與媒體的論述可分為（黃葳威，2020b）：樂齡人士的資訊近用（徐碧蓮，2017；蔡琰、臧國仁，2013；盧祐德，2016；洪千涵，2019）、科技近用（蔡琰、臧國仁，2008；胡佩蘭，2016；柯志祥、張文德，2019）、參與近用（何于凡，2016；羅珮婷，2018）、傳播近用（蔡琰、臧國仁，2018）等層面。

　　徐碧蓮（2017）採用行動研究法，研究高師大樂齡主播營 14 名學員，發現高齡學員透過學習後，媒體近用能力主要受到學員個人先備知能、意願、興趣與課程設計的引導程度影響，課程設計若迎合學員生活與工作經驗，適性教學能讓媒體近用更有成效。

　　兒孫輩輔助家中長者學習電腦之研究顯示（蔡琰、臧國仁，2013），家中互動與長者對於電腦的正向學習相關，是否可透過電腦增進親子互動沒有顯著關聯。

　　研究臺南市 50 歲以上的樂齡人士社交媒體使用與資訊素養得知（盧祐德，2016）：男性或女性在傳統素養、電腦素養及網路素養認知都較不明顯；不同教育程度的樂齡學習者，在傳統素養、電腦素養及網路素養的認知有明顯差異；教育程度愈高者，認知程度愈高，認同社交媒體的互動性也愈高。

　　洪千涵（2019）透過參與觀察與深度訪談臺北市大安區社區大學樂齡人士，顯示高齡者以樂活學習為宗旨參與學習，滿足日常的應付需求。高齡者普遍具有近用智慧手機資源的機會，但高齡者使用智慧手機存在親子落差問題，高齡者在操作智慧手機的過程，受限於資訊素養能力缺乏的問題，一旦增進其資訊素養能力，便對生活產生便利性的實際效益，亦增加自我肯定與成就感。

　　從科技近用層面觀察，若給予時間與機會，高齡者仍有可能成為新媒介使用者。「年齡」實非老人成為科技邊緣人的絕對因素，健康情況、經濟能力、教育程度都影響老人面對新媒介世界。身心健康熟齡者在科技使

用上雖略顯遲緩，但新科技對年長者尚非無以取代的溝通工具，缺乏新媒介的便利性並未使其減少對生活的滿意程度（蔡琰、臧國仁，2008）。

　　科技如何貼近樂齡生活？分析 3D 擴增實境頭像辨識軟體系統操作、銀髮族介面操作整體時間明顯較年輕族群多；混合式拓蹼架構介面，在不同任務複雜度情形下，皆能獲得優於線性式架構的操作表現；年齡、拓蹼架構任務難度與使用者易用性尺度量表 SUS（System Usability Scale）及尋路策略具相關性（柯志祥、張文德，2019）。胡佩蘭（2016）檢視樂齡人工智慧平台本身建置「AI Chat Bot 聊天機器人」的能力，評估「樂齡人工智慧服務平台」核心競爭力與發展初步策略，係從科技人性化出發尋找其適切性。

　　何于凡（2016）分析互動科技應用於樂齡人士生態旅遊的影響，顯示當生理及環境因素皆達滿足，要提升樂齡族進行生態旅遊的正面體驗，須加入情感與故事內容的體驗因素及適當的科技媒介，並提出「隨意停智慧生態五感體驗 APP」互動設計建議。

　　羅珮婷（2018）研究臺北市大安區 39 位樂齡學習者，應用 ADDIE（Analysis, Design, Develop, Implement, Evaluate）模式設計樂齡族行動載具課程，能更全面的掌握課程規劃，透過教學活動設計小任務與積分制度於樂齡行動載具課程、課程採分組及認知師徒制，能成功地增加上課的熱度與互動。建議應多設無線基地台，改善網路塞車問題，且搭配使用手機電子投影工具。

　　一篇涉及傳播近用的論述分析爺爺奶奶部落格，充滿老人述及既往舊事之「記憶裝置」，以及銀髮世代熱愛「現在」日常生活記錄，反映他們透過新科技（部落格）書寫生命的企圖心（蔡琰、臧國仁，2018）。

　　分析樂齡人士在科技進用、資訊進用實踐層面，擁有科技載具及相關上網配套服務（黃葳威，2020b），的確形成某種程度的數位落差（digital exclusion）；然而，樂齡人士對於新科技的參與近用、傳播近用實踐，則

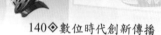

未必單單取決其是否沉浸於社交關係與社會包容（social relationship and inclusion），重要的是，樂齡人士擁有健康的自我形象（healthy self-image）。

　　樂齡人士使用數位科技的比率某些程度可反映其是否融入資訊社會，然而，必須結合資訊社會中人類行為的條件以及個人的學習知能（Nussbaum, 2011），甚至營造健康的自我形象（黃葳威，2020b）。

　　本研究參考賈維斯的終身學習歷程模式，從動機、經驗學習角度，分析樂齡人士智慧型手機的學習歷程。

# 參、研究設計

　　終身教育學者賈維斯（John Jarvis）以為，學習結合個人一生中各種歷程，包括身體、心思、社交經驗、行動，形成個人歷練。

　　研究以臺北市士林區、高雄市前金區等社區，為期兩個月八梯次樂齡長智慧手機班學員為研究範圍，學員為 60 歲以上樂齡人士。

　　授課教師除規劃各週上課主題，也同時詢問樂齡學員的學習需求，整合入課程內容；並結合 3 至 6 位助教分組進行小組或一對一教學，服務不同的學習背景與需求。

　　透過問卷調查法、佐以深度訪談法，蒐集樂齡人士的學習歷程資訊，包含：

1.身體——肢體協調、年齡。
2.社交情境——居住地、手機與網路設備、日常生活情境。
3.心思——上網動機。
4.行動——上網年資、課堂演練、課餘網路社群參與。
5.個人歷練——上網知能、學習實踐應用。

　　樂齡長智慧手機班為免費服務課程，共計八梯次；每梯次人數從 10 至 20 位不等，年齡從 56 至 83 歲不等，其中一位由 43 歲女兒陪同，共計 108 人次。

　　問卷設計採半開放式，上網動機包含：找資料、玩遊戲、閱聽影音、收發郵件、社群通訊，及其他等。

　　上網知能分別以 8 題項進行調查，從幾乎不曾、偶爾、常常、幾乎常常、總是如此等尺度分析，得分愈高代表上網知能待加強。

　　經信度分析 Cronbach's Alpha 值為.71。再以因素分析可分為使用取向、突破取向、陪伴取向三因素群。

　　有 14 位重複參加兩梯次或三梯次。深度訪談以其中重複參加，或熱中社群平台分享的樂齡學員為主，分別有 6 位樂齡男士，9 位樂齡女士。

### 表 5-1　上網知能

| 問卷變項 | 因素負荷量 | 特徵值 | 解釋變異（%） | Cronbach's Alpha | 平均值 |
|---|---|---|---|---|---|
| **因素一　使用取向** | | 1.829 | 22.865 | .650 | 2.133 |
| 上網會過預定時間 | .786 | | | | |
| 一再加長自己上網時間 | .751 | | | | |
| 會透過網路跟親友聯絡 | .653 | | | | |
| **因素二　突破取向** | | 1.591 | 19.893 | .472 | 1.414 |
| 會在網路上交新朋友 | .760 | | | | |
| 因為上網而被別人稱讚 | .753 | | | | |
| **因素三　陪伴取向** | | 1.529 | 19.111 | .520 | 1.628 |
| 覺得少了網路人生是無趣的 | .813 | | | | |
| 上網尋求網友的鼓勵或安慰 | .613 | | | | |
| 一直想要檢查電子信箱 | .505 | | | | |
| **總累積解釋變異（%）** | | | 61.869 | .71 | |

表 5-2　深度訪談對象

| 編號 | 性別 | 現職 | 年齡 | 居住狀態 |
|------|------|------|------|----------|
| MV1 | 男 | 語文志工 | 75 | 夫妻 |
| MV2 | 男 | 才藝志工 | 66 | 獨居 |
| MV3 | 男 | 社區志工 | 62 | 夫妻 |
| MR1 | 男 | 公職退休 | 79 | 三代同堂 |
| MR2 | 男 | 公職退休 | 72 | 三代同堂 |
| MR3 | 男 | 私部門退休 | 78 | 三代同堂 |
| FV1 | 女 | 社區志工 | 68 | 三代同鄰 |
| FH1 | 女 | 家管 | 76 | 孩子同居 |
| FH2 | 女 | 家管 | 67 | 三代同堂 |
| FH3 | 女 | 家管 | 65 | 獨居 |
| FH4 | 女 | 家管 | 80 | 三代同堂 |
| FR1 | 女 | 私部門退休 | 77 | 獨居 |
| FR2 | 女 | 私部門退休 | 76 | 獨居 |
| FR3 | 女 | 公職退休 | 80 | 孩子同居 |

深度訪談問題計有：

1.請問您何時開始用智慧型手機？使用原因是？

2.請問您知道自己的智慧型手機是哪一種系統？家中可以上網嗎？
　手機申請網路服務嗎？

3.請問您平時會使用智慧型手機嗎？主要是用來？

4.請問您報名智慧型手機班的原因？是個人報名或親友協助？

5.有了智慧型手機，對您的生活有影響嗎？原因是？請舉例說明。

6.您有加入社群嗎？當初參加的原因？您用社群平台做些什麼？

7.參加智慧型手機班，對您的生活有影響嗎？原因是？請舉例說明。

8.請問您有其他要補充說明的嗎？

# 肆、研究結果

根據問卷調查與深度訪談結果，以下從社交情境、身體、心思、行動、至個人歷練，分析樂齡人士的智慧型手機學習歷程模式。

## 一、社交情境

樂齡社交情境，分別從其居住地、手機與網路設備、日常生活情境分析。根據統計，108 位參加樂齡長智慧手機班，臺北占六成以上，高雄占三成九。

表 5-3　居住分布

| 地區 | 個數 | 百分比 |
|------|------|--------|
| 臺北 | 66 | 61.1 |
| 高雄 | 42 | 38.9 |
| 總計 | 108 | 100.0 |

參加高雄、臺北兩地樂齡長智慧手機班的學員，有七成三的手機有上網服務，二成七的手機沒有行動上網服務。這二成七學員是第一次在課堂上學習行動上網。

表 5-4　有無網路服務

| 有無手機行動上網 | 個數 | 百分比 | 家中有無Wi-Fi | 個數 | 百分比 |
|------|------|--------|------|------|--------|
| 有 | 72 | 72.7 | 有 | 83 | 86.5 |
| 沒有 | 27 | 27.3 | 沒有 | 13 | 13.5 |
| 總計 | 99 | 100.0 | 總計 | 96 | 100.0 |

八成六以上學員的家中安裝Wi-Fi服務，一成三的家中沒有安裝Wi-Fi服務。根據交叉分析，高雄、臺北兩地學員，在手機具備上網服務與否，及家中是否有Wi-Fi服務，沒有顯著差異。

表 5-5　個人與家中科技近用

| 編號 | 性別 | 現職 | 年齡 | 手機系統 | 手機網路 | 家中網路 |
|------|------|------|------|----------|----------|----------|
| MV1 | 男 | 語文志工 | 75 | iOS | 有 | 有 |
| MV2 | 男 | 才藝志工 | 66 | Android | | |
| MV3 | 男 | 社區志工 | 62 | Android | | 有 |
| MR1 | 男 | 公職退休 | 79 | iOS | 有 | 有 |
| MR2 | 男 | 公職退休 | 72 | Android | | 有 |
| MR3 | 男 | 私部門退休 | 78 | Android | | 有 |
| FV1 | 女 | 社區志工 | 68 | iOS | 有 | 有 |
| FH1 | 女 | 家管 | 76 | Android | | 有 |
| FH2 | 女 | 家管 | 67 | Android | 有 | 有 |
| FH3 | 女 | 家管 | 65 | Android | 有 | |
| FH4 | 女 | 家管 | 80 | iOS | | 有 |
| FR1 | 女 | 私部門退休 | 77 | iOS | | |
| FR2 | 女 | 私部門退休 | 76 | Android | 有 | |
| FR3 | 女 | 公職退休 | 80 | Android | 有 | 有 |

受訪樂齡人士如與子女同住，或同鄰，家中均有裝設無線網路系統，主要是家中成員需要使用。其次，手機有 Wi-Fi 網路服務的樂齡人士，其家中也有安裝無線網路服務。即便住家安裝了網路服務，樂齡人士未必常常使用。

僅 1 位獨居樂齡女士家中裝有無線網路設備，她偶爾兼差擔任電話調查訪員，常透過群組聯絡排班。

4 位樂齡人士家中未安裝無線網路設備，他們表示平時不常使用，不

需要特別安裝。

　　14 位受訪樂齡人士過去在工作或生活中，沒有使用智慧型手機，都是在退休後或子女離家後開始使用智慧型手機。

　　有 2 位樂齡女士是由子女協助選購智慧型手機，並代為報名參加手機課程，其餘皆係個人報名參加。一位是父親離世，希望母親生活有不同寄託；另一位則是即將負笈國外，希望母親可以學會使用智慧型手機，互相聯絡。

　　這位由女兒協助報名學習智慧型手機的樂齡媽媽，在學習網路設定或下載 App 時，常常表達夠用就好，免得太複雜、太難等等。其女兒比較積極希望母親可以盡快上手，這樣比較安心離家出國。

> 自己來學，不要去招小孩子的氣啊（FV1, MR2, FR3）！
>
> 智慧手機哦！問我兒子，會給我臉色看（FH1, MR3, FR1）。
>
> 我想很有尊嚴地學習（MR1, FH2）。
>
> 志工聯絡方便（MV1, MV2）。
>
> 每次問小孩都發脾氣，都罵我：「年紀那麼大了，學這個要幹什麼？」（MR3）
>
> 女兒準備出國，要我學會可以常聯絡（MH3）。
>
> 活到老，學到老，也可以出門走走（FH4）。
>
> 同學會大家聯絡方便（MV3）。
>
> 有帶一些身心障礙的孩子，年底會表演，過程中會放照片回顧，要有一個背景音樂，用手機可以完成，我就可以比較輕省（受訪者 A）。

　　整體來看，樂齡人士開始使用智慧型手機，以使用手機為出發點。如何選擇手機類型及系統，非受訪人士理解與在意的部分。選擇的手機類型及系統，仍以家人協助推薦、使用功能有限，或預算考量等原因為主。

　　樂齡人士使用智慧型手機，未必搭配安裝手機上網，主因是目前公共

場所均提供免費無線網路服務,或沒有將上網視為智慧型手機的科技接近方式。

當家庭安裝無線網路服務,或手機可無線上網,且有家人的鼓勵支持時,樂齡人士學習智慧型手機的多樣應用服務的機會、意願可能性較高。

## 二、身體

身體分別從學員的肢體協調,以及年齡觀察。

有別於之前在臺北市文山區樂齡手機班,有學員由照顧者伴隨上課,高雄、臺北兩地的學員,報名參加者多半個人前來上課地點。除一位高雄女學員課堂中不練習,一位臺北男學員無法用手部觸碰螢幕有效使用外,多數學員皆可以在課堂練習體驗。

兩地樂齡長智慧手機班的學員,平均年齡為 68 歲,其中以 65 歲比例較高,占整體的一成一;最年長者為 83 歲,最年輕者為 56 歲,另有一位 46 歲和父親一起學智慧型手機者。

表 5-6　年齡分布

| 年齡 | 個數 | 百分比 | 年齡 | 個數 | 百分比 | 年齡 | 個數 | 百分比 |
|---|---|---|---|---|---|---|---|---|
| 46 | 1 | 1.0 | 66 | 5 | 5.0 | 78 | 2 | 2.0 |
| 56 | 4 | 4.0 | 67 | 4 | 4.0 | 79 | 2 | 2.0 |
| 58 | 4 | 4.0 | 68 | 3 | 3.0 | 80 | 4 | 4.0 |
| 59 | 3 | 3.0 | 69 | 7 | 7.0 | 81 | 2 | 2.0 |
| 60 | 3 | 3.0 | 70 | 8 | 8.0 | 82 | 1 | 1.0 |
| 61 | 3 | 3.0 | 71 | 6 | 6.0 | 83 | 2 | 2.0 |
| 62 | 5 | 5.0 | 72 | 7 | 7.0 | 總計 | 100 | 100.0 |
| 63 | 4 | 4.0 | 73 | 1 | 1.0 | 平均年齡 | 67.79 | |
| 64 | 3 | 3.0 | 75 | 4 | 4.0 | | | |
| 65 | 11 | 11.0 | 76 | 1 | 1.0 | | | |

　　t 檢定顯示，年齡高低與手機具行動上網服務者，有顯著差異，其中擁有手機上網服務的學員，年齡顯著低於手機沒有上網功能者；年齡高低與手機查資料的上網動機有顯著差異，其中有查資料動機的學員，年齡顯著低於沒有查資料動機者。

### 表 5-7　年齡與手機上網之 t 檢定

| 類別 | 手機行動上網與否 | 平均數 | t 值 | 顯著值 |
|---|---|---|---|---|
| 年齡 | 有 | 66.37 | -3.671 | .000*** |
| | 沒有 | 71.96 | | |

\*p 值＜.05，\*\*p 值＜.01，\*\*\*p 值＜.001

## 三、心思

　　心思著重樂齡人士的上網動機。學員以複選方式回答自己的上網動機，問卷調查分析顯示，其中以找資料最多，占 32.6%；其次是使用社群通訊服務，占 24%；再者是收發郵件，占 21.7%；閱聽影音內容者占 17.1%。其他、看小說動漫、玩遊戲等，皆低於一成。

　　樂齡手機班學員的上網動機，偏重查詢資料或社交聯絡等工具性實用功能。

### 表 5-8　上網動機

| 上網動機 | 個數 | 百分比 | 上網動機 | 個數 | 百分比 |
|---|---|---|---|---|---|
| 找資料 | 57 | 32.6 | 社群通訊 | 42 | 24.0 |
| 玩遊戲 | 1 | 0.6 | 看小説、動漫 | 1 | 0.6 |
| 閱聽影音 | 30 | 17.1 | 其他 | 6 | 3.4 |
| 收發郵件 | 38 | 21.7 | 總計 | 175 | 100.0 |

　　t 檢定顯示，年齡高低與手機查資料的上網動機，有顯著差異（t=2.314***）；其中有查資料動機的學員，年齡顯著低於沒有查資料動機者。

### 表 5-9　年齡與查資料之 t 檢定

| 類別 | 查資料 | 平均數 | t 值 |
|---|---|---|---|
| 年齡 | 有 | 70.17 | 2.314*** |
| | 沒有 | 66.35 | |

*p 值＜.05，**p 值＜.01，***p 值＜.001

　　經由交叉分析，具備手機行動上網服務的學員，在閱聽影音（$\chi^2$= 4.185*）、社群通訊（$\chi^2$= 5.862*）動機需求上，顯著有別於手機不具備行動上網服務者。

### 表 5-10　手機上網與閱聽影音、社群通訊之 t 檢定

| | | | 閱聽影音 | | | 社群通訊 | | |
|---|---|---|---|---|---|---|---|---|
| | | | 無 | 有 | 總和 | 無 | 有 | 總和 |
| 手機上網 | 有 | 個數 | 35 | 26 | 61 | 26 | 35 | 61 |
| | | 百分比 | 57.4% | 42.6% | 100.0% | 42.6% | 57.4% | 100.0% |
| | 沒有 | 個數 | 18 | 4 | 22 | 16 | 6 | 22 |
| | | 百分比 | 81.8% | 18.2% | 100.0% | 72.7% | 27.3% | 100.0% |
| | 總計 | 個數 | 53 | 30 | 83 | 42 | 41 | 83 |
| | | 百分比 | 63.9% | 36.1% | 100.0% | 50.6% | 49.4% | 100.0% |
| | | | $\chi^2$= 4.185, df=1, p= .041* | | | $\chi^2$= 5.862, df=1, p= .015* | | |

　　訪談 14 位受訪樂齡人士開始使用智慧型手機的原因，以想跟上時代腳步，或與親友聯絡居多；其次是自我提升；少數女性想學拍照、圖片管理、修圖等。

　　樂齡人士資訊接近的動機，大致分為三層面：

1. 與其生活作息結合：如查看天氣、地圖路線、透過通訊軟體與親友聯絡，或瀏覽影音內容等。

2. 拍照修圖打卡：為了學習拍照、修圖或打卡的樂齡人士，以女性為主，她們偏好整理親友的照片，或整理旅遊照片，或修整早年的黑白照片。

3. 與親友互動：與孫子女同居、同鄰，或與子女同居的樂齡人士，希望透過網路和子女互動，如傳送養身訊息或問候貼圖等；也有一些和老同事、朋友互相分享關注的時事或消費訊息等。

抱持特定動機來學習的樂齡人士係少數，包含為了學習拍照、社群平台使用、運用地圖等；大部分受訪者以學習新工具的態度，報名學習使用智慧型手機。

平時課後家居生活是否應用？受訪樂齡人士瀏覽影音、用智慧型手機拍照、查公車路線、通訊使用居多，其他運用以在課堂練習為主。「每次來課堂可以反覆複習，有人可以問，回家後我就忘了，也不方便問家人。」

兩位手機中有遊戲 App 的樂齡人士，平時回家後不用手機，手機交由孫子女使用，孫子女用來休閒玩遊戲，樂齡人士覺得這是和孫子女建立關係的途徑之一，而且手機介面上有不會使用的 App，也不知如何刪除或處理。

為預防詐騙或避免麻煩與複雜，受訪者表示不輕易下載 App，一方面不熟悉下載流程，一方面也需要有人協助引導使用。「看到網路詐騙的事，小心一點。」

## 四、行動

從樂齡人士的上網年資、課堂演練、課餘網路社群參與，研究分析其行動面。

參加樂齡長智慧手機班的學員，有 12% 沒有上網經驗，上網平均年資

表 5-11　上網年資

| 上網年資 | 個數 | 百分比 | 上網年資 | 個數 | 百分比 |
|---|---|---|---|---|---|
| 0 | 12 | 14.3 | 8 | 3 | 3.6 |
| 1 | 7 | 8.3 | 10 | 9 | 10.7 |
| 2 | 10 | 11.9 | 15 | 4 | 4.8 |
| 3 | 9 | 10.7 | 20 | 3 | 3.6 |
| 4 | 4 | 4.8 | 30 | 2 | 2.4 |
| 5 | 16 | 19.0 | 總計 | 84 | 100.0 |
| 6 | 2 | 2.4 | 平均年資 | 5.68 | |
| 7 | 3 | 3.6 | | | |

為六年左右。上網年資比較較高的集中在五年，占 19%；其次為兩年，占
11.9%，再者分別是三年及十年，皆各占 10.7%。

　　以 t 檢定分析，高雄樂齡長智慧學員上網年資（t= -.217*）、手機具上
網服務（t= 2.02*）、家中安裝 Wi-Fi 服務者（t= 4.816***），顯著高於臺北
學員。

表 5-12　居住地、上網服務與上網年資之 t 檢定

| 類別 | 居住 | 平均數 | t 值 | 顯著值 | 手機 | 平均數 | t 值 | 顯著值 | 家中 | 平均數 | t 值 | 顯著值 |
|---|---|---|---|---|---|---|---|---|---|---|---|---|
| 年資 | 臺北 | 4.43 | -2.170 | .036* | 有 | 6.72 | 2.024 | .046* | 有 | 6.20 | 4.816 | .000*** |
| | 高雄 | 7.81 | | | 無 | 3.57 | | | 無 | 1.60 | | |

*p 值＜.05，**p 值＜.01，***p 值＜.001

　　以 t 檢定分析，上網年資較高者，其在查資料、閱聽影音、收發郵件
等上網動機（t= -.2355*），顯著高於上網年資較低者。樂齡學員上網年資，
與家中是否安裝 Wi-Fi 上網服務，未呈現顯著差異。

表 5-13 　上網動機與年資之 t 檢定

| 類別 | 資料 | 平均數 | t 值 | 顯著值 | 影音 | 平均數 | t 值 | 顯著值 | 郵件 | 平均數 | t 值 | 顯著值 |
|---|---|---|---|---|---|---|---|---|---|---|---|---|
| 年資 | 無 | 3.00 | -2.355 | .021* | 無 | 4.26 | -2.312 | .029* | 無 | 3.00 | -4.018 | .000*** |
| | 有 | 6.86 | | | 有 | 8.70 | | | 有 | 8.73 | | |

*p 值＜.05，**p 值＜.01，***p 值＜.001

　　以下將由工具、型式、呈現、環境，分析樂齡人士的課堂演練與課後社群參與樣態。

## （一）使用工具

　　首先，審視 14 位樂齡人士手機介面的工具，其使用的 App 以通訊、社群軟體、照片、相機、YouTube、行事曆為主，各有一位樂齡男女受訪者，手機上有超過 3 個以上的遊戲 App。

　　受訪樂齡人士申辦智慧型手機後，先從門市人員學習簡單操作方式，包含如何撥打電話、接收訊息、連結網路服務等；據樂齡人士表示，門市人員比較忙，自己也不好意思太打擾對方，請教各式問題。

　　樂齡人士除申報手機時安裝的 App 外，爾後親友協助下載使用的 App 包含：公車、地圖、行事曆、影音社群平台等。

　　上述下載 App，多由子女或孫子女協助安裝；至於是否使用，則視親友是否有空協助入門。

## （二）使用型式

　　從資訊接近使用型式來看，深度訪談 14 位樂齡人士，他們表示子女忙於生活工作，較無暇教導或回答使用疑問，孫子女偶爾有空協助，順便下載使用一些遊戲 App 在樂齡人士的手機中。

　　擁有智慧型手機不等於展開資訊之旅。樂齡人士表示，報名參加課程，主因是家人各自忙上班上學，無暇教自己如何使用，希望自立自強。

　　一位中途報名課程的大姊，參加一週後又帶一位大哥一起上課，她告訴這位大哥：「這裡比較有耐心教。」

　　換言之，樂齡人士擁有智慧型手機後，有三種使用資訊型式：

1. 被動型式：部分樂齡人士以為日常生活不見得需要使用手機，以被動接近為主；加上需要重複操作，做中問，做中學，常面臨子女無暇協助或缺乏耐心而退縮不前。

2. 主動型式：當生活需要使用時，樂齡人士傾向以主動型式接近資訊，如使用公車 App、查地圖、通訊、照相或圖片編輯等。

3. 互動型式：當親友相約外出或餐敘，樂齡人士學習和群組成員互通有無，規劃路線匯集意見等。

## (三)訊息呈現

　　從文字、圖片、照片、聲音、影音等元素觀察，14 位受訪者資訊近用的呈現，手機主背景以內建圖片為主，鎖定畫面也以內建圖片居多；部分樂齡女士鎖定畫面會使用親友照片，主因在於不熟悉畫面更換，或因為希望背景畫面避免複雜，而以內建圖片作為主畫面。

　　受訪樂齡者必要輸入時以書寫文字為主，少數會使用語音表達轉換搜尋；上傳訊息以生活照片、影音分享居多，用手機內建貼圖的呈現有限。

　　文字表達呈現仍慣用書寫輸入內容，未使用注音輸入、大易輸入，甚或語音輸入。輸入過程出現的挑戰是，用指頭書寫的大小範圍、書寫著力點、書寫筆畫速度較緩慢，影響智慧型手機的辨識。例如輸入碧潭，書寫「碧」字，手機自然內建跳出「碧潭」，但樂齡人士往往忽略，逕自以手指書寫「潭」；一旦書寫力道出現失誤，有時連原先的「碧」字也消失，只得重複書寫輸入。

　　樂齡女士使用貼圖的機會多於樂齡男士。這些會使用貼圖的樂齡女性，也偏好拍照攝影等。

以聲音輸入來溝通的樂齡人士相當有限。由於語音輸入需要持續點選錄音圖示，這部分操作比較細緻，不方便樂齡人士使用。

主動搜尋找到影音分享者比較有限，少數偏好懷念歌曲，或特定議題報導者，偶爾傳遞自己搜尋的影音再分享，但頻率非常低。由於搜尋需要輸寫瀏覽，之後再找到分享設定進行傳遞，這部分的操作對樂齡人士是一項挑戰。

（四）使用環境

14 位樂齡人士使用智慧型手機的環境，以家居生活居多，其次是在課堂上，少數會在公共場所使用。

居家生活使用偏向親友聯絡，或轉貼分享影音內容；受訪者較少接聽來路不明的電話，接聽來電顯示認識者的電話，原因在於家人提醒避免接到詐騙電話。電話留言機制幾乎不使用，因為覺得操作太複雜。

每週課堂重複練習、複習過程，平時不使用智慧型手機的樂齡人士，較有意願學習操作使用影音搜尋、分享，這時可以邊做邊學，大家一起練習也比較勇敢；回家後則因遺忘，或無人協助，乾脆不使用，省得麻煩。

課堂外在公共場所會使用以樂齡志工為主，兩位樂齡女志工、一位樂齡男志工會熱心分享志工活動訊息，傳遞提醒或邀請參加等。

一位與子同居的樂齡女志工，每天晚上會到住家街頭的便利超商，用手機通訊軟體聯絡友人，她表示晚上在家有點無聊，在便利超商可以打發時間，到晚上九點便打道回府，準備就寢。這位女志工可以和群組成員密切聯絡，分享自己喜歡的圖片或影音檔案，也可以用文字溝通互動。

> 學一些基本的，回家都忘記，還給老師（MR1, MR2, MR3, FH4）。
> 家中小朋友很懂，我手機不會就來報名（FH4, FR1, MR3）。
> 用手機（LINE）進去看新聞，或者利用新聞的應用程式接收新聞資訊（MR1, FV1, FH2）。

下載交通工具的應用程式，臺鐵、高鐵，要慢慢去研究，會查地圖以後變得很方便，出去玩都用得到（MV3, FV1, FH2）。

學一些簡單的聯繫功能（MV2, MV3）。

想說來多學一點，方便聯絡（MV1, FR3）。

大家就幾個年紀大的擠在一起，這個問題你不會，我也不會，大家一起學（FH1, FH2）。

手機太複雜，有壓力，來學幾個功能，會用就好（FH3, FV1）。

自己本身有興趣，知道手機有拍照功能，但拍照的技巧沒有這麼好，所以報名（FR2）。

早上在家看報紙，就點新聞去看一看。在有空的時候，會去圖書館看報紙，看雜誌。有空的話，插個耳機在練習唱歌（MR2）。

## 五、個人歷練

個人歷練以研究分析樂齡人士的上網知能、課堂與課後實踐經驗為主。

分析顯示主要在突破取向（M=1.41），其次是陪伴取向（M=1.63），再者為使用取向（M=2.13）。其中使用取向的平均值顯著低於總平均值（M=1.77），意味著樂齡人士將上網視為一種自我突破，或透過網路進行社交，過度上網的情形並不顯著。

檢視突破取向，樂齡人士偏好上網交朋友（M=1.3），或因為會上網而被別人稱讚（M=1.55）。陪伴取向中的上網尋求網友的鼓勵或安慰（M=1.31），也是普遍的現象。在使用取向上，樂齡人士會一再加長自己的上網時間（M=1.67），但無過度使用現象。

以 t 檢定分析發現，樂齡長智慧手機班的學員，手機具上網功能者的上網知能，顯著高於手機沒有上網功能者（t=3.042**）。

表 5-14　上網知能

| 上網知能 | 幾乎不曾 | 偶爾 | 常常 | 幾乎常常 | 總是如此 | 平均數 | 標準差 |
|---|---|---|---|---|---|---|---|
| 使用取向 | | | | | | 2.13 | |
| 上網會過預定時 | 35 (33.0) | 41 (38.7) | 12 (11.3) | 6 (5.7) | 12 (11.3) | 2.24 | 1.284 |
| 會透過網路跟親友聯絡 | 19 (17.8) | 37 (34.6) | 35 (32.7) | 10 (9.3) | 6 (5.6) | 2.50 | 1.067 |
| 會一再加長自己的上網時間 | 51 (48.6) | 43 (41.0) | 7 (6.7) | 3 (2.9) | 1 (1.0) | 1.67 | .805 |
| 突破取向 | | | | | | 1.41 | |
| 會在網路上交新朋友 | 83 (76.9) | 19 (17.6) | 5 (4.6) | 1 (0.9) | 0 (0) | 1.30 | .600 |
| 會因為上網而被別人稱讚 | 67 (63.8) | 26 (24.8) | 7 (6.7) | 2 (1.9) | 3 (2.9) | 1.55 | .920 |
| 陪伴取向 | | | | | | 1.63 | |
| 覺得少了網路人生是無趣的 | 50 (48.1) | 35 (33.7) | 11 (10.6) | 1 (1.0) | 7 (6.7) | 1.85 | 1.104 |
| 會一直想要檢查電子信箱 | 50 (47.2) | 42 (39.6) | 9 (8.5) | 2 (1.9) | 3 (2.8) | 1.74 | .908 |
| 上網尋求網友的鼓勵或安慰 | 81 (76.4) | 20 (18.9) | 3 (2.8) | 1 (0.9) | 1 (0.9) | 1.31 | .667 |
| 總平均值 | | | | | | 1.7696 | .55246 |

表 5-15　手機行動上網與上網知能 t 檢定表

| 類別 | 手機上網 | 平均數 | t 值 | 顯著值 |
|---|---|---|---|---|
| 上網知能 | 有 | 1.8363 | 3.042 | .003** |
| | 沒有 | 1.5093 | | |
| 上網知能構面 | 手機上網 | 平均數 | t 值 | 顯著值 |
| 使用取向 | 有 | 2.2593 | 4.917 | .000*** |
| | 沒有 | 1.6173 | | |

*p 值＜.05，**p 值＜.01，***p 值＜.001

　　進一步分析行動上網與不同取向的上網知能，手機可行動上網的樂齡
學員在使用取向的上網知能（t=4.917***），顯著高於手機沒有行動上網服

務者。在突破取向、陪伴取向則沒有顯著差異。

這代表手機有行動上網服務的樂齡人士，使用行動上網服務較自主，其上網知能較佳。

皮爾森續差相關分析顯示，樂齡學員的年齡與上網知能關聯性不顯著。樂齡學員的年齡高低，與其在使用取向的上網知能呈負相關。年齡愈輕，其使用取向上網知能（r=-.293**）得分較高。樂齡學員愈年輕者，愈會透過網路跟親友聯絡（r=-.304**）、會一再加長自己的上網時間（r=-.214*）。

樂齡學員的上網年資與其上網知能呈正相關，即上網年資愈長者，其整體上網知能表現較佳（r=.291**）。

進一步分析，樂齡學員的上網年資，與其在使用取向、突破取向的上網知能呈正相關。上網年資愈多，其使用取向上網知能（r=.273*）、突破取向上網知能（r=.356**）愈顯著。

樂齡人士上網年資愈長，其與會透過網路和親友聯絡（r=.304**）；在網路上交新朋友（r=.343**）、因為上網而被別人稱讚（r=.276*）。

根據 t 檢定，樂齡人士蒐集資料的上網動機，其整體上網知能（t=-3.31**）、使用取向上網知能、（t=-2.49*）、陪伴取向上網知能（t=-3.35**），顯著高於沒有蒐集資料上網動機者。

進一步以 t 檢定樂齡人士蒐集資料的上網動機，其會在網路上交新朋友（t=-2.56*）、覺得少了網路人生是無趣的（t=-2.04*）、一直想要檢查電子信箱（t=-.342**）等上網知能，顯著高於沒有蒐集資料上網動機者。

t 檢定顯示，樂齡人士閱聽影音的上網動機，其整體上網知能（t=-1.99*）、使用取向上網知能、（t=-2.35*）、陪伴取向上網知能（t=-3.35**），顯著高於沒有閱聽影音上網動機者。

表 5-16　年齡、上網年資與上網知能之皮爾森相關分析

| | 年齡 | | | 上網年資 | | |
|---|---|---|---|---|---|---|
| | Pearson 相關 | 顯著性 | 個數 | Pearson 相關 | 顯著性 | 個數 |
| 整體知能 | -.196 | .051 | 100 | .291** | .007 | 84 |
| 使用取向 | -.293** | .003 | 100 | .273* | .012 | 84 |
| 上網會過預定時間 | -.176 | .084 | 98 | .097 | .385 | 82 |
| 透過網路跟親友聯絡 | -.304** | .002 | 99 | .304** | .005 | 83 |
| 一再加長自己上網時間 | -.214* | .036 | 97 | .206 | .064 | 82 |
| 突破取向 | -.011 | .910 | 100 | .356** | .001 | 84 |
| 在網路上交新朋友 | -.010 | .922 | 100 | .343** | .001 | 84 |
| 因為上網而被別人稱讚 | -.041 | .692 | 97 | .276* | .012 | 82 |
| 陪伴取向 | -.067 | .510 | 99 | .082 | .459 | 83 |
| 少了網路人生是無趣的 | .048 | .646 | 96 | .111 | .325 | 81 |
| 一直想要檢查電子信箱 | -.193 | .057 | 98 | .084 | .449 | 83 |
| 上網尋求網友鼓勵安慰 | -.088 | .388 | 98 | -.039 | .730 | 82 |

*p 值＜.05，**p 值＜.01，***p 值＜.001

　　再以 t 檢定樂齡人士閱聽影音的上網動機，其會透過網路跟親友聯絡（t=-2.99**）、會因為上網而被別人稱讚（t=-2.3*）等上網知能，顯著高於沒有閱聽影音上網動機者。

　　t 檢定分析，樂齡人士收發郵件的上網動機，其整體上網知能（t=-3.93***）、突破取向上網知能（t=-4.11***）、陪伴取向上網知能（t=-3.53**），顯著高於沒有收發郵件上網動機者。

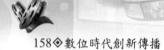

表 5-17　蒐集資料與上網知能之 t 檢定

| 類別 | 蒐集資料 | 平均數 | t 值 | 顯著值 |
|---|---|---|---|---|
| 整體上網知能 | 無 | 1.5599 | -3.314 | .001** |
| | 有 | 1.9135 | | |
| 使用取向 | 無 | 1.8889 | -2.487 | .015* |
| | 有 | 2.3012 | | |
| 在網路上交新朋友 | 無 | 1.12 | -2.560 | .012* |
| | 有 | 1.39 | | |
| 陪伴取向 | 無 | 1.3030 | -3.348 | .001** |
| | 有 | 1.4912 | | |
| 少了網路人生是無趣的 | 無 | 1.55 | -2.040 | .044* |
| | 有 | 2.05 | | |
| 一直想要檢查電子信箱 | 無 | 1.34 | -3.416 | .001** |
| | 有 | 2.02 | | |

*p 值<.05，**p 值<.01，***p 值<.001

表 5-18　閱聽影音與上網知能之 t 檢定

| 類別 | 影音 | 平均數 | t 值 | 顯著值 |
|---|---|---|---|---|
| 整體上網知能 | 無 | 1.7088 | -1.989 | .050* |
| | 有 | 1.9339 | | |
| 使用取向 | 無 | 2.0167 | -2.352 | .021* |
| | 有 | 2.4167 | | |
| 會透過網路跟親友聯絡 | 無 | 2.32 | -2.988 | .004** |
| | 有 | 3.00 | | |
| 突破取向 | 無 | 1.3030 | -1.445 | .152 |
| | 有 | 1.4912 | | |
| 會因為上網而被別人稱讚 | 無 | 1.37 | -2.295 | .027* |
| | 有 | 1.89 | | |
| 陪伴取向 | 無 | 1.3788 | -3.348 | .001** |
| | 有 | 1.8393 | | |

*p 值<.05，**p 值<.01，***p 值<.001

進一步以 t 檢定樂齡人士收發郵件的上網動機，其會透過網路跟親友聯絡（t=-2.05**）、會因為上網而被別人稱讚（t=-2.96**）、會一直想要檢查電子信箱（t=-4.43***）等上網知能，顯著高於沒有收發郵件上網動機者。

表 5-19　收發郵件、社群通訊與上網知能之 t 檢定

| 類別 | 收發郵件 | 平均數 | t 值 | 顯著值 | 社群通訊 | 平均數 | t 值 | 顯著值 |
|---|---|---|---|---|---|---|---|---|
| 整體上網知能 | 無 | 1.6149 | -3.928 | .000*** | 無 | 1.6297 | -3.191 | .002** |
| | 有 | 2.0150 | | | 有 | 1.9600 | | |
| 使用取向 | 無 | 2.0321 | -1.696 | .093 | 無 | 1.9722 | -2.372 | .020* |
| | 有 | 2.3114 | | | 有 | 2.3532 | | |
| 會透過網路跟親友聯絡 | 無 | 2.35 | -2.052 | .043* | 無 | 2.21 | -3.443 | .001** |
| | 有 | 2.79 | | | 有 | 2.93 | | |
| 突破取向 | 無 | 1.2019 | -4.113 | .000*** | 無 | 1.1979 | -3.940 | .000*** |
| | 有 | 1.7237 | | | 有 | 1.6786 | | |
| 會在網路上交新朋友 | 無 | 1.10 | -3.667 | .001** | 無 | 1.13 | -2.945 | .005** |
| | 有 | 1.55 | | | 有 | 1.48 | | |
| 會因為上網而被別人稱讚 | 無 | 1.30 | -2.958 | .004** | 無 | 1.26 | -3.323 | .002** |
| | 有 | 1.86 | | | 有 | 1.88 | | |
| 陪伴取向 | 無 | 1.4673 | -3.531 | .001** | 無 | 1.5590 | -1.706 | .091 |
| | 有 | 1.9386 | | | 有 | 1.7967 | | |
| 會一直想要檢查電子信箱 | 無 | 1.42 | -4.433 | .000*** | 無 | 1.57 | -2.154 | .034* |
| | 有 | 2.24 | | | 有 | 2.00 | | |
| 會上網尋求網友的鼓勵或安慰 | 無 | 1.24 | -1.665 | .100 | 無 | 1.15 | -2.829 | .007** |
| | 有 | 1.49 | | | 有 | 1.58 | | |

*p 值＜.05，**p 值＜.01，***p 值＜.001

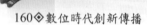

t 檢定分析，樂齡人士使用社群通訊的上網動機，其整體上網知能（t=-3.19**）、使用取向上網知能（t=-2.37*）、突破取向上網知能（t=-3.94***），顯著高於沒有使用社群通訊上網動機者。

再以 t 檢定樂齡人士社群通訊的上網動機，其會透過網路跟親友聯絡（t=-3.44**）、會在網路上交新朋友（t=-2.95**）、會因為上網而被別人稱讚（t=-3.32**）、會一直想要檢查電子信箱（t=-2.15*）、會上網尋求網友的鼓勵或安慰（t=-2.83**）等上網知能，顯著高於沒有使用社群通訊上網動機者。

根據 t 檢定，樂齡人士其他的上網動機，僅僅在使用取向上網知能（t=2.49*），顯著高於沒有其他上網動機者。

深度訪談樂齡人士，將分別由溝通對象的主題取向、工具使用、溝通情境，分析樂齡人士的體驗學習實踐。

表 5-20　其他動機與上網知能之 t 檢定

| 類別 | 其他動機 | 平均數 | t 值 | 顯著值 |
|------|---------|--------|------|--------|
| 使用取向 | 無 | 2.1687 | 2.491* | .019* |
|          | 有 | 1.8889 |        |        |

*p 值＜.05，**p 值＜.01，***p 值＜.001

（一）主題取向

受訪樂齡女士較有機會傳遞生活照片、自製照片貼圖（長輩圖）、活動及飲食安全、養身訊息、社區住家安全、長照、生活小品文，或和親友相約外出。

相較之下，受訪樂齡男士較少使用手機內建貼圖，較習慣傳遞所關注的時事議題、志工活動、健身訊息。如果係時事內容，來源多來自親友，因而以分享轉貼居多。

（二）工具使用

　　樂齡人士傳遞親友的工具，以照片為多，或照片貼圖，較少用手機內建貼圖。

　　如使用通訊軟體，多用來傳遞照片或影片，或文字內容給親友。

　　聯絡親友以手機撥打為主，較少透過通訊軟體撥打手機聯絡親友。這部分顯示樂齡人士會學習使用智慧型手機軟體或拍照，習慣使用智慧型手機接聽電話。

（三）溝通情境

　　樂齡人士主動傳遞訊息的情境，大致在居家、課堂、便利商店等。與家人同住的樂齡人士，會在茶餘飯後用通訊軟體打發時間，主動發送活動訊息，或轉貼影音內容檔案聯絡親友；多數直接在課堂邊操作邊應用，返家後未必有機會使用。

　　　朋友要聚會，多直接方便啊！網路上一 Po 能來就來，要參加活動，呼朋引伴也方便（MV1, MV2, MV3, FV1, FR3, FH1）。

　　　孩子加班回家時間晚，會在鄰近街口的便利商店，透過通訊軟體聯絡朋友，或志工友人；也會使用文字發文聯絡（FH1）。

　　　小外孫女的成長啊！直接照相、錄影了，隨時拍啊！等以後想看，隨時都可以再拿出來看啊（FV1）！

　　　拍了傳到上面去，同學都說：「咦！那個這張很好看啊！你在哪裡拍的啊？」那張照片，好多同學都問我耶！那個風景真的也漂亮，我拍得也好漂亮（FR2）。

　　　拼貼完照片，課堂照片弄完的好看，我都傳給我女兒，女兒說：「爸爸，你很棒哦！現在會用很多功能。」（MR2）

　　　晚上到巷口便利超商買個小東西，就和朋友聯絡、傳訊息啊！睡覺前再回家（FH1）。

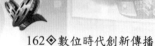

睡前傳給她（女兒）簡訊啊！女兒還回傳簡訊說媽媽妳好棒！我聽了就很高興（FH3）。

## 伍、結論與討論

本文從賈維斯的終身學習歷程模式，探討樂齡人士使用智慧型手機的動機、學習歷程與應用。依據問卷調查與深度訪談結果獲致以下結論：

首先，樂齡人士學習智慧型手機的動機，以查詢資料、收發郵件、社交聯絡等工具性實用功能居多，其次是閱聽影音等休閒使用。

學習操作多半與其生活作息結合，或與親友聯絡，極少數想學拍照修圖等特定方式。

擁有手機上網服務的學員，年齡顯著低於手機沒有上網功能者。具備手機行動上網服務的學員，在閱聽影音（$\chi^2 = 4.185*$）、社群通訊動機需求上（$\chi^2 = 5.862*$），顯著有別於手機不具備行動上網服務者。

以 t 檢定分析，上網年資較高者，其在查資料、閱聽影音、收發郵件等上網動機（t=-.2355*），顯著高於上網年資較低者。

年齡愈輕的樂齡人士，其在查資料、閱聽影音、收發郵件等上網動機（t=-.2355*），顯著高於年長的樂齡人士。

其次，分析樂齡人士學習手機歷程與應用，主要在突破取向（M=1.41），其次是陪伴取向（M=1.63），再者為使用取向（M=2.13）。其中使用取向的平均值顯著低於總平均值（M=1.77），意味著樂齡人士將上網視為一種自我突破，或透過網路進行社交，過度上網的情形不顯著。

檢視突破取向，樂齡人士偏好上網交朋友（M=1.3），或因為會上網而被別人稱讚（M=1.55）。陪伴取向中的上網尋求網友的鼓勵或安慰（M=1.31），也是普遍的現象。在使用取向上，樂齡人士會一再加長自己

的上網時間（M=1.67），但無過度使用現象。

　　樂齡人士年齡愈輕，其使用取向上網知能（r=-.293**）得分較高。樂齡學員愈年輕者，愈會透過網路跟親友聯絡（r=-.304**）、會一再加長自己的上網時間（r=-.214*）。

　　手機具上網功能者的上網知能，顯著高於手機沒有上網功能者（t=3.042**）。

　　樂齡學員的上網年資與整體上網知能、使用取向、突破取向等上網知能呈正相關。樂齡人士上網年資愈長，其與會透過網路和親友聯絡（r=.304**）；在網路上交新朋友（r=.343**）、因為上網而被別人稱讚（r=.276*）。

　　樂齡人士有蒐集資料、閱聽影音、社群通訊、其他等上網動機，其使用取向上網知能，顯著高於沒有上述動機者。

　　樂齡人士有收發郵件、社群通訊等上網動機，其突破取向上網知能，顯著高於沒有上述動機者。很明顯地，收發郵件與社群通訊具互動使用體驗，形同樂齡人士的自我突破實踐。

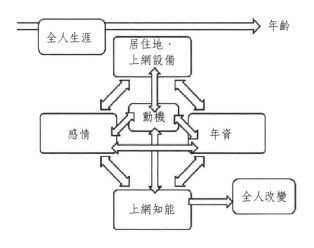

圖 5-7　樂齡人士手機學習歷程

　　樂齡人士體驗學習新科技之個人歷練，透過與同儕共學切磋的場域，較居家來得有動力；手機具備上網功能的上網知能高於手機不具上網功能者。這也呼應賈維斯（Jarvis, 2012）將學習界定為一種社會的互動過程。由此可見，愈縮短數位代溝或代溝，樂齡群聚體驗學習新科技的場域建置，有其重要性。

　　文獻顯示，樂齡人士學習上網是為了與親友聯絡（Dickinson et al., 2005）。本研究發現，樂齡人士的上網知能以突破取向為主，其次才是陪伴取向。

　　當沉浸一對一體驗學習，科技中互動性的使用動機與體驗，亦即參與權、傳播權的近用體驗（黃葳威，2020b），尤其成為樂齡人士的自我實踐與突破。

# 第六章

## 通訊交易消費權益

- 前言
- 通訊交易範圍
- 大法官釋字與實務面
- 定型化契約應記載及不得記載事項
- 結論與討論

# 壹、前言

「有線廣播電視系統經營者／有線播送系統定型化契約應記載及不得記載事項」於 1999 年 5 月 18 日依據《有線廣播電視法》第 55 條公告，自同年 11 月 18 日起實施（行政院，2020 年 4 月 30 日）。

國家通訊傳播委員會 2021 年 9 月間審議通過有線電視定型化契約修正草案，明定終止契約後，有線電視業者取回機上盒時不可藉此收費，契約審閱期也從原本沒有規範新增為至少三天，希望保障消費者權益（蘇思芸，2012 年 9 月 15 日）。

「有線廣播電視服務定型化契約應記載及不得記載事項」修正草案，後續等行政院消保處審議後，將報請行政院核定後公告。定型化契約應記載及不得記載事項，根據《消費者保護法》第 17 條明定。

《消費者保護法》共計七章 64 條條文，明定消費者、企業經營者、消保團體、主管機關等各利益關係人的權益義務關係。

其中企業經營者對其提供商品或服務的職責包括：

1. 重視消費者健康與安全。
2. 揭示商品或服務使用方法。
3. 維護交易公平。
4. 提供消費者充分、正確資訊。
5. 執行其他必要的消費者保護方式。

相關規範來自以下條文：「企業經營者對於其提供之商品或服務，應重視消費者之健康與安全，並向消費者說明商品或服務之使用方法，維護交易之公平，提供消費者充分與正確之資訊，及實施其他必要之消費者保

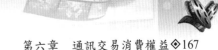

護措施。」（消保法§4）

「政府、企業經營者及消費者均應致力充實消費資訊，提供消費者運用，俾能採取正確合理之消費行為，以維護其安全與權益。」（消保法§5）

有關消費爭議的主管機關有：行政院消費者保護會、直轄市或各縣市政府。參考條文依循《消費者保護法》：「在中央為目的事業主管機關；在直轄市為直轄市政府；在縣（市）為縣（市）政府。」（消保法§6）

綜觀有線電視產業數位化發展的重大議題，其所涵蓋的範圍包括：有線電視費率、數位機上盒的推廣、與其他數位頻道競爭的策略規劃、政府對於有線電視業者建設寬頻網路的政策、消費者有關數位電視科技分眾收費的概念（趙恬嘉，2006）。

《有線廣播電視法》將訂戶界定為：指與系統經營者訂定契約，使用該系統經營者提供之有線廣播電視服務者（§2⑤）。有線廣播電視系統經營者（簡稱系統經營者）：指經依法許可經營有線廣播電視服務之事業（§2③）。

立法院會 2021 年底三讀修正通過國家通訊傳播委員會（NCC）組織法部分條文，在 NCC 的掌理事項中，增加網際網路傳播相關業務，包括網際網路內容分級制度、通訊傳播網路設置的監督管理及網路政策的訂定、擬訂等（王揚宇，2021）。

往後對於臺灣傳播產業數位化發展會形成哪些樣態？其中涉及的消費者權益保護等，皆待後續因應。

從數位化、雙向互動，乃至於與電信以及網際網路三網合一的發展趨勢觀之（李美華、黃詩芸，2009），臺灣有線電視業者在電視科技發展的潮流中，舉足輕重。

本文將探討「有線廣播電視服務定型化契約應記載及不得記載事項」修正草案，呈現訂戶／消費者權利與義務如何。

以下將分別介紹《消費者保護法》利益關係人權利義務、通訊交易範

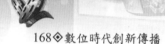

圍，特種交易、《通訊交易解除權合理例外情事適用準則》、大法官解釋文、實務運作面，並分析「有線廣播電視系統經營者／有線播送系統定型化契約應記載及不得記載事項」相關條文，探討定型化契約的實踐與後續方向。

# 貳、通訊交易範圍

依據《消費者保護法》界定的通訊交易，指企業經營者以廣播、電視、電話、傳真、型錄、報紙、雜誌、網際網路、傳單或其他類似之方法，消費者於未能檢視商品或服務下而與企業經營者所訂立之契約（消保法§2）。

從傳輸媒體觀察，通訊交易涵蓋的類型有：

1.電子媒體（廣播、電視）。
2.傳輸媒體（電話、傳真、網際網路）。
3.平面媒體（報紙、雜誌）。
4.郵寄資訊（型錄、傳單等直接郵件）交易服務等。

## 一、特種交易

《消費者保護法》第二章消費者權益第三節特種交易明文，企業經營者以通訊交易或訪問交易方式訂立契約時，應將下列資訊以清楚易懂之文句記載於書面，提供消費者：

一、企業經營者之名稱、代表人、事務所或營業所及電話或電子郵件等消費者得迅速有效聯絡之通訊資料。
二、商品或服務之內容、對價、付款期日及方式、交付期日及方式。
三、消費者依第十九條規定解除契約之行使期限及方式。
四、商品或服務依第十九條第二項規定排除第十九條第一項解除權之

　　適用。

五、消費申訴之受理方式。

六、其他中央主管機關公告之事項。

經由網際網路所為之通訊交易，前項應提供之資訊應以可供消費者完整查閱、儲存之電子方式為之（消保法§18）。

　　上述條文除了規範所需要揭露之訊息外，也揭示以清楚易懂之文句記載於書面，提供消費者。代表以清晰正確文字訊息，透過書面提供消費者參閱。

　　如果有經由網路提供的交易服務，也需要提供電子版本，且可以供消費者存檔參閱。《消費者保護法》針對通訊交易或訪問交易也規範有七天的鑑賞期，且由接受商品或服務的次日起算；已交運商品或發出書面者，契約視為解除。

　　但如果過了七天鑑賞期，也超過四個月，消費者的解除權利則依法取消。

　　相關條文依據為：

1. 通訊交易或訪問交易之消費者，得於收受商品或接受服務後七日內，以退回商品或書面通知方式解除契約，無須說明理由及負擔任何費用或對價。但通訊交易有合理例外情事者，不在此限。

2. 前項但書合理例外情事，由行政院定之。

3. 企業經營者於消費者收受商品或接受服務時，未依前條第 1 項第 3 款規定提供消費者解除契約相關資訊者，第 1 項七日期間自提供之次日起算。但自第 1 項七日期間起算，已逾四個月者，解除權消滅。

4. 消費者於第 1 項及第 3 項所定期間內，已交運商品或發出書面者，契約視為解除。

5. 通訊交易或訪問交易違反本條規定所為之約定，其約定無效（消保

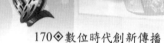
法§19）。

## 二、《通訊交易解除權合理例外情事適用準則》

為維護相關利益關係人的權益與義務，《通訊交易解除權合理例外情事適用準則》依《消費者保護法》第 19 條第 2 項規定訂定（§1），並於 2016 年 1 月 1 日施行（§4）。

《通訊交易解除權合理例外情事適用準則》立基《消費者保護法》，說明通訊交易商品或服務之例外情事，經企業經營者告知消費者，將排除第 19 條解除權之適用。

《通訊交易解除權合理例外情事適用準則》指通訊交易之商品或服務有下列情形之一，並經企業經營者告知消費者，將排除本法第 19 條解除權之適用：

一、易於腐敗、保存期限較短或解約時即將逾期。

二、依消費者要求所為之客製化給付。

三、報紙、期刊或雜誌。

四、經消費者拆封之影音商品或電腦軟體。

五、非以有形媒介提供之數位內容或一經提供即為完成之線上服務，經消費者事先同意始提供。

六、已拆封之個人衛生用品。

七、國際航空客運服務（§2）。

《通訊交易解除權合理例外情事適用準則》明文：通訊交易，經中央主管機關依《消費者保護法》第 17 條第 1 項公告其定型化契約應記載及不得記載事項者，適用該事項關於解除契約之規定（§3）。

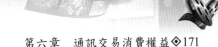

# 參、大法官釋字與實務面

## 一、大法官釋字解釋文

　　與有線電視系統相關的司法院大法官解釋文，分別有釋字第 364 號、釋字第 613 號、釋字第 678 號、釋字第 689 號等。分別涉及言論自由、人事任命權、科技設備、採訪自由等。

### (一)釋字第 364 號

　　大法官釋字第 364 號解釋文，解釋爭點為《憲法》第 11 條表現自由之意涵。解釋文闡釋以廣播及電視方式表達意見，屬於《憲法》第 11 條所保障言論自由之範圍。為保障此項自由，國家應對電波頻率之使用為公平合理之分配，對於人民平等「接近使用傳播媒體」之權利，亦應在兼顧傳播媒體編輯自由原則下，予以尊重，並均應以法律定之。

### (二)釋字第 613 號

　　大法官釋字第 613 號的解釋爭點為：《國家通訊傳播委員會組織法》第 4 條、第 16 條規定是否違憲？聲請人行政院，因行使職權，適用 2005 年 11 月 9 日制定公布之《國家通訊傳播委員會組織法》（簡稱《通傳會組織法》）第 4 條有關國家通訊傳播委員會（簡稱通傳會）之組織及委員產生方式部分暨第 16 條，發生牴觸《憲法》疑義；又因行使職權，適用《憲法》第 53 條及第 56 條規定，發生適用《憲法》疑義；復就立法院是否有權立法，就行政院所屬行政機關人事決定權，實質剝奪行政院院長提名權等，與立法院行使職權發生適用憲法之爭議，爰依司法院《大法官審理案件法》第 5 條第 1 項第 1 款之規定，聲請解釋。

《通傳會組織法》第 4 條第 2 項規定關於各政黨（團）依其在立法院席次比例推薦通傳會委員並交由提名審查會審查之部分，第 3 項及第 4 項規定關於審查會由各政黨（團）依其在立法院席次比例推薦學者專家組成與其審查通傳會委員候選人之程序，以及行政院院長應依審查會通過同意之名單提名，並送立法院同意之部分，及第 6 項關於委員任滿或出缺應依上開第 2、3 項程序提名及補選之規定，實質剝奪行政院院長對通傳會委員之人事決定權，牴觸憲法所規定之責任政治與權力分立原則，鑑於修法尚須經歷一定時程，且該規定倘即時失效，勢必導致通傳會職權行使陷於停頓，未必有利於憲法保障人民通訊傳播自由之行使，自須予以相當之期間俾資肆應。

《通傳會組織法》第 4 條第 2、3、4、6 項規定有關通傳會委員選任部分，至遲應於 97 年 12 月 31 日失其效力。失去效力之前，通傳會所作成之行為，並不因前開規定經本院宣告違憲而影響其適法性，人員與業務之移撥，亦不受影響。

至《通傳會組織法》第 4 條第 3、5 項有關通傳會委員由行政院院長任命，正、副主任委員由委員互選，並由行政院院長任命之規定，並不違反《憲法》第 56 條規定。

《通傳會組織法》第 16 條係立法者所設之特別救濟規定，不受《行政程序法》第 128 條限制，通傳會就申請覆審案件，亦僅能就原處分是否適法審查，從而與《憲法》保障人民權利意旨，尚無不符。

聲請人聲請於本案解釋作成前為暫時處分部分，因業經作成解釋，無審酌必要。

## (三)釋字第 678 號

《電信法》就無線電頻率使用應經許可，違者處刑罰並沒收器材等規定違憲？根據大法官釋字第 678 號解釋文，《電信法》第 48 條第 1 項前段「無線電頻率、電功率、發射方式及電台識別呼號等有關電波監理業務，

由交通部統籌管理，非經交通部核准，不得使用或變更」、第 58 條第 2 項「違反第 48 條第 1 項規定，未經核准擅自使用或變更無線電頻率者，處拘役或科或併科新臺幣 20 萬元以下罰金」，及第 60 條「犯第 58 條第 2 項之罪者，其電信器材，不問屬於犯人與否，沒收之」。關於未經核准擅自使用無線電頻率者，應予處罰及沒收之規定部分，與《憲法》第 23 條之比例原則無牴觸，亦與《憲法》第 11 條保障人民言論自由、第 15 條保障人民財產權之意旨無違。

### (四)釋字第 689 號

大法官釋字第 689 號解釋文，《社會秩序維護法》第 89 條第 2 款規定，旨在保護個人之行動自由、免於身心傷害之身體權、及於公共場域中得合理期待不受侵擾之自由與個人資料自主權，處罰無正當理由，且經勸阻後仍繼續跟追之行為，與法律明確性原則尚無牴觸。新聞採訪者於有事實足認特定事件屬大眾所關切並具一定公益性事務，而具有新聞價值，如須以跟追方式進行採訪，其跟追倘依社會通念認非不能容忍者，即具正當理由，而不在首開規定處罰之列。於此範圍內，首開規定縱有限制新聞採訪行為，其限制並未過當而符合比例原則，與《憲法》第 11 條保障新聞採訪自由及第 15 條保障人民工作權之意旨尚無牴觸。系爭規定以警察機關為裁罰機關，亦難謂與正當法律程序原則有違。

## 二、實務運作面

### (一)有線電視系統斷訊爭議

中華民國消費者文教基金會 2020 年 4 月間透過記者會發布新聞（消費者文教基金會，2020 年 4 月 28 日），指責北都有線電視與頻道代理商授權金風波未曾止歇，斷訊風暴持續威脅收視戶權益，自 2019 年 9 月起，北都與全國數位兩家有線電視系統與大享、浩鳴、優視三大頻道代理商授權金談判觸礁，北都有線電視至今仍無法走出頻道斷訊風暴，且 2020 年

4 月 20 日媒體報導，北都有線電視與頻道代理商永鑫授權金談判紛爭再起，經國家通訊傳播委員會（下稱 NCC）三次居間調處不成，已收到永鑫正式來函，限期北都於一個月內取得頻道變更申請的斷訊告知，因此，如有一方未依法而任意斷訊，屆時約有 10 萬收視戶無法收看熱門的 HBO、FOX SPORTS、CNN、CN 卡通頻道等七個頻道。

授權金爭議引爆斷訊潮，不僅挑戰政府公權力，更蠻橫剝奪消費者收視權益，鑑此，本會強力要求 NCC 應就保障消費者權益之責，從嚴督促有線電視系統台與頻道供應事業雙方恪遵相關規定，依法提前因應可預期之斷訊事件，避免戕害消費者權益；此外，也應從嚴要求北都有線電視應負起系統台經營管理之責，積極提出可預期斷訊之消費者權益保障措施，除依法定程序邀請消保團體就消費者權益進行評估後，再提出頻道下架申請，且應訂定相應之補償措施與替代頻道，如罔顧消費者權益，應予嚴懲重罰。

### (二)有線電視系統擴區爭議

針對有線電視系統擴區爭議，以豐盟有線電視股份有限公司申請擴區經營花蓮縣為例，司法院大法官解釋文，營業自由受《憲法》第 15 條工作權及財產權所保障（參見釋字第 514 號、第 606 號、第 716 號、第 719 號解釋）。關於營業場所之選定亦受營業自由保障，僅得以法律或法律明確授權之命令，為必要限制（釋字第 738 號）。國家以法律限制營業自由，應符合《憲法》平等原則及比例原則。

大法官釋字第 719 號解釋強調「為正當公益之目的限制人民權利，其所採手段必要，且限制並未過當者，始與《憲法》第 23 條比例原則無違」，主管機關依據《有廣法》限制申請人的營業自由時，應考量是否具備正當公益目的；申請人未顧及消費權益、或有違市場競爭之公平交易原則，須一併納入評估。

## (三)理財頻道投資廣告爭議

　　1988 年 1 月 29 日公布《證券交易法》第 18 條第 1 項等規定是否違憲？聲請人王〇貴未經主管機關（證期會）核准，自 2001 年 11 月起，於《財訊快報》等報紙刊登廣告，舉辦證券投資講習課程，平均每週上課一次，每期兩個月，收費新臺幣 10 萬元，並登報招攬一般民眾參加，多人先後繳費上課。授課時，王某提供證券交易市場分析資料，傳授操盤術、選股術建議學員投資。經臺灣臺北地方法院判處王某有期徒刑三個月，得易科罰金，緩刑兩年。王某不服，提起上訴，被駁回確定。

　　王某認為，《證券交易法》「經營證券金融事業、證券集中保管事業或其他證券服務事業，應經主管機關之核准」（§18 I）、§175、《證券投資顧問事業管理規則》§2、§5 I ④等規定，有牴觸《憲法》之疑義，聲請解釋。

　　1988 年修正公布之《證券交易法》第 18 條第 1 項原規定應經主管機關核准之證券投資顧問事業，其業務範圍依該規定之立法目的及憲法保障言論自由之意旨，並不包括僅提供一般性之證券投資資訊，而非以直接或

**圖 6-1　《財訊快報》網頁**

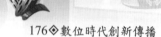

間接從事個別有價證券價值分析或推介建議為目的之證券投資講習。2000年 10 月 9 日修正發布之《證券投資顧問事業管理規則》（已停止適用）第 5 條第 1 項第 4 款規定，於此範圍內，與憲法保障人民職業自由及言論自由之意旨尚無牴觸（司法院，2007 年 11 月 22 日）。

# 肆、定型化契約應記載及不得記載事項

## 一、《消費者保護法》中的規定

有關定型化契約應記載及不得記載事項，《消費者保護法》明定（§17）：

1. 中央主管機關為預防消費糾紛，保護消費者權益，促進定型化契約之公平化，得選擇特定行業，擬訂其定型化契約應記載或不得記載事項，報請行政院核定後公告之。

2. 前項應記載事項，依契約之性質及目的，其內容得包括：
   一、契約之重要權利義務事項。
   二、違反契約之法律效果。
   三、預付型交易之履約擔保。
   四、契約之解除權、終止權及其法律效果。
   五、其他與契約履行有關之事項。

3. 第一項不得記載事項，依契約之性質及目的，其內容得包括：
   一、企業經營者保留契約內容或期限之變更權或解釋權。
   二、限制或免除企業經營者之義務或責任。
   三、限制或剝奪消費者行使權利，加重消費者之義務或責任。
   四、其他對消費者顯失公平事項。

4. 違反第一項公告之定型化契約，其定型化契約條款無效。該定型化
　契約之效力，依前條規定定之。

5. 中央主管機關公告應記載之事項，雖未記載於定型化契約，仍構成
　契約之內容。

6. 企業經營者使用定型化契約者，主管機關得隨時派員查核。

　　企業經營者與消費者訂立定型化契約，主張符合本節規定之事實者，
就其事實負舉證責任（§17-1）。

　　根據《消費者保護法》的應記載事項，依契約性質及目的，內容得包
括（§17 II）：

一、契約之重要權利義務事項。

二、違反契約之法律效果。

三、預付型交易之履約擔保。

四、契約之解除權、終止權及其法律效果。

五、其他與契約履行有關之事項。

　　《消費者保護法》明文不得記載事項，依契約性質及目的，內容涵蓋
（§17 III）：

一、企業經營者保留契約內容或期限之變更權或解釋權。

二、限制或免除企業經營者之義務或責任。

三、限制或剝奪消費者行使權利，加重消費者之義務或責任。

四、其他對消費者顯失公平事項。

## 二、有線廣播電視服務定型化契約應記載及不得記載事項

　　依據《行政程序法》第 151 條第 2 項準用第 154 條，國家通訊傳播委
員會 2021 年 6 月 15 日預告修正「有線廣播電視服務定型化契約應記載及

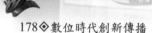

不得記載事項」（行政院公報，2021年6月18日）。

　　為因應有線電視已全面數位化，並為符合現況及鼓勵業者能導入優質數位內容，提供消費者更多創新應用服務，同時享受高品質數位化智慧生活，促進服務資訊透明化；且配合市場環境迅速變遷，提升有線電視服務品質，增進消費者權益保護，修正「有線廣播電視服務定型化契約應記載及不得記載事項」，全文分為應記載事項十七點，不得記載事項五點。其修正要點如下：

一、系統經營者提供之數位機上盒台數（修正應記載事項第2點）。

二、詳列基本頻道及付費頻道之組別及其收費標準（修正應記載事項第3點）。

三、申請、異動及終止契約程序應提供足資辨識個人身分之基本資料（修正應記載事項第4點）。

四、系統經營者應維持節目完整性及應主動減收收視費用之義務（修正應記載事項第6點）。

五、系統經營者於頻道位置異動或停止播送時之通知義務（修正應記載事項第7點）。

六、系統經營者減少基本頻道之責任（修正應記載事項第8點）。

七、訂戶發生無法收視或收視不良狀況，而系統經營者違反到府維修時間時，除按日減少收視費用外，並應減少機上盒租金（修正應記載事項第9點）。

八、契約終止後，原則上應由系統經營者主動取回機上盒及相關配件，不得收取任何費用（修正應記載事項第12點）。

九、契約因系統經營者受處分終止而致訂戶權益產生損害時，系統經營者應負之賠償義務（修正應記載事項第13點）。

十、契約終止後，系統經營者向訂戶預收之費用逾一定期間未返還者，應加計利息返還之，調降計算利息之年利率（修正應記載事

項第 14 點）。

十一、契約審閱期間至少三日（增訂應記載事項第 17 點）。

以下分別檢視「有線廣播電視服務定型化契約應記載及不得記載事項」相關修訂條文與反映的甲方、乙方等各方權利義務。

## (一)應記載事項

### ■契約重要權利義務事項

審視國家通訊傳播委員會修正「有線廣播電視服務定型化契約應記載及不得記載事項」，涉及契約重要權利義務條文有三處，分別有關契約有效頻道數、資訊、收費說明文字等。

修正條文將數位機上盒台數，調整為多少台；並且將頻道總表專用頻道，釐清為頻道總表資訊之專用頻道。後者可以將頻道服務訊息確實傳達給訂戶參考，也同時顧及系統與頻道之間可能移頻或下架的爭議，維護收視戶消費權益，也兼顧節目內容產製的頻道業者的上架權益。

修正條文將頻道總表專用頻道，釐清為頻道總表資訊之專用頻道，除將頻道服務訊息確實傳達給訂戶參考，顧及系統與頻道間可能移頻或下架

表 6-1　有線廣播電視服務定型化契約應記載及不得記載事項修正事項（壹-2）

| 修正規定 | 現行規定 | 說明 |
|---|---|---|
| 壹、應記載事項 | 壹、應記載事項 | 修正 |
| 二、契約有效期間、頻道數、頻道名稱及頻道授 權契約到期日<br>接用服務之數位機上盒○台（以上內容或詳載於裝機文件），提供有線廣播電視服務，其頻道數○○個、頻道名稱及頻道授權契約到期日（<u>均</u>不包括購物頻道及<u>含頻道總表資訊之專用頻道</u>）。詳如乙方提供之收視頻道表。 | 二、契約有效期間、頻道數、頻道名稱及頻道授權契約到期日<br>接用服務之數位機上盒台數（以上內容或詳載於裝機文件），提供有線廣播電視服務，其頻道數○○個、頻道名稱及頻道授權契約到期日（不包括購物頻道及頻道總表專用頻道）。詳如乙方提供之收視頻道表。 | 均……<br>含……<br>資訊之 |

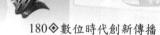

爭議，也清晰化公部門主管機構通過系統申請的頻道總表資訊。如此，不僅維護收視戶消費權益，兼顧節目內容產製頻道業者的上架權益，更協助主管機關服務窗口辨識系統提供之頻道總表內容，降低主管機關與業者（系統、頻道業者）間的申設爭議。

此外，乙方應將經由主管機關核准或備查之頻道總數，反映定型化契約中不應記載有關企業經營者保留契約內容或期限之變更權或解釋權、限制或免除企業經營者之義務或責任。

表 6-2　有線廣播電視服務定型化契約應記載及不得記載事項修正事項（壹-2 續）

| 修正規定 | 現行規定 | 說明 |
|---|---|---|
| 壹、應記載事項 | 壹、應記載事項 | 修正 |
| 乙方應將經由主管機關核准或備查之頻道總數（不包括購物頻道及含頻道總表資訊之專用頻道）、頻道名稱及頻道增減等異動情形，併同頻道授權契約到期日於專用頻道、公司網站（網址為○○○○○○）及營業場所公告，並以書面或其他足讓甲方知悉之方式通知甲方，該等公告及通知視為契約之一部分；變更時亦同。 | 乙方應將經由主管機關核准或備查之頻道總數（不包括購物頻道及頻道總表專用頻道）、頻道名稱及頻道增減等異動情形，併同頻道授權契約到期日於專用頻道、公司網站（網址為○○○○○○）及營業場所公告，並以書面或其他足讓甲方知悉之方式通知甲方，該等公告及通知視為契約之一部分；變更時亦同。 | 含……資訊之 |

定型化契約修正有關基本頻道、付費頻道的收視費用文字，新修條文明確化基本頻道、付費頻道的組數以及各組收費標準，這部分除方便訂戶辨識收視費與內容外，也較清楚呈現節目頻道業者與系統業者頻道上架編排的付費機制（系統台對於節目提供業者製作費用的配比等），宣示內容創作提供方的創作權益。

另一方面，有關組數及其收費標準，倘因天災等不可抗力因素或不可歸責於乙方之事由所致無法於前項期限內到府維修，乙方應於前述不可抗力因素或不可歸責事由結束後，依前項規定辦理。

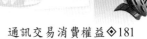

　　乙方違反第 1 項規定之到府維修時間時，乙方應按日減少日收視費用及機上盒租金；如逾到府維修時間十天以上始行修復時，乙方應免除當月收視費用及機上盒租金。反映定型化契約中不應記載有關乙方企業經營者保留契約內容或期限之變更權或解釋權、限制或免除企業經營者之義務或責任。

表 6-3　有線廣播電視服務定型化契約應記載及不得記載事項修正事項（壹-3）

| 修正規定 | 現行規定 | 說明 |
|---|---|---|
| 壹、應記載事項 | 壹、應記載事項 | 修正 |
| 三、繳費項目、金額及收費方式<br>繳費項目、金額及收費方式如下：<br>(一)收視費用<br>基本頻道：<u>組數及其收費標準</u>。<br>付費頻道：<u>組數及其收費標準</u>。<br>(二)裝機費<br>單機費用：　元。<br>每一分機費用：　元。 | 三、繳費項目、金額及收費方式<br>繳費項目、金額及收費方式如下：<br>(一)收視費<br>基本頻道：　組，　元。<br>付費頻道：　元。<br>(二)裝機費<br>單機費用：　元。<br>每一分機費用：　元。 | 組數及其收費標準 |

表 6-4　有線廣播電視服務定型化契約應記載及不得記載事項修正事項（壹-9）

| 修正規定 | 現行規定 | 說明 |
|---|---|---|
| 壹、應記載事項 | 壹、應記載事項 | 修正 |
| 九、維修義務與責任<br>甲方發生無法收視或收視不良狀況，乙方於接獲甲方維修通知時，應於二十四小時內到府維修。但經甲方同意另行約定者，不在此限。<br>倘因天災等不可抗力因素或不可歸責於乙方之事由致無法於前項期限內到府維修，乙方應於前述不可抗力因素或不可歸責事由結束後，依前項規定辦理。 | 九、維修義務與責任<br>甲方發生無法收視或收視不良狀況，乙方於接獲甲方維修通知時，應於二十四小時內到府維修。但經甲方同意另行約定者，不在此限。<br>倘因天災等不可抗力因素或不可歸責於乙方之事由致無法於前項期限內到府維修，乙方應於前述不可抗力因素或不可歸責事由結束後，依前項規定辦理。 | 日收視費用及機上盒租金……用 |

(續)表 6-4　有線廣播電視服務定型化契約應記載及不得記載事項修正事項（1-9）

| 修正規定 | 現行規定 | 說明 |
|---|---|---|
| 乙方違反第一項規定之到府維修時間時，乙方應按日減少<u>日收視費用及機上盒租金</u>；如逾到府維修時間十天以上始行修復時，乙方應免除當月收視費<u>用</u>及機上盒租金。 | 乙方違反第一項規定之到府維修時間時，乙方應按日減少三十分之一之月收視費；如逾到府維修時間十天以上始行修復時，乙方應免除當月收視費及機上盒租金。 | |

■違反契約法律效果

　　新修正版將過往維持所提供頻道節目內容及畫面之完整性，修正為：應完整播送各頻道之節目與廣告，不得變更其形式與內容，雖然保留頻道節目與廣告播出的完整性，但刪除依據頻道表播放用字，此部分條文較凸顯廣告主的相關廣告訊息完整播出的權益。

　　過往節目完整性可能因為突發事件影響播出的調整刪除，保留公共利益或法令所規定者，影響播出完整之可能性。此部分傾向從乙方系統可能面臨不確定性影響播出的立場。

　　條文中但因公共利益或法令所規定者，不在此限。明文定型化契約中不應記載有關乙方企業經營者保留契約內容或期限之變更權或解釋權、限制或免除企業經營者之義務或責任。

　　頻道減少或停止播送之責任，新版條文刪除停止播送用字，一律聚焦基本頻道減少責任，這部分有替中央主管機關勒令停播的角色，埋下伏筆。是否維護甲方訂戶的消費權益？值得後續觀察。

　　此外，明文定型化契約中不應記載有關乙方企業經營者保留契約內容或期限之變更權或解釋權、限制或免除企業經營者之義務或責任。

表 6-5　有線廣播電視服務定型化契約應記載及不得記載事項修正事項
　　　　（壹-6）

| 修正規定 | 現行規定 | 説明 |
|---|---|---|
| 壹、應記載事項 | 壹、應記載事項 | 修正 |
| 六、節目完整性<br>乙方應完整播送各頻道之節目與廣告，不得變更其形式與內容。但因公共利益或法令所規定者，不在此限。<br>乙方違反前項規定時，應減收當日收視費用（日收視費用指月收視費用之三十分之一，以下同）。 | 六、節目完整性<br>乙方應依其所提供之頻道表播放節目，並維持所提供頻道節目內容及畫面之完整性。但因公共利益、突發事件所必要或法令所規定者，不在此限。<br>乙方違反前項約定時，甲方得請求免除當日收視費（日收視費指月收視費之三十分之一，以下同）。 | 節目與廣告<br>節目內容及畫面之完整性 |

表 6-6　有線廣播電視服務定型化契約應記載及不得記載事項修正事項
　　　　（壹-8）

| 修正規定 | 現行規定 | 説明 |
|---|---|---|
| 壹、應記載事項 | 壹、應記載事項 | 修正 |
| 八、基本頻道減少之責任<br>因可歸責於乙方之事由而減少播送之基本頻道數，致乙方提供之基本頻道總數未達主管機關核定當年度之基本頻道總數，乙方應減收當月收視費用或為其他方式之賠償；未達主管機關核定當年度基本頻道收視費用所申報之預定基本頻道總數三分之二，並達十天以上時，即應免除當月之收視費用。 | 八、頻道減少或停止播送之責任<br>因可歸責於乙方之事由而減少播送之基本頻道數或經中央主管機關予以頻道停播或為沒入之處分，致乙方所提供之基本頻道總數未達主管機關核定當年度基本頻道收視費用所申報之預定基本頻道總數百分之九十五，乙方應減收當月收視費或為其他方式之賠償；未達主管機關核定當年度基本頻道收視費用所申報之預定基本頻道總數三分之二，並達十天以上時，即應免除當月之收視費用。 | 基本……或停止播送……或經中央主管機關予以頻道停播或為沒入之處分……未達主管機關核定當年度基本頻道收視費用所申報之預定基本頻道總數百分之九十五 |

■預付型交易履約擔保

　　預付費用之返還調整，修正為逾時未償還者，按年利率 5%計算其利息，此部分仍保留乙方逾時未償還之職責，維護甲方訂戶的消費權益。降低年利率計算，也可能反映臺灣金融利率現況。

系統經營者之保證條文，修正為系統經營者之履約擔保，明確化系統經營者與訂戶之間的契約關係。

同時，也反映不應記載事項中有關企業經營者保留契約內容或期限之變更權或解釋權、限制或免除企業經營者之義務或責任，以及限制或剝奪消費者行使權利，加重消費者之義務或責任。

**表 6-7　有線廣播電視服務定型化契約應記載及不得記載事項修正事項（壹-14）**

| 修正規定 | 現行規定 | 說明 |
|---|---|---|
| 壹、應記載事項 | 壹、應記載事項 | 修正 |
| 十四、預付費用之返還<br>契約終止後，乙方向甲方預收之費用尚未屆期者，應於終止日起十五日內無息返還之；逾時未返還者，按年利率百分之五計算其利息。 | 十四、預付費用之返還<br>契約終止後，乙方向甲方預收之費用尚未屆期者，應於終止日起十五日內無息償還之；逾時未償還者，按年利率百分之十計算其利息。 | 返……百分之五 |

**表 6-8　有線廣播電視服務定型化契約應記載及不得記載事項修正事項（壹-15）**

| 修正規定 | 現行規定 | 說明 |
|---|---|---|
| 壹、應記載事項 | 壹、應記載事項 | 修正 |
| 十五、系統經營者之履約擔保<br>契約期間乙方應依下列方式之一提供履約擔保，並報請中央主管機關備查，於乙方無法履行服務契約義務時，就其預收未到期之收視費用，按契約存續期間比例退還之，並載於契約正面明顯處： | 十五、系統經營者之保證<br>契約期間乙方應依下列方式之一提供保證，並報請中央主管機關備查，於乙方無法履行服務契約義務時，就其預收未到期之收視費用，按契約存續期間比例退還之，並載於契約正面明顯處： | 履約擔保 |

**■契約之解除權、終止權及其法律效果**

申請異動的條文，將過往個人資料如姓名、出生年月日、身分證明文件編號、聯絡方式及地址等細節，調整為個人身分之基本資料，修正版傾

向從訂戶角度出發，也因應個人資料保護法日益受到重視，數位時代的身分認證型態的多樣，而泛用個人身分基本資料替代，對於乙方行政流程也可能較便捷。

　　相關身分辨識的挑戰也可能出現多種樣態，如何避免爭議，需要乙方有相當資安查驗與防護機制。

表 6-9　有線廣播電視服務定型化契約應記載及不得記載事項修正事項（壹-4）

| 修正規定 | 現行規定 | 說明 |
|---|---|---|
| 壹、應記載事項 | 壹、應記載事項 | 修正 |
| 四、申請、異動及契約終止<br>甲方申請有線電視服務應提供足資辨識個人身分之基本資料，並出示相關身分證明文件供乙方核對確認（甲方為法人或商號時，於申請書上加蓋公司或商號大小章）。 | 四、申請、異動及契約終止<br>甲方申請有線電視服務應提供個人基本資料（姓名、出生年月日、身分證明文件編號、聯絡方式及地址等）並出示相關身分證明文件供乙方核對（甲方為法人或商號時，於申請書上加蓋公司或商號大小章）。 | 足資辨識個人身分之基本資料 |

　　甲方提供足資辨識個人身分之基本資料供乙方核對，經乙方確認無誤後為之。明文定型化契約中不應記載有關乙方企業經營者保留契約內容或期限之變更權或解釋權、限制或免除企業經營者之義務或責任。

表 6-10　有線廣播電視服務定型化契約應記載及不得記載事項修正事項（壹-4 續）

| 修正規定 | 現行規定 | 說明 |
|---|---|---|
| 壹、應記載事項 | 壹、應記載事項 | 修正。 |
| 四、申請、異動及契約終止<br>甲方辦理異動或終止契約時，得以書面、電子郵件、電話或其他足讓乙方知悉之方式通知乙方，並提供足資辨識個人身分之基本資料供乙方核對，經乙方確認無誤後為之。 | 四、申請、異動及契約終止<br>甲方辦理異動或終止契約時，得以書面、電子郵件、電話或其他足讓乙方知悉之方式通知乙方，並提供足資辨識身分之相關資料供乙方核對，經乙方確認無誤後為之。 | 個人……基本 |

修正版有關契約終止通知及責任，明確化乙方不得向甲方收取任何費用，也明文乙方受停播、廢止或撤銷經營許可、沒入等處分終止而致甲方收視、收聽權益產生損害，應賠償甲方一個月收視費。較過往由甲方向乙方提出、乙方才處理的規定，更凸顯維護訂戶消費者的收視權益。

有關甲方亦得自行將機上盒及相關配件送至乙方所指定之地點、前項乙方派員或委託第三人取回之方式及約定條件，乙方應事前向甲方告知說

**表 6-11　有線廣播電視服務定型化契約應記載及不得記載事項修正事項（壹-12）**

| 修正規定 | 現行規定 | 說明 |
|---|---|---|
| 壹、應記載事項 | 壹、應記載事項 | 修正 |
| 十二、契約終止及通知<br>甲方辦理終止契約後，乙方應派員或委託第三人取回機上盒及相關配件，不得收取任何費用。但甲方亦得自行將機上盒及相關配件送至乙方所指定之地點。<br>前項乙方派員或委託第三人取回之方式及約定條件，乙方應事前向甲方告知說明。 | 十二、契約終止及通知<br>甲方辦理終止契約後，乙方應派員或委託第三人取回機上盒及相關配件。但甲方自行將機上盒及相關配件送至乙方所指定之地點，不在此限。<br>前項乙方派員或委託第三人取回之方式及約定條件，乙方應事前向甲方告知說明。 | 不得收取任何費用 |

**表 6-12　有線廣播電視服務定型化契約應記載及不得記載事項修正事項（壹-13）**

| 修正規定 | 現行規定 | 說明 |
|---|---|---|
| 壹、應記載事項 | 壹、應記載事項 | 修正 |
| 十三、契約終止之損害賠償<br>本契約於乙方受停播、廢止或撤銷經營許可、沒入等處分終止而致甲方收視、收聽權益產生損害時，乙方應賠償甲方一個月收視費用。<br>乙方擬暫停或終止營業時，應於三個月前通知甲方。乙方未盡通知義務時，應賠償甲方一個月收視費用。 | 十三、契約終止之損害賠償<br>本契約於乙方受停播、廢止或撤銷經營許可、沒入等處分時終止而致甲方收視、收聽權益產生損害時，甲方得請求一個月收視費之賠償。<br>乙方擬暫停或終止營業時，應於三個月前通知甲方。乙方未盡通知義務時，甲方得請求一個月收視費之賠償。 | 乙方應賠償甲方一個月收視費用……應賠償甲方一個月收視費用 |

明等條文,反映定型化契約中不應記載有關乙方企業經營者保留契約內容或期限之變更權或解釋權、限制或免除企業經營者之義務或責任。

■其他與契約履行有關事項

應記載事項有關契約已由特定金融機關開具履約保證書,將過往(應與契約期限一致)之說明刪除,此部分可因應甲方或乙方金融機構更換的可能,而可以根據實際時間呈現履約保證資料,同時兼顧雙方的權利義務。

增訂第17條契約審閱期間相關條文:本契約於中華民國〇〇年〇〇月〇〇日經甲方攜回審閱(契約審閱期間至少三日)。明文規範契約審閱期至少三日,此為增修條文,雖然與《消費者保護法》「企業經營者與消費者訂立定型化契約前,應有三十日以內之合理期間,供消費者審閱全部條款內容」(§11-1 I),至少三十天的審閱期有差距,有向消費者權益維護邁進一步。

這部分也呼應《通訊交易解除權合理例外情事適用準則》相關內容。

釐清不得記載事項中有關企業經營者保留契約內容或期限之變更權或解釋權、限制或免除企業經營者之義務或責任,以及限制或剝奪消費者行使權利,加重消費者之義務或責任。

表 6-13　有線廣播電視服務定型化契約應記載及不得記載事項修正事項（壹-15）

| 修正規定 | 現行規定 | 說明 |
|---|---|---|
| 壹、應記載事項 | 壹、應記載事項 | 修正 |
| (一)本契約預收未到期之收視費用,已存入〇〇金融機構開立之信託專戶,專款專用;所稱專用,係指專以履行服務契約義務使用。<br>(二)本契約已由〇〇金融機構開具履約擔保書。【前開履約擔保期間自中華民國〇〇年〇〇月〇〇日至中華民國〇〇年〇〇月〇〇日止。】 | (一)本契約預收未到期之收視費用,已存入〇〇金融機構開立之信託專戶,專款專用;所稱專用,係指專以履行服務契約義務使用。<br>(二)本契約已由〇〇金融機構開具履約保證書。【前開保證期間自中華民國〇〇年〇〇月〇〇日至中華民國〇〇年〇〇月〇〇日止(應與契約期限一致)。】 | 擔保書……履約擔保 |

表 6-14　有線廣播電視服務定型化契約應記載及不得記載事項修正事項
（壹-17）

| 修正規定 | 現行規定 | 說明 |
|---|---|---|
| 壹、應記載事項 | 壹、應記載事項 | 修正 |
| 十七、契約審閱期間<br>本契約於中華民國○○年○○月○○日經甲方攜回審閱（契約審閱期間至少三日）。 |  | 契約審閱期間至少三日 |

### (二)不得記載事項

　　不得記載事項的修正條文僅此用字，將條文收視費調整為收視費用，其他條文沒有更動。

　　相關條文仍然保留也反映不得記載事項中的權利義務關係，包括有關企業經營者保留契約內容或期限之變更權或解釋權、限制或免除企業經營者之義務或責任，以及限制或剝奪消費者行使權利，加重消費者之義務或責任。

表 6-15　有線廣播電視服務定型化契約應記載及不得記載事項修正事項
（貳-1）

| 修正規定 | 現行規定 | 說明 |
|---|---|---|
| 貳、不得記載事項 | 貳、不得記載事項 | 修正 |
| 一、不得約定甲方拋棄契約審閱期間。<br>二、不得約定沒收甲方所繳付之收視費用或甲方違反本契約之違約金。<br>三、不得以契約免除或限制乙方瑕疵給付責任。<br>四、不得約定乙方可免責或限制責任之特約條款。<br>五、不得約定減輕或免除乙方依消費者保護法及有線廣播電視法規定應負之責任。 | 一、不得約定甲方拋棄契約審閱期間。<br>二、不得約定沒收甲方所繳付之收視費或甲方違反本契約之違約金。<br>三、不得以契約免除或限制乙方瑕疵給付責任。<br>四、不得約定乙方可免責或限制責任之特約條款。<br>五、不得約定減輕或免除乙方依消費者保護法及有線廣播電視法規定應負之責任。 | 收視費用 |

## 伍、結論與討論

有線電視系統在臺灣各縣市跨區經營，因應數位臺灣發展，提供節目、廣告、廣播服務外，也提供光纖上網服務，以及互動遊戲服務等。檢視 2021 年 9 月通過的「有線廣播電視服務定型化契約應記載及不得記載事項」修正條文，針對有線電視系統業者、訂戶消費者、主管機關，或頻道內容供應者，有相對應的條文，呈現各方利益關係代表的關係，特別是訂戶消費者與有線電視系統的權利義務。

凡以企業經營者提出的「定型化契約條款」作為契約內容的一部或全部而訂定的契約，都可以稱為定型化契約。定型化契約的條款，原則上應記載於定型化契約中；如果沒有記載於契約中者，依照《消費者保護法》第 13 條規定，應採下列方式辦理，否則並不構成契約的內容，也就是該條款視為不存在，消費者可以不受拘束（臺中市政府法制局，2018）。

1.明示其內容：企業經營者應向消費者明示其內容。
2.公告其內容：明示內容者顯有困難者，企業經營者應以顯著方式公告其內容，並經消費者同意者，該條款即為契約之內容。
3.定型化契約書之給與：企業經營者應給與消費者定型化契約書。但依其契約之性質致給與顯有困難者，不在此限。定型化契約書經消費者簽名或蓋章者，企業經營者應給與消費者該定型化契約書正本。

然而，「有線廣播電視服務定型化契約應記載及不得記載事項」呈現的定型化契約，仍局限於有線電視系統型態，未顧及現有跨區的光纖上網服務、互動遊戲服務、數位學習服務、購物服務或點歌服務等型式，這部

分究竟是對應到「網路連線遊戲服務定型化契約應記載及不得記載事項」、「網際網路教學服務定型化契約應記載及不得記載事項」、「網路交易定型化契約應記載及不得記載事項」、「行動通信網路業務服務契約」？或其他方式？且訂戶是否要簽署多項定型化契約，落實數位時代有線電視的消費者權益，仍待主管機關協商規劃。

**Part 3**

結　構　篇

# 第七章

## 校園媒體公民實踐

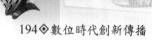
## 壹、研究背景

聯合國教育科學文化組織 2001 年發表《世界文化多樣性》宣言（Universal Declaration on Cultural Diversity），彰顯多元的文化人權。

我國憲法增修條文第 10 條第 11 項的規定中明文：「國家肯定多元文化。」目的在於透過憲法的規範，建構多元文化國的憲法保障基礎，賦予國家保護不同或多樣文化差異的義務，這必須透過其國家的中立與寬容來落實（許育典，2006）。

臺灣文建會 2004 年提出「文化公民權」運動，其概念是將「文化」與「公民權」相結合，一方面從文化層面思考公民權，另一方面從公民權角度詮釋藝術與文化（陳其南、劉振輝，2005）。

《文化基本法》的目的，在於對人民文化權利、文化相關法規、政府文化行政目標和文化政策工具，進行上位整合，確保政策的穩定和持續。政府將訂定短、中、長期的文化施政綱領，並定期檢討；行政院也必須召開行政院文化會報，並據以審議各部會文化相關施政與經費。另針對「文化影響評估」，盤點現有相關法令，使得文化基本法的立法能真正改變臺灣文化治理的品質（文化部，2019 年 5 月 10 日）。

面對 Covid-19 新冠疫情的衝擊，媒體不再只是臺灣青少年和兒童的第二個教育課程（second curriculum）；事實上，已經超越「學校」，成為近一年的學習、工作、生活、社交、國際溝通等出口。

教育部《媒體素養教育政策白皮書》指陳（教育部，2002），公民有六種基本的傳播權利：知的權利、傳布消息的權利、討論時政的權利、保護個人隱私的權利、個人積極地接近與使用媒體的社會權利，以及接受媒體素養教育的權利。

上述六種公民傳播權利，除宣示維護個資隱私權、媒體教育的重要性外，更凸顯具備資訊近用權、科技近用權、參與近用權，以及傳播近用權。

　　公民的傳播權乃是基本人權的一部分，現代大眾媒體影響民主社會極深，身為現代公民就必須瞭解媒體，並且接近使用媒體（access to media），彰顯媒體服務社會公共事務的角色（教育部，2002）。

　　由於市場和傳播科技的變化，傳播教育愈來愈強調社會化與實用導向（Deuze, 2006）。臺灣設有新聞傳播院系的各大學校園，大多設置實習媒體，如實習報紙、實習電台、實習網路電子報等。

　　臺灣的大學校園實習媒體，依據系所性質與目標，提供學生在校時實際練習不同媒體平台的新聞產製技能。透過學生參與實習媒體的「擬真」情境教育，培養學生「做中學，學中做」的體驗學習。

　　傳播內容產製所產生偏見／向，相當程度受媒體機構運作模式的影響，如何讓未來的傳播媒體人反思自身的多元文化價值實踐（管中祥，2015），傳播實務教育扮演重要涵養角色。

　　面臨少子化的趨勢，且增加臺灣高等教育的競爭力，臺灣各大學院校在教育部政策驅使下，紛紛以合作、併校或未通過評鑑而被裁撤等形式，進行瘦身調整。

　　其中臺灣聯合大學系統是最早的大學系統，由 2003 年起就開始試營運，2008 年正式成立。不只資歷最久，也是迄今整合最深者，從系統中陽明大學與交通大學兩校，合併為陽明交通大學可見一斑。臺聯大的轉學考、碩班聯招是現今最具規模者。另外由於四校橫跨北桃竹三市，每天五班的校際專車更是跨校系統首創，也是跨都會區系統中唯一提供定期的班車服務。

　　政治大學 4 月 22 日官網公告，2021 年 2 月已加入「臺灣聯合大學系統」，與清華大學、陽明交通大學、中央大學等學校結盟。未來聯盟大學將開放跨校選課，互相承認學分，預計 2022 年 8 月上路。

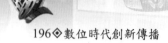

　　國立政治大學是臺灣最先設置新聞傳播相關系所、傳播學院的大學校園。臺灣各大學院校新聞傳播教育，以校園影音實習媒體，提供大學院校教職員生媒體近用的教育實驗空間。國立政治大學傳播學院實習廣播電台為其中最具代表性的校園實習媒體。

　　有關校園實習媒體的論述有限，或從教育（許瓊文，2007；位明宇，2010）、公共服務（陳清河，1999）、媒體定位（吳致達，2002；胡元輝，2014）等角度出發，少有觸及實習媒體的文化公民權實踐。

　　臺灣文化公民權論述多聚焦原住民族群，呼應英國社會文化學者尼克·史蒂文森（Nick Stevenson）所言，社群既需要由法律保障權利，並賦予實踐文化參與之機會（Wang, 2013）。

　　因應臺灣聯合大學系統的整合，本文將分析政大傳播學院實習廣播電台所展現的文化公民權，以及其中的多元文化意涵。

## 貳、文化公民權演進

　　根據牛津簡明英語語源學辭典的定義（Hoad, 1987），文化源自拉丁文，為一畦耕作的土地。要怎麼收穫，先怎麼栽；文化的形式需要耕耘、栽培。爾後引申為心靈的修養、智力的訓練與精練。

　　文化另一字源，來自拉丁文的「公民」（civis），這也是文明的字源，較強調人們在團體中的隸屬，例如，屬於某一族群、社會、團體。文化原係指某一民族的生活方式，這種方式與其他民族有別，之後才增加了在價值判斷上的優劣高下，因而構成「文明」與「野蠻」的對立（沈清松，1984）。

　　文化大致由三部分構成（Porter & Samovar, 1994；Samovar, Porter, McDaniel, & Roy, 2014；黃葳威，1999；黃葳威，2016）：

1.人造物——人所創造的具體成品，如貨幣、郵票、卡通影片。

2.觀念——指人所創造的具體成品的價值、理念，如貨幣的價值、郵票的價值、卡通影片的製作發行成本等。

3.行為——指人們與其所創造的具體成品的互動情形，如消費與儲蓄、集郵與貼郵票寄信、卡通的製作或發行流通、人們觀賞卡通等。

審視文化的字源可以獲知，文化需要後天的經營與耕耘，文化也被視為一種不同於其他民族的生活方式。然而，不同民族的生活方式與耕耘程度，卻因各有不同背景依據，難以斷定孰優孰劣。例如：中東文化、祕魯文化，與臺灣原住民文化，究竟何者略勝一籌？或何者為文明？何者為野蠻？實不宜有自我中心的價值判斷。

權利為擁有進行某件事的特權，建立法律關係的力量（Symonides 等著／楊雅婷譯，2009）。英國自由主義思想家洛克（John Locke）認為：人是理性的動物，人類在自然狀態中，就有所謂的「自然法」，及人人都有的「自然權利」（natural rights），任何人都不能予以侵犯和剝奪（周家瑜，2017）。國家與政府是為了保障此一自然權利而產生。洛克提出：「人生而具有生命、自由、財產等自然權利。」

1990 年代開始，公民權論述聚焦於公民身分下需要被考量的新的權利，或這些權利可能帶來的挑戰或承諾等。文化公民權描繪「對於某些不被國家力量所保障的社群，或是被基本權利所否認的文化與社會權利的訴求」（IUPLR, 1988）。隨著歷史更迭，一波波社會變動與移民潮帶動社會多元化發展，文化公民權的界定持續受到重視。

文化公民權為跨領域的主張，英國社會學者杰拉德·德蘭蒂（Gerard Delanty, 2002）分析文化公民權有兩種取徑，分別是加拿大政治哲學者威廉·秦力克（William Kymlicka），以及英國社會文化學者尼克·史蒂文森（Nick Stevenson）的論述：

1.文化社會學（Stevenson, 2001），討論以文化為中心來理解公民權，

關注其是否能滿足個人與團體新的文化需求。

2.政治學（Kymlicka & Norman, 2000），處理公民權在多樣性的問題，尋求規範性的政治理論，探討容忍的界線、差異適應和群體代表性的議題。

簡言之，政治學觀點關注少數族群權益；文化社會學聚焦認同與歸屬，主張差異不只是族群差異，還包括各種不同團體型態的差異。

文化研究學者托比·米勒（Miller, 2006）由三個方向審視文化公民權理念（Isin & Turner 著／王小章譯，2007）：

1.政策面：透過文化政策研究，聚焦政府應提供給公民的文化能力。

2.權利面：審視少數民族的保障權利。

3.社會面：從跨文化適應面觀察少數文化與多數文化的和睦共處。

本文將聚焦文化公民權在聯合國、臺灣涉及文化公民權的主張，及所反映的多元文化意涵。

王俐容（2006）分析世界各國重視的文化公民權內涵包括：文化認同權、文化生活接近權、文化發展權、文化再現權、文化生產、流通與消費權，以及檢視文化階級與品味的不平等。研究者認為，其中文化階級接近文化社會權，文化品味接近文化教育權。

## 表 7-1　文化公民權分析視角

| | |
|---|---|
| 文化認同權<br>文化生活接近權<br>文化發展權<br>文化再現權<br>文化生產<br>流通<br>消費權益<br>檢視文化階級與品味的不平等 | 文化認同權<br>文化生活接近權<br>文化發展權<br>文化再現權<br>文化生產權<br>文化流通權<br>文化消費權<br>文化經濟權<br>文化社會權<br>文化教育權<br>文化資產權 |
| 王俐容（2006） | 研究者 |

　　本文分析校園實習電台，參考英國社會文化學者尼克·史蒂文森（Nick Stevenson）與臺灣學者王俐容的觀點，以下探討聯合國涉及文化主張的公約、臺灣文化基本法、通訊傳播基本法，以及校園實習電台設置辦法，所傳達的文化公民權價值。

## 聯合國與文化公民權

### （一）《世界人權宣言》

　　二次世界大戰後，聯合國大會為建立國際制度，監督全球各國之基本人權保障施行，於 1948 年公布《世界人權宣言》。期使世界各國以此精神，締結人權公約及建立國際人權保障機構，落實「基本人權保障國際化」主張。

　　聯合國大會並非國際法的立法機構，採決《世界人權宣言》時，亦僅將之視為會員國依合意並同作成的「政治聲明」；《世界人權宣言》就其形式意義言，並非國際法法源，亦無拘束聯合國會員國之法律效力。惟在過去七十年以來，一些國家或國際組織，卻承認《世界人權宣言》業已形成國際習慣法規範，並將之引為相關聲明或主張的法源基礎（李孟玢，1998）。

　　《世界人權宣言》界定基本人權內容，明文私人有權享受之人權與自由應包含兩大範疇（李孟玢，1998）：（一）公民與政治人權；（二）經濟、社會與文化人權。現今各項國際人權公約均揭示《世界人權宣言》的重要性，宣言形同現代國際人權法的基石，亦構成國際社會推動基本人權保障國際化理念的精神象徵。

　　《世界人權宣言》提及「文化」一詞的條文，可以參考第 22 條與第 27 條。

> 第 22 條：每個人，作為社會的一員，有權享受社會保障，並有權享受他的個人尊嚴和人格的自由發展所必需的經濟、社會和文化方面各種權利的實現，這種實現是通過國家努力和國際合作並依照各國的組織和資源情況。
>
> 第 27 條：一、人人有權自由參加社會的文化生活，享受藝術，並分享科學進步及其產生的福利。
>
> 　　　　　二、人人對由於他所創作的任何科學、文學或美術作品而產生的精神的和物質的利益，有享受保護的權利。

以上條文反映的公民文化權價值有：

1. 文化認同權：有權享受他的個人尊嚴和人格的自由發展所必需的經濟、社會和文化方面各種權利的實現（§22）。
2. 文化生活接近權：文化是一種生活參與（§27①）。
3. 文化發展權：各國的組織和資源（§22）、科學進步及其產生的福利（§27①）。
4. 文化再現權：有權享受他的個人尊嚴和人格的自由發展所必需的經濟、社會和文化方面各種權利的實現（§22），有別於經濟、社會層面的社會成員實現（§22）。
5. 文化生產權：人所創作的（§27②）。

6.文化流通權：通過國際合作（§22）。

7.文化消費權：藝術享受（§27①）、人人對由於他所創作的任何科學、文學或美術作品而產生的精神的利益（§27②）。

8.文化經濟權：人人對由於他所創作的任何科學、文學或美術作品而產生的物質的利益（§27②）。

9.文化社會權：有別於經濟、社會層面的社會成員實現（§22）。

10.文化教育權：有權享受他的個人尊嚴和人格的自由發展所必需的經濟、社會和文化方面各種權利的實現（§22）、享受藝術並分享科學進步（§27①）。

11.文化資產權：享受保護的權利（§27②）。

審視《世界人權宣言》有關文化的條文，可以看出文化被詮釋為：

1.有別於經濟、社會層面的社會成員實現（§22）。

2.通過國家努力（§22）。

3.通過國際合作（§22）。

4.各國的組織和資源（§22）。

5.文化是一種生活參與（§27①）。

6.藝術享受（§27①）。

7.科學進步及其產生的福利（§27①）。

8.人所創作的（§27②）。

9.科學（§27②）。

10.文學（§27②）。

11.美術作品（§27②）。

12.精神的和物質的利益（§27②）。

13.享受保護的權利（§27②）。

表 7-2　《世界人權宣言》的文化意涵

|  | 人造物 | 觀念 | 行為 |
|---|---|---|---|
| 個人 | 人所創作的<br>文學<br>科學<br>美術作品 | 藝術享受<br>享受保護的權利 | 生活參與<br>科學進步及其產生的福利<br>精神的和物質的利益 |
| 集體 | 各國的組織和資源 |  | 社會成員文化層面的實現<br>國家努力<br>國際合作 |

　　《世界人權宣言》的文化意涵，呈現文化是人為創造的具體或抽象的資產，且是在國家社會層級下的集體化生活，或一種行動，或心血的作品或主張。此階段多元文化意涵較不明顯。

### (二)《經濟、社會及文化權利國際公約》

　　聯合國 1966 年發布《經濟社會文化權利國際公約》（The International Covenant on Economic, Social and Cultural Rights, ICESCR），公約第 15 條明列：

　　一、本公約締約國確認人人有權：
　　　　(一)參加文化生活。
　　　　(二)享受科學進步及其應用之惠。
　　　　(三)對其本人之任何科學、文學或藝術作品所獲得之精神與物質
　　　　　　利益，享受保護之惠。
　　二、本公約締約國為求充分實現此種權利而採取之步驟，應包括保
　　　　存、發揚及傳播科學與文化所必要之辦法。
　　三、本公約締約國承允尊重科學研究及創作活動所不可缺少之自由。
　　四、本公約締約國確認鼓勵及發展科學文化方面國際接觸與合作之
　　　　利。

　　公約委員會針對《經濟社會文化權利國際公約》第 15 條第 1 項，所涉及兩項權利「享受科學及藝術成果之權利」、「參與文化生活的權利」，分別於 2005 及 2009 年作成第 17 號與第 21 號一般性意見，詳加闡述公約精神，進一步釐清文化權，其中第 21 號一般性意見書前言陳明：

　　文化權利是人權的一個組成部分，與其他權利一樣，是普遍的、不可分割的和相互依存的。全面增進和尊重文化權利，對於維護人的尊嚴和在一個多樣化的多種文化的世界裡個人和群體之間的積極的社會互動，至關重要（法務部法制司，2012）。

　　以上傳遞文化權利的精神有：

1.基本人權。
2.集體權利：文化權利是人權的一個組成部分，是普遍的、不可分割的和相互依存的。
3.參與權：參加文化生活。
4.創作自由權：締約國承允尊重科學研究及創作活動所不可缺少之自由。
5.創作版權：對其本人之任何科學、文學或藝術作品所獲得之精神與物質利益，享受保護之惠。
6.傳播權：締約國確認鼓勵及發展科學文化方面國際接觸與合作之利。

檢視《經濟社會文化權利國際公約》宣示的文化公民權價值包括：

1.文化認同權：文化由民族自決（§1）。
2.文化生活接近權：文化生活參與（§15）。
3.文化發展權：從事發展的行動（§1）、保存、發揚及傳播之辦法（§15）、國際接觸與合作（§15）。
4.文化再現權：文化由民族自決（§1）、從事發展的行動（§1）。

5.文化生產權：文學（§15）、藝術作品（§15）、創作活動（§15）、科學與相關研究（§15）。

6.文化流通權：保存、發揚及傳播之辦法（§15）、國際接觸與合作（§15）。

7.文化消費權：享受科學進步及其應用之惠（§15）。

8.文化經濟權：科學進步及其應用之惠（§15）、精神與物質利益（§15）。

9.文化社會權：保存、發揚及傳播之辦法（§15）。

10.文化教育權：科學與相關研究（§15）。

11.文化資產權：民族財富與資源（§1、§25）。

《經濟社會文化權利國際公約》闡述文化的條文，分別有第 1 條、第 15 條，及第 25 條等。

審視以上條文彰顯的文化意涵有：

1.文化由民族自決（§1）。

2.從事發展的行動（§1）。

3.民族財富與資源（§1、§25）。

4.文化生活參與（§15）。

5.享受科學進步及其應用之惠（§15）。

6.科學與相關研究（§15）。

7.文學（§15）。

8.藝術作品（§15）。

9.精神與物質利益（§15）。

10.創作活動（§15）。

11.保存、發揚及傳播之辦法（§15）。

12.國際接觸與合作（§15）。

表 7-3　《經濟社會文化權利國際公約》文化意涵

| | 人造物 | 觀念 | 行為 |
|---|---|---|---|
| 個人 | 文學<br>科學與相關研究<br>美術作品 | 藝術享受<br>享受保護的權利 | 文化生活參與<br>享受科學進步及其應用之惠<br>精神和物質的利益<br>創作活動 |
| 集體 | 民族財富與資源<br>保存、發揚及傳播之辦法 | | 文化由民族自決<br>從事發展的行動<br>國際接觸與合作 |

　　《經濟社會文化權利國際公約》條文，較《世界人權公約》進一步肯認民族財富與資源的價值，彰顯文化資產權。

　　多元文化的意涵已經由日常生活、創作、產出、經濟活動等，晉升到民族自決的層次，且重視民族文化財富與資產。

### （三）《世界文化多樣性宣言》

　　聯合國世界文化和發展委員會 1995 年發表《我們具有創造力的多樣性》報告（Our creative diversity: report of the Culture and Development World Commission），報告中闡釋文化自由特色：

　　1.範圍：文化自由是集體自由，與個人自由有別。

　　2.選擇權：一群人選擇其依循的生活方式的權利。

　　3.方法：文化自由經由維護社群各自的生活方式達成。

　　4.世代實驗精神：鼓勵世代年齡的實驗、多樣性、想像力和創造力。

　　聯合國教科文組織 2001 年 11 月 2 日第二十次全體會議報告通過的決議，發表《世界文化多樣性》宣言（Universal Declaration on Cultural Diversity），於教科文組織大會第三十一屆會議召開的部長及會議上，各國重申「文化間對話是促進和平進而保障和平的最佳方式」，把文化多樣性視為人類共同遺產；這份文件將文化多樣性作為尊重人的尊嚴，也是人

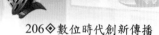

類社會中不可分割應盡的一種義務。

　　審視《世界文化多樣性宣言》條文,彰顯的多元文化人權有以下面向:

1.資產權:文化多樣性是交流、革新和創作的源泉,是人類的共同遺產,應當從當代人和子孫後代的利益考慮予以承認和肯定(§1)。

2.參與權:主張所有公民的融入和參與的政策是增強社會凝聚力、民間社會活力及維護和平的可靠保障(§2)。

3.表意權:文化多元化與民主制度密不可分,他有利於文化交流,能夠充實公眾生活的創作能力(§2)。每個人都應當能夠用其選擇的語言,特別是用自己的母語來表達自己的思想,進行創作和傳播自己的作品(§5)。所有文化都能表現自己和宣傳自己(§6)。

4.選擇權:文化多樣性增加了每個人的選擇機會;它是發展的源泉之一,不僅是促進經濟增長的因素,還享有好的智力、情感、道德精神生活的手段(§3)。每個人都應當能夠用其選擇的語言,特別是用自己的母語(§5)。在尊重人權和基本自由的範圍內,每個人都應當能夠參加其選擇的文化生活,和從事自己所特有的文化活動(§5)。

5.人權:捍衛文化多樣性是倫理方面的迫切需要,與尊重人的尊嚴密不可分。它要求人們必須尊重人權和基本自由,特別是尊重少數人群體和土著人民的各種權利(§4)。

6.受教權:每個人都有權接受充分尊重其文化特性的優質教育和培訓(§5)。

7.對話權:各種形式的文化遺產都應當作為人類的經歷和期望的見證,進而保護、開發利用和代代相傳,藉此支持各種創作和建立各種文化之間的真正對話(§7),且須加強國際合作和國際團結,使所有國家,尤其是發展中國家和轉型期國家能夠開辦一些有活力,在本國和國際上都具有競爭力的文化產業(§10)。

8.智財權:面對目前為創作和革新開闢了廣闊前景的經濟和技術發展

變化，應當特別注意創作意願的多樣性，公正地考慮作者和藝術家的權利（§8）。文化政策應確保思想和作品的自由交流的情況下，利用那些有能力在地方和國際發展的文化產業，創造有利於生產和傳播文化物品和文化服務的條件（§9）。

9.介入權：政府與民間部門和民間社會合作，推動相關政策的重要性（§11）。

《世界文化多樣性宣言》呈現的文化公民權價值歸類如下：

1.文化認同權：每個人都應當能夠用其選擇的語言，特別是用自己的母語（§5）。

2.文化生活接近權：在尊重人權和基本自由的範圍內，每個人都應當能夠參加其選擇的文化生活，和從事自己所特有的文化活動（§5）。

3.文化發展權：發展中國家和轉型期國家能夠開辦一些有活力，在本國和國際上都具有競爭力的文化產業（§10）。

4.文化再現權：文化多元化與民主制度密不可分，它有利於文化交流，能夠充實公眾生活的創作能力（§2）。每個人都應當能夠用其選擇的語言，特別是用自己的母語來表達自己的思想，進行創作和傳播自己的作品（§5）。所有文化都能表現自己和宣傳自己（§6）。

5.文化生產權：每個人都應當能夠用其選擇的語言，特別是用自己的母語來表達自己的思想，進行創作和傳播自己的作品（§5）。

6.文化流通權：各種形式的文化遺產都應當作為人類的經歷和期望的見證，進而保護、開發利用和代代相傳，藉此支持各種創作和建立各種文化之間的真正對話（§7），且須加強國際合作和國際團結，使所有國家，尤其是發展中國家和轉型期國家能夠開辦一些有活力，在本國和國際上都具有競爭力的文化產業（§10）。

7.文化消費權：文化政策應確保思想和作品的自由交流的情況下，利

用那些有能力在地方和國際發展的文化產業，創造有利於生產和傳播文化物品和文化服務的條件（§9）。

8.文化經濟權：文化多樣性增加了每個人選擇機會；它是發展的源泉之一，不僅是促進經濟增長的因素，還享有好的智力、情感、道德精神生活的手段（§3）。發展中國家和轉型期國家能夠開辦一些有活力、文化政策應確保思想和作品的自由交流的情況下，利用那些有能力在地方和國際發展的文化產業，創造有利於生產和傳播文化物品和文化服務的條件（§9）。在本國和國際上都具有競爭力的文化產業（§10）。

9.文化社會權：捍衛文化多樣性是倫理方面的迫切需要，與尊重人的尊嚴密不可分。它要求人們必須尊重人權和基本自由，特別是尊重少數人群體和土著人民的各種權利（§4）。

10.文化教育權：每個人都有權接受充分尊重其文化特性的優質教育和培訓（§5）。

11.文化資產權：文化多樣性是交流、革新和創作的源泉，是人類的共同遺產，應當從當代人和子孫後代的利益考慮予以認和肯定（§1）。捍衛文化多樣性是倫理方面的迫切需要，與尊重人的尊嚴密不可分。它要求人們必須尊重人權和基本自由，特別是尊重少數人群體和土著人民的各種權利（§4）。

12.文化智財權：應當特別注意創作意願的多樣性，公正地考慮作者和藝術家的權利（§8）。文化政策應確保思想和作品的自由交流的情況下，利用那些有能力在地方和國際發展的文化產業，創造有利於生產和傳播文化物品和文化服務的條件（§9）。

13.文化治理權：主張所有公民的融入和參與的政策是增強社會凝聚力、民間社會活力及維護和平的可靠保障（§2）。政府與民間部門和民間社會合作，推動相關政策的重要性（§11）。

　　《世界文化多樣性宣言》對於文化公民權的詮釋，增加肯認文化智慧財產權，也主張公民可以參與文化政策的討論與推動。

　　《世界文化多樣性宣言》第三章，分別從以下角度說明文化定義：

1. 文化多樣性：各群體和社會藉以表現其文化的多種不同形式。這些表現形式在他們內部及其間傳承。

   文化多樣性不僅體現在人類文化遺產通過豐富多彩的文化表現形式來表達、弘揚和傳承的多種方式，也體現在借助各種方式和技術進行的藝術創造、生產、傳播、銷售和消費的多種方式。

2. 文化內容：「文化內容」指源於文化特徵或表現文化特徵的象徵意義、藝術特色和文化價值。

3. 文化表現形式：「文化表現形式」指個人、群體和社會創造的具有文化內容的表現形式。

4. 文化活動、產品與服務：「文化活動、產品與服務」是指從其具有的特殊屬性、用途或目的考慮時，體現或傳達文化表現形式的活動、產品與服務，無論他們是否具有商業價值。文化活動可能以自身為目的，也可能是為文化產品與服務的生產提供說明。

5. 文化產業：「文化產業」指生產和銷售上述第 4 項所述的文化產品或服務的產業。

6. 文化政策和措施：「文化政策和措施」指地方、國家、區域或國際層面上針對文化本身，或為了對個人、群體或社會的文化表現形式產生直接影響的各項政策和措施，包括與創作、生產、傳播、銷售和享有文化活動、產品與服務相關的政策和措施。

7. 保護：意指保存、衛護和加強文化表現形式多樣性而採取的措施。動詞「保護」意指採取這類措施。

8. 文化間性：「文化間性」指不同文化的存在與平等互動，以及通過對話和相互尊重產生共同文化表現形式的可能性。

表 7-4　聯合國文化公民權概念演進

| | | | |
|---|---|---|---|
| 文化認同權<br>文化生活接近權<br>文化發展權<br>文化再現權<br>文化生產權<br>文化流通權<br>文化消費權<br>文化經濟權<br>文化社會權<br>文化教育權 | 文化認同權<br>文化生活接近權<br>文化發展權<br>文化再現權<br>文化生產權<br>文化流通權<br>文化消費權<br>文化經濟權<br>文化社會權<br>文化教育權<br>文化資產權 | 文化認同權<br>文化生活接近權<br>文化發展權<br>文化再現權<br>文化生產權<br>文化流通權<br>文化消費權<br>文化經濟權<br>文化社會權<br>文化教育權<br>文化資產權 | 文化認同權<br>文化生活接近權<br>文化發展權<br>文化再現權<br>文化生產權<br>文化流通權<br>文化消費權<br>文化經濟權<br>文化社會權<br>文化教育權<br>文化資產權<br>文化智財權<br>文化治理權 |
| | 《世界人權宣言》 | 《經濟社會文化權利國際公約》 | 《世界文化多樣性宣言》 |

《世界文化多樣性宣言》對於文化一詞，已經超越過往聯合國各項宣言提及：人所創作的具體或抽象的主張或作品（第三章第 2 項、第 3 項）。更提出文化是：

1.群體社會的表現形式（第三章第 1 項）。

2.傳承（第三章第 1 項）。

3.服務（第三章第 4 項）。

4.設施（第三章第 6 項）。

5.政策（第三章第 6 項）。

6.產業（第三章第 5 項、第 6 項）。

7.保護（第三章第 7 項）。

8.對話交流（第三章第 8 項）。

9.文化間互相尊重產生的共同文化表現形式（第三章第 8 項）。

表 7-5　《世界文化多樣性宣言》文化意涵

| | 人造物 | 觀念 | 行為 |
|---|---|---|---|
| 個人 | 文學<br>科學與相關研究<br>美術作品 | 藝術享受<br>享受保護的權利 | 服務<br>對話交流 |
| 集體 | 設施<br>產業 | 政策<br>保護 | 群體社會的表現形式<br>傳承<br>文化間互相尊重產生的共同文化表現形式 |

　　宣言傳達的多元文化意涵，已經由國家、民族，進一步推衍至群體社會的範疇；文化呈現的形式也擴及服務，以及不同文化間互相尊重表現出的文化形式。

# 參、文化公民權在臺灣

　　我國憲法增修條文第 10 條第 11 項明文：「國家肯定多元文化。」彰顯透過憲法規範，建構多元文化國的憲法保障基礎。

　　2004 年臺灣文建會提出「文化公民權」運動，其概念是將「文化」與「公民權」相結合，一方面從文化層面思考公民權，另一方面，從公民權角度詮釋藝術與文化（陳其南、劉振輝，2005）。

　　臺灣早期透過社區總體營造，鼓勵社區居民積極投入在地公共議題，「文化公民權」運動除希望民眾關注社區公共事務，更要成為喜歡文化、深具藝文素養的文化公民；強調民眾參與並推動文化藝術的責任與義務；各地公部門相對要提供民眾充分的藝文資訊、創作機會與環境等；面對過往以族群認同為基底的「共同體」建構方式，爾後將以中性的文化藝術為主軸，廣納原住民族、客家族群、新住民等文化公民權實踐，重建對於臺

灣土地與環境的「集體認同」（陳其南、劉振輝，2005）。

　　臺灣推動文化公民權的歷程，早期偏重建構族群認同的「共同體」，現階段即便廣納原住民族、客家族群、新住民等文化公民權實踐，仍希望建立「集體認同」。同中有異之處在於近期的認同訴求，不再限於個別族群，而是對於臺灣土地與環境的主體性認同。

## 一、《文化基本法》

　　臺灣 108 年 6 月 5 日公布施行《文化基本法》，透過制度性的立法，讓文化治理的視野融入國家發展，厚植文化力，以深化公民權利意識及文化認同，實踐「文化臺灣」願景（行政院新聞傳播處，2019 年 7 月 5 日）。

　　《文化基本法》第 1 條開宗明義立法宗旨：為保障人民文化權利，擴大文化參與，落實多元文化，促進文化多樣發展，並確立國家文化發展基本原則及施政方針。

　　《文化基本法》形同臺灣的文化憲法，除對應施政行政、勞動基準法、國際合作等相關條文外（§21-30），也闡明多元文化族群相關條文的適用面向。

　　如第 2 條說明國家應肯認多元文化，保障所有族群、世代與社群之自我認同，建立平等及自由參與之多元文化環境。國家於制（訂）定政策、法律與計畫時，應保障人民文化權利及文化永續發展。國家應保障與維護文化多樣性發展，提供多元化公共服務，鼓勵不同文化間之對話、交流、開放及國際合作。

　　第 4 條：人民享有之文化權利，不因族群、語言、性別、性傾向、年齡、地域、宗教信仰、身心狀況、社會經濟地位及其他條件，而受歧視或不合理之差別待遇。

　　以上呈現《文化基本法》適用的個人或群體，不分族群、世代、社群、語言、性別、性傾向、年齡、地域、宗教信仰、身心狀況、社會經濟地位

及其他條件等，而有所差異。同時重視開放的對話、交流及國際合作。

　　《文化基本法》逐條鋪陳人民為文化與文化權力的主體性。所謂人民擁有的文化權利包括：

1. 自主權：人民為文化與文化權利之主體，享有創作、表意、參與之自由及自主性（§3）。應落實臂距原則，尊重文化表現之自主（§21）。

2. 表意權：人民為文化與文化權利之主體，享有創作、表意、參與之自由（§3）。

3. 近用權：人民享有參與、欣賞及共享文化之近用權利（§5）。

4. 選擇權：人民享有選擇語言進行表達、溝通、傳播及創作之權利（§6）。

5. 傳播權：人民享有選擇語言進行表達、溝通、傳播及創作之權利（§6）。國家應致力參與文化相關之國際組織，積極促進文化國際交流，並鼓勵民間參與國際文化交流活動（§19I）。

6. 資源共享權：國家應保障與維護文化多樣性發展，提供多元化公共服務，鼓勵不同文化間之對話、交流、開放及國際合作（§2III）。如圖書館典藏與閱讀推廣（§11II）、場所空間使用（§12）、建構公共媒體體系以提供公共媒體服務、編列預算提供穩定與充足財源（§16II、III）。

　　此外，各級政府應對人民文化權利現況與其他文化事項，進行研究、調查、統計，並依法規保存、公開及提供文化資訊，建立文化資料庫，提供文化政策制定及學術研究發展之參考（§27I）。

7. 文化發展權：國家於制（訂）定政策、法律與計畫時，應保障人民文化權利及文化永續發展（§2 II）。

8. 政策參與權：人民享有參與文化政策及法規制（訂）定之權利（§8I、§9I）。

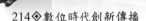
9.智財權：人民享有創作活動成果所獲得精神與財產上之權利及利益（§7I）。

10.請求救濟權：人民文化權利遭受侵害，得依法律尋求救濟（§28）。

11.社區文化權：國家應鼓勵人民積極參與社區公共事務，開拓社區公共空間，整合資源，支持在地智慧與知識傳承及推廣，以促進人民共享社區文化生活及在地文化發展（§13）。

12.教育體驗權：國家應於各教育階段提供文化教育及藝文體驗之機會；包括鼓勵文化與藝術專業機構之設立，並推動各級學校開設文化及藝術課程；國家應自行或委託學校、機構、法人、團體，辦理文化與藝術專業及行政人員之培育及訓練（§14）。

13.文化經濟權：國家應促進文化經濟之振興，致力以文化厚實經濟發展之基礎，並應訂定相關獎勵、補助、投資、租稅優惠與其他振興政策及法規（§15）；並應訂定文化觀光發展政策，善用臺灣豐富文化內涵，促進文化觀光發展，並積極培育跨域相關人才，營造文化觀光永續之環境（§18）。

14.科技近用權：國家應訂定文化傳播政策，善用資通訊傳播技術，鼓勵我國文化數位內容之發展（§16I）；且國家應訂定文化科技發展政策，促進文化與科技之合作及創新發展，並積極培育跨域相關人才、充實基礎建設及健全創新環境之發展（§17）。

15.工作生存權：文化與藝術工作者之生存權及工作權，應予以保障（§20）。

根據以上，臺灣《文化基本法》條文揭櫫的文化公民權價值分別有：

1.文化認同權：人民為文化與文化權利之主體，享有創作、表意、參與之自由（§3）。人民享有選擇語言進行表達、溝通、傳播及創作之權利（§6I）。

2.文化生活接近權：人民享有參與、欣賞及共享文化之近用權利
（§5I）。國家應鼓勵人民積極參與社區公共事務，開拓社區公共空
間，整合資源，支持在地智慧與知識傳承及推廣，以促進人民共享
社區文化生活及在地文化發展（§13）。

3.文化發展權：國家於制（訂）定政策、法律與計畫時，應保障人民
文化權利及文化永續發展（§2 II）。國家應鼓勵人民積極參與社區
公共事務，開拓社區公共空間，整合資源，支持在地智慧與知識傳
承及推廣，以促進人民共享社區文化生活及在地文化發展（§13）。

4.文化再現權：人民享有選擇語言進行表達、溝通、傳播及創作之權
利（§6）。

5.文化生產權：人民為文化與文化權利之主體，享有創作、表意、參
與之自由（§3）。人民享有選擇語言進行表達、溝通、傳播及創作
之權利（§6）。

6.文化流通權：國家應保障與維護文化多樣性發展，提供多元化公共
服務，鼓勵不同文化間之對話、交流、開放及國際合作（§2III）。
人民享有選擇語言進行表達、溝通、傳播及創作之權利（§6）。國
家應致力參與文化相關之國際組織，積極促進文化國際交流，並鼓
勵民間參與國際文化交流活動（§19I）。

7.文化消費權：善用臺灣豐富文化內涵，促進文化觀光發展（§18）。

8.文化經濟權：國家應促進文化經濟之振興，致力以文化厚實經濟發
展之基礎，並應訂定相關獎勵、補助、投資、租稅優惠與其他振興
政策及法規（§15）；並應訂定文化觀光發展政策，善用臺灣豐富文
化內涵，促進文化觀光發展，並積極培育跨域相關人才，營造文化
觀光永續之環境（§18）。

9.文化社會權：人民文化權利遭受侵害，得依法律尋求救濟（§28）。

10.文化教育權：國家應於各教育階段提供文化教育及藝文體驗之機

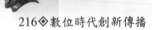

會；包括鼓勵文化與藝術專業機構之設立，並推動各級學校開設文化及藝術課程；國家應自行或委託學校、機構、法人、團體，辦理文化與藝術專業及行政人員之培育及訓練（§14）；並積極培育跨域相關人才，營造文化觀光永續之環境（§18）。

11.文化資產權：支持在地智慧與知識傳承及推廣，以促進人民共享社區文化生活及在地文化發展（§13）。

12.文化智財權：人民享有創作活動成果所獲得精神與財產上之權利及利益（§7I）。

13 文化治理權：人民享有參與文化政策及法規制(訂)定之權利（§8I、§9I）。

14.文化職業權：文化與藝術工作者之生存權及工作權，應予以保障（§20I）。

15.文化典藏權：對人民文化權利現況與其他文化事項，進行研究、調查、統計，並依法規保存、公開及提供文化資訊，建立文化資料庫，提供文化政策制定及學術研究發展之參考（§27I）。

16.文化自主權：政府應落實臂距原則，尊重文化表現之自主（§21II）。

17.文化通訊創新權：國家應訂定文化傳播政策，善用資通訊傳播技術，鼓勵我國文化數位內容之發展（§16I）；且國家應訂定文化科技發展政策，促進文化與科技之合作及創新發展，並積極培育跨域相關人才、充實基礎建設及健全創新環境之發展（§17）。

《文化基本法》展現的文化公民權，增加文化工作者的職業權益、文化典藏權、文化通訊創新權，其中文化自主權更揭示國家政府應落實臂距原則，尊重文化表現之自主（§21II）。

從文化意涵角度觀察，《文化基本法》第1條揭示立法宗旨：為保障人民文化權利，擴大文化參與，落實多元文化（multiculturalism），促進文化多樣發展，並確立國家文化發展基本原則及施政方針。

爬梳臺灣《文化基本法》條文傳達的文化內涵有：

1. 以人民為主體（§3）。

2. 多元文化與環境（an environment conducive to freely participative multicultural society）（§1、§2）。

3. 文化多樣發展（multicultural development）（§1、§2）。

4. 所有族群、世代與社群之自我認同（§2）。

5. 多元化公共服務（§2、§10、§11、§12）。

6. 對話交流（§2）。

7. 國際合作（§2、§19、§25）。

8. 創作、表意（§3、§6）。

9. 近用、參與（§3、§6、§12、§13）。

10. 友善平權之文化環境（§5、§20、§21、§22、§23、§24、§28）。

11. 國家語言（national languages），包括各族群使用的自然語言（all natural languages）、臺灣手語（sign language）（§6、§8）。

12. 資產（§9、§10、§27）。

13. 典藏（§10、§11）。

14. 傳承（§9、§13）。

15. 在地智慧與知識（local knowledge）（§13、§22）。

16. 文化教育（cultural education）（§14）。

17. 藝文體驗（art / culture experiences）（§14）。

18. 經濟（§15、§19、§28）。

19. 文化傳播政策（policies that realize multiculturalism）（§16、§20、§21、§22、§23、§24）。

20. 結合科技的創新（§17）。

21. 觀光（§18）。

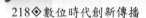

　　檢視臺灣《文化基本法》傳遞的文化意涵，除呼應聯合國《世界文化多樣性宣言》的精神，甚至有超越文化多樣性的企圖，例如聯合國宣言多以多樣化（diversity）或文化的形式（cultural forms）列於條文。

　　臺灣《文化基本法》則以多元文化（multiculturalism）、多元文化與環境（an environment conducive to freely participative multicultural society）、族群自然語言（all natural languages）、文化多樣發展（multicultural development）、文化傳播政策（policies that realize multiculturalism）等字詞彰顯多元文化的價值。

　　聯合國對於文化多樣性傾向以呈現不同形式，或不同國家或族群的文化，也認可各式文化的各自角度方向的發展，但未曾使用多元文化主義（multiculturalism）的角度。聯合國對於文化的觀念，似乎仍有世界一家地文化同源的思維。

　　臺灣《文化基本法》條文重複使用多元文化主義（multiculturalism）詮釋，意味著各族群文化人士，皆有結構與政策發聲或參與之平等位階。

　　由此看來，臺灣《文化基本法》的陳義，高於聯合國《世界文化多樣性宣言》。

### 表 7-6　《文化基本法》多元文化意涵

|  | 人造物 | 觀念 | 行為 |
|---|---|---|---|
| 個人 | 創作、表意 | 以人為主體 | 對話交流<br>近用、參與<br>傳承 |
| 集體 | 友善平權之文化環境<br>國家語言<br>資產<br>典藏 | 所有族群、世代與社群之自我認同<br>在地智慧與知識<br>文化傳播政策<br>經濟 | 多元文化與環境<br>文化多樣發展<br>多元化公共服務<br>國際合作<br>文化教育<br>藝文體驗<br>結合科技的創新<br>觀光 |

　　進一步觀察，臺灣《文化基本法》對於多元文化的肯認，偏重族群多元語言、多元文化環境維護，以及文化傳播政策。

　　然而，有關文化教育則未使用多元文化教育，而明定文化教育（cultural education）一詞，這代表在教育政策上，未必著眼於多元文化教育。《文化基本法》的文化教育仍以國家整體文化為考量。

## 二、《通訊傳播基本法》

　　《通訊傳播基本法》為臺灣的傳播基本憲法，部分條文強調多元文化的價值。第 1 條闡明立法宗旨：為因應科技匯流，促進通訊傳播健全發展，維護國民權利，保障消費者利益，提升多元文化，平衡城鄉差距。

　　《通訊傳播基本法》傳遞的文化權概念包括：

1. 基本人權：如維護國民權益（§1），通訊傳播應維護人性尊嚴、尊重弱勢權益（§5）。
2. 消費權益：為保障消費者利益（§1）。
3. 均衡發展權：包括社區層面的平衡城鄉差距（§1），或多元文化層面的促進多元文化均衡發展（§5）。
4. 資源分配權：通訊傳播稀有資源之分配及管理，應以公平、效率、便利、和諧及技術中立為原則（§10）。
5. 媒體近用權：政府應配合通訊傳播委員會之規畫採必要措施，促進通訊傳播之接近使用及服務之普及（§12）；並促進通訊傳播基礎網路互連（§11）。
6. 績效查核權：通訊傳播委員會每年應就通訊傳播健全發展、維護國民權利、保障消費者利益、提升多元文化、弱勢權益保護及服務之普及等事項，提出績效報告及改進建議（§13I）。

　　整理《通訊傳播基本法》上述條文，有關文化公民權的精神計有：

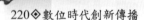

1.文化認同權：維護人性尊嚴、尊重弱勢權益（§5）。

2.文化生活接近權：社區層面的平衡城鄉差距（§1），或多元文化層面的促進多元文化均衡發展（§5）。

3.文化發展權：社區層面的平衡城鄉差距（§1），或多元文化層面的促進多元文化均衡發展（§5）。

4.文化再現權：多元文化層面的促進多元文化均衡發展（§5）。

5.文化流通權：通訊傳播委員會每年應就通訊傳播健全發展、維護國民權利、保障消費者利益、提升多元文化、弱勢權益保護及服務之普及等事項，提出績效報告及改進建議（§13I）。

6.文化通訊創新權：政府應配合通訊傳播委員會之規畫採必要措施，促進通訊傳播之接近使用及服務之普及（§12）；並促進通訊傳播基礎網路互連（§11）。

《通訊傳播基本法》立法與傳播科技架構治理為主，傳遞的多元文化意涵有限，大致有：

1.弱勢發聲（§1、§5）。

2.多元文化均衡發展（promote the balanced development of cultural diversity）（§1、§5）。

3.近用普及（§12）。

4.提升多元文化（improve cultural diversity）（§1、§12）。

5.國際合作（§15）。

相較於《文化基本法》，《通訊傳播基本法》對於文化的界定，以城市鄉村文化均衡發展、維護弱勢、提升多元文化為主。這或許與臺灣現有傳播媒體生態以國語為主有關，因而臺灣《通訊傳播基本法》條文未彰顯多元文化主義（multiculturalism），而以文化多樣化（cultural diversity）為主。

臺灣《通訊傳播基本法》對於多元文化的內涵，比較接近可以呼應聯

表 7-7　《通訊傳播基本法》多元文化意涵

|  | 人造物 | 觀念 | 行為 |
|---|---|---|---|
| 個人 | 不明 | 不明 | 不明 |
| 集體 | 不明 | 提升多元文化 | 弱勢發聲<br>多元文化均衡發展<br>近用普及<br>國際合作 |

合國《世界文化多樣性宣言》的主張，均偏重文化多樣化的呈現。

　　早在《通訊傳播基本法》立法之初，學者從文化公民權和傳播權的視野，分析批判「通傳法草案」不足；過度強調解除管制和市場競爭，對於文化公民權和傳播權的承諾不足，且過度揄揚科技、產業與消費者，忘卻通訊傳播的社會文化意義與公民民主使命（羅世宏，2008）。

　　時移至今，即使臺灣《通訊傳播基本法》強調多元文化均衡發展（promote the balanced development of cultural diversity），也傾向界定與城市與鄉村的文化發展。

# 肆、大學校園實習廣播電台

　　臺灣各大學院校新聞傳播教育，以校園影音實習媒體，提供大學院校教職員生媒體近用的教育實驗空間。國立政治大學傳播學院實習廣播電台為其中具代表性的校園實習媒體。

　　政治大學 4 月 22 日官網公告，2021 年 2 月已加入「臺聯大系統」，與清華大學、陽明交通大學、中央大學等學校結盟。未來聯盟大學將開放跨校選課、互相承認學分。

　　臺灣聯合大學系統為臺灣第一個大學系統，最初於 2003 年開始試辦，在 2008 年經教育部核准後正式成立，目前成員包括國立清華大學、

國立陽明交通大學、國立政治大學、國立中央大學，共四所研究型大學。2003 年試辦到 2008 年成立，至今近十八年。

臺灣聯大的成立被視為我國高等教育的創舉（林志成，2021 年 4 月 22 日），運用四校個別優勢來整合教學、研究、行政資源及國際事務合作，推動許多有利於師生的創新與變革，以追求單一學校無法獨立達成的創新與卓越。尤其集四校的教研能量，強化國際學術交流的廣度與深度，因應科學合作與人才流動全球化的趨勢，進而提出對臺灣高等教育發展的願景。

目前臺聯大四校推動中的合作項目包括：合聘教師、相互承認學分、舉辦聯合招生、校際轉系及跨校修讀輔系或修雙學位、合辦跨校之研究所及研究中心、共享圖書及貴重設備之資源、系統內全時選讀生（即交換學生）、國際志工、免費校際專車。

短期目標為整合四校之行政、教學及研究資源；初期的長期目標包括期待能「整併四校為一校」，推動線上跨校遠距同步或非同步授課。

《國立政治大學傳播學院實習廣播電台設置辦法》，早期申設於民國 85 年 4 月 29 日院務會議通過，民國 85 年 6 月 21 日第 91 次校務會議通過，並經教育部 85 年 9 月 25 日臺（85）高（四）字第 85079421 號函核定。

設置辦法陸續有兩次修正，先後於民國 100 年 6 月 24 日第 164 次校務會議修正通過第 1、4、5 及 9 條條文，民國 102 年 4 月 20 日第 173 次校務會議通過修正第 1 及 4 條條文，皆與法規依據或人員聘用相關。

《國立政治大學傳播學院實習廣播電台設置辦法》，涉及電台製播服務定位或設置宗旨的相關條文除了第 3 條外，還有第 2 條、第 4 條、第 5 條、第 6 條，以及第 7 條。

設置辦法第 3 條明定電台設置宗旨為：一、提供並配合本校廣播相關課程之教學與實習。二、服務校園及毗鄰社區。

　　細讀相關條文發現，影響校園實習廣播電台的節目製播方向，包括政府法規（§1、§2）、電台本身定位（§3）、電台台長（§4）、台務發展諮詢委員會（§7）、院長（§4）、校長（§4），以及校務會議（§1）。

　　檢視《國立政治大學傳播學院實習廣播電台設置辦法》條文，所展現的文化權利面向有：

1. 科技近用權：電台為設置天線之學校實習廣播電台，其主要設施、運作管理及節目製播均依廣播電視法及相關法規規定辦理（§2）。

2. 資訊近用權：電台為設置天線之學校實習廣播電台，其主要設施、運作管理及節目製播均依廣播電視法及相關法規規定辦理（§2）。

3. 傳播近用權：學生助理應盡值班、服勤及節目製播之義務（§6）

4. 參與近用權：學生助理應盡值班、服勤及節目製播之義務（§6）。

5. 社區表意權：電台宗旨為服務校園及毗鄰社區（§3）。

6. 體驗學習權：電台提供並配合本校廣播相關課程之教學與實習（§2）電台得徵聘本院或其他學院擔任助理，學生助理應盡值班、服勤及節目製播之義務（§6）。

分析大學校園實習電台設置辦法，隱含的文化公民權價值包含：

1. 文化生活接近權：電台宗旨為服務校園及毗鄰社區（§3）。

2. 文化發展權：電台宗旨為服務校園及毗鄰社區（§3）。

3. 文化再現權：電台為設置天線之學校實習廣播電台，其主要設施、運作管理及節目製播均依廣播電視法及相關法規規定辦理（§2）。本電台之宗旨為服務校園及毗鄰社區（§3）。

4. 文化生產權：提供並配合廣播相關課程之教學與實習（§2）。學生助理應盡值班、服勤及節目製播之義務（§6）。

5. 文化流通權：電台宗旨為服務校園及毗鄰社區（§3）。

6. 文化教育權：電台提供並配合本校廣播相關課程之教學與實習

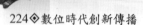

（§2）。電台得徵聘本院或其他學院擔任助理，學生助理應盡值班、服勤及節目製播之義務（§6）。

7.文化通訊創新權：電台為設置天線之學校實習廣播電台，其主要設施、運作管理及節目製播均依廣播電視法及相關法規辦理（§2）。

由此得知，校園實習電台設置辦法涉及文化公民權的理念，聚焦於教育、社區服務、文化內容產出等；但未觸及有關文化資產、文化智財權、文化典藏、文化自主、文化治理、文化職業，或涉及文化經濟、文化消費等權益。

《國立政治大學傳播學院實習廣播電台設置辦法》，有關文化概念的取向計有：

1.傳播法規主張：設施、運作管理及節目製播均依廣播電視法及相關法規規定辦理（§2）。

2.課程創作實驗（§2）。

3.服務校園（§3）。

4.毗鄰社區（§3）。

5.包括傳播學院院長與台長等師長的意向（§4、§5）。

6.學生助理創作製播節目（§6）。

7.台務發展諮詢委員會意向（§7）。

爬梳《國立政治大學傳播學院實習廣播電台設置辦法》呈現的多元文化意涵，就地理分布而言，以校園、毗鄰社區為主；影響參與創作產製決策的有院長、台長、台務諮詢委員會代表等師長；執行創作產製的以學生助理為主，或隨實作課程授課教師而定；內容創意與編排的規範來自現有廣電媒體法規。

參照《實習廣播電台設置辦法》第 3 條所傳遞的服務校園或毗鄰社區的內容取向，可以有校園教職員生的生活方式或主張，以及周邊社區人士

表 7-8　臺灣文化公民權應用

| | | | |
|---|---|---|---|
| 文化認同權<br>文化生活接近權<br>文化發展權<br>文化再現權<br>文化生產權<br>文化流通權<br>文化消費權<br>文化經濟權<br>文化社會權<br>文化教育權<br>文化資產權<br>文化智財權<br>文化治理權 | 文化認同權<br>文化生活接近權<br>文化發展權<br>文化再現權<br>文化生產權<br>文化流通權<br>文化消費權<br>文化經濟權<br>文化社會權<br>文化教育權<br>文化資產權<br>文化智財權<br>文化治理權<br>文化職業權<br>文化典藏權<br>文化自主權<br>文化通訊創新權 | 文化認同權<br>文化生活接近權<br>文化發展權<br>文化再現權<br>文化流通權<br>文化通訊創新權 | 文化生活接近權<br>文化發展權<br>文化再現權<br>文化生產權<br>文化流通權<br>文化教育權<br>文化通訊創新權 |
| 《世界文化多樣性宣言》 | 《文化基本法》 | 《通訊傳播基本法》 | 《國立政治大學傳播學院實習廣播電台設置辦法》 |

的生活互動等。

　　事實上，設置辦法第 5 至 7 條條文則顯示，執行創作產製的人員以助理學生或實作課程學生為主，並未涵蓋校園其他身分成員，也未納入社區人士參與近用。這部分有不一致的矛盾。

　　其次，校園實習電台設置辦法以服務校園與毗鄰社區為定位，為典型

表 7-9　《國立政治大學傳播學院實習廣播電台設置辦法》文化意涵

| | 人造物 | 觀念 | 行為 |
|---|---|---|---|
| 個人 | 創作製播節目 | 傳播學院院長意向<br>台長意向 | 運作管理及節目製播 |
| 集體 | 設施 | 依廣播電視法及相關法規規定辦法<br>台務發展諮詢委員會意向 | 課程創作實驗<br>服務校園毗鄰社區 |

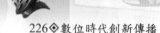

校園社區電台。這部分合乎校園實習媒體服務校園周邊社區的意義。

　　政治大學位於臺北市文山區，一旦加入臺灣聯合大學策略聯盟系統，臺灣聯合大學系統校區分布所包含的地理範圍與服務對象，將明顯有別於現有地理位置與人口分布。

　　以原住民族群分布觀察，根據臺北市政府官網公告資訊（臺北市政府衛生局，2022 年 2 月 7 日），截至 2014 年底，臺北市原住民人口數為 15,581 人，其中以阿美族最多，拉阿魯哇族及卡那卡那富族較少，大部分集中於市郊地帶的內湖、文山、南港區。

　　陽明交通大學陽明校區隸屬臺北市北投區。平埔族嘎嘮別部落（臺灣原住民族資訊資源網，2021 年 6 月 12 日）多分布於臺北市北投區和臺北縣淡水鎮竹圍。

　　清華大學、陽明交通大學交大校區位於新竹市，中央大學校區在桃園。泰雅族（原住民族委員會，無日期）分布在臺灣北部中央山脈兩側，橫跨宜蘭縣、新北市、桃園市、新竹縣、苗栗縣、臺中市與南投縣。賽夏族居住於新竹縣與苗栗縣交界的山區，「南庄事件」之後，因行政區劃之故則分別受不同之治理政策，至今呈現新竹縣五峰鄉的山地原住民（saikilaba’）、苗栗縣南庄鄉的平地原住民（如南庄 Binsaewelan 群、蓬萊 Sairayin 群、獅潭 Saisawi’ 群）及都市原住民。

　　再依不同設籍所在縣市客家人口分布來看（客家委員會，2017 年 6 月），臺灣客家人口比率最高的前五個縣市依序為：新竹縣（73.6%）、苗栗縣（64.3%）、桃園市（40.5%）、新竹市（34.5%）及花蓮縣（32.4%），其中新竹縣及苗栗縣有近三分之二的縣民是客家人；四縣腔以桃園市的中壢、平鎮、龍潭、新竹縣、苗栗縣等部分地區及南部六堆地區為主；海陸腔以桃園市的觀音、新屋、楊梅、新竹縣等地為主；大埔腔以臺中市的石岡、東勢、新社、和平區及苗栗縣卓蘭較多客家人使用；饒平腔分布於桃園市中壢、新屋、八德、新竹縣竹北、芎林、臺中東勢及苗栗縣卓蘭等點

狀散布各地。

參考族群分布圖（行政院，2021 年 3 月 19 日），被歸類為新移民的外省族群，臺北本島的居住地區以北北基、高雄較多。

政治大學與臺灣聯合大學系統各校所在社區人文與族群分布有別，校園實習廣播電台的服務範圍與閱聽族群背景，需要重新思考規劃。

再者，現有大學院校均有招收外籍生或僑生，或來自各地不同族群文化學生。觀察實習電台設置辦法條文，未提及多元文化或文化多樣性等概念，仍待進一步評估與深思。

## 伍、結論與討論

臺灣設有傳播相關系所的大學院校，都有類似報紙、雜誌，或廣播、電視台等實習媒體。以廣播為例，大學校園的實習廣播電台需要向國家主管無線電頻譜的國家通訊傳播委員會，定期申請校園電台播放執照。

校園實習媒體除提供實作課程的實踐外，也往往以服務校園或周邊的社區媒體自居。校園實習媒體不僅僅扮演傳播媒體近用權的實踐場域，兼顧媒體實作教育及公民參與權。然而，當校園實習媒體邁入大學跨校策略聯盟合作的階段，是否在媒體近用權與實踐場域也有所調整因應？

本文以國立政治大學傳播學院政大之聲實習廣播電台為例，探討校園實習廣播電台設置辦法，實踐的文化公民權有哪些？其彰顯的多元文化價值為何？

本文從聯合國《世界人權宣言》、《經濟社會文化權利國際公約》、《世界文化多樣性宣言》、臺灣《文化基本法》、《通訊傳播基本法》的文化公民權，以及多元文化意涵的演進，分析臺灣校園實習電台設置辦法條文，對於文化公民權的實踐，與所展現的多元文化意涵。以下分述分析結果。

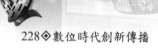

## 一、校園實習電台的文化公民權實踐

以國立政治大學傳播學院政大之聲實習電台設置辦法來看,臺灣大學校園實習電台以教育、產製,或與社區交流為主,對於文化公民權的實踐,以法律優先為原則的消極面為主,其次是法律保留原則的積極面。

校園實習電台透過媒體創意、產製等形式,提供學生文化生活接近權、文化發展權、文化再現權、文化生產權、文化流通權、文化教育權、文化通訊創新權的實踐場域。

學生可以使用電台相關器材設備生產、製作節目,但創作成品沒有文化資產權,也未享有文化智財權,電台學生也未享有勞基法保障的文化職業權,更遑論電台相關資源是否享有文化典藏權。

即便是大學校園實習電台,參與生產的成員以學生為主,大學校園其他教師或職員、社區周邊成員,未必有機會參與文化生產,落實文化自主權。

一些作品為集體合作產出,參與學生應享有智慧財產權,但卻未明文規範。因而,偶有學生使用集體作品參與校外展演或競賽,而衍生一些法律爭議。

校園實習電台的發展方式,分別由院長、院長提名通過的台長、台長邀集成立的諮詢委員會組成,再從經遴選加入實習電台的學生所組成的電台成員,扮演執行的角色。學生沒有參與台務發展的文化治理權。

校園內的多數教師或職員,也未有機會透過節目創製,實踐文化生活接近權,或參與學習實驗聲音製作,實踐文化生產權。

《國立政治大學傳播學院實習廣播電台設置辦法》以制度、設置、管理條文居多,對於作品權益或非學生的文化生活接近權等,完全於法無據。

因應臺灣聯合大學系統將整合政治大學、清華大學、陽明交通大學、中央大學相關教學研究行政等,原本以文山區政大鄰近的服務範圍勢必要

調整，這除了涉及校園實習電台的執照核發範圍外，也須將臺灣聯合大學系統各校所在社區人文與族群分布納入定位省思，校園實習廣播電台的服務範圍與閱聽族群背景，需要重新構思。

尤有甚者，如何讓聯大系統的各校學生、教師職員都有參與聯大系統的跨校園媒體近用權，保障文化公民權，值得關注。

## 二、校園實習電台的多元文化意涵

檢視聯合國《世界人權宣言》、《經濟社會文化權利國際公約》、《世界文化多樣性宣言》，逐漸在個人層面與集體層面的人造物、觀念、互動行為等三面向，彰顯多元文化意涵；並於條文中強調：文化間互相尊重產生的共同文化表現形式。

臺灣《文化基本法》在集體層面的人造物、觀念、互動行為等多元文化展現，顯著高於個人層面的多元文化展現，並強調所有族群、世代與社群之自我認同，以及結合科技的創新、文化典藏與資產的保護和文化傳播政策立法等。臺灣《文化基本法》的多元文化意涵遠遠領先聯合國的主張。

再看臺灣《通訊傳播基本法》反映的多元文化意涵，一律以集體層面的觀念、互動行為為主。對於人造物或個人觀念、互動行為等，則沒有相關條文呼應。這代表國家對於通訊傳播的思維以科技管道為主，未將通訊傳播視為文化產業。此與目前數位平台的個人直播主、自媒體現象，背道而馳。

根據以上思維，即便大學校園的教職員生，有不同族群、社群，或來自不同國家，而大學校園實習廣播電台設置辦法，也以科技、運作管理為主軸，並未呈現多元文化的價值。

王俐容（2006）回顧文化公民權的理論，提出三個觀點，包括：

1.文化公民權應用：公民權概念的拓展，重視被忽視或排斥的團體。
2.文化公民權深化：即文化如何強化公民主體性。

3.文化公民權內涵：文化權內涵的發展，與在公民層面下應保障的文化權利息息相關。

當人們將生活方式的概念理解為代表社區的「內部參照框架」（internal frame of reference），文化就與社區的世界觀密切相關，並在一個群體的集體記憶中得以維持。過往「促進文化生活」（participation in cultural life）形同一種文化義務，已經不再足夠了，重要的是，個人是「文化的產物」，通過他或她自己的活動來複製它。因此，國際法既要保護文化權利即人權，又要保護其適用範圍，讓文化權利可以得到最適切的保護（Chow, 2014）。

本文僅就聯合國、臺灣、大學校園層面涉及媒體文化公民權內涵進行分析，後續還可定期檢視聯合國多元文化公民權進展，或臺灣媒體生態涉及文化公民權的應用實踐，其中權利義務層面可做進一步探討。

# 第八章

## 大學策略聯盟法規

# 壹、前言

　　內政部統計（內政部統計處，2021 年 4 月 17 日），臺灣高等教育人口占 15 歲以上人口比率逐年上升，2020 年底已逾四成七。2020 年底戶籍登記年滿 15 歲以上人口計 2,059.8 萬人，其中以高等教育（大專以上學歷）者 974.3 萬人，占 47.3%最多，且逐年增加，十年間增加三成五；大學學歷者增加 189.3 萬人最多，占 47.5%。

　　其中 50 歲以上具高等學歷比率，男性高於女性，未滿 50 歲者則相反。研究所學歷所占比率仍以男性較高。

　　學者從狹義與廣義層面論述大學學術自由。狹義層面包含大學教師與學生的學術自由，廣義層面是全體民眾均應享有學術研究、接受教育，及學習知識的基本權利。學術自由除了作爲個人的權利外，也具有制度面的意義（周志宏，1994）；學術自由具有之憲法上的制度保障功能，大學自治制度成爲憲法上的一種「制度的保障」（institutionelle garantien）。

　　我國自從解除戒嚴後，高等教育改革聲浪日益高漲，1994 年「410教改」要求廣設高中、大學後，政府開始推行一系列有關增加高中與大學的政策，並逐步使我國高等教育呈現蓬勃發展，大專院校數量與學生均逐年增加（周祝瑛，2008）。我國大專院校數量增加迅速，如我國在 1994年間僅有 58 間大專院校，到了 2012 有 148 間大專院校，短短的十五年內增加了 90 間大專院校。

　　中研院院士劉兆漢等學者專家組成的教育部人才培育指導會，在所提出的人才培育報告書中發出警訊，2028 年後，大學生源將降至今年的一半，只有 167,000 人，未來大學生的生產力若不能提升 1.5 倍，則臺灣整體國力將下降（林曉雲，2013 年 5 月 7 日）。

依據《大學法》第 6 條：「大學得跨校組成大學系統或成立研究中心。前項大學系統之組織及運作等事項之辦法，由教育部定之。大學跨校研究中心之組織及運作方式等事項之規定，由大學共同訂定，報教育部備查。」

面對少子化的趨勢，為增加臺灣高等教育的競爭力，臺灣各大學院校在教育部政策驅使下，紛紛以合作、併校或未通過評鑑而被裁撤等形式，進行瘦身調整。

其中臺灣聯合大學系統是最早的大學系統，由 2003 年起就開始試營運，2008 年正式成立。不只資歷最久，也是迄今整合最深者，從系統中陽明大學與交通大學兩校，合併為陽明交通大學可見一斑。臺聯大的轉學考、碩班聯招是現今最具規模者。另外由於四校橫跨北桃竹三市，每天五班的校際專車更是跨校系統首創，也是跨都會區系統中唯一提供定期的班車服務。

政治大學 2021 年 2 月起已加入「臺聯大系統」，與清華大學、陽明交通大學、中央大學等學校結盟。爾後聯盟大學將開放跨校選課、互相承認學分。

以上四所大學的學科領域各有所長，本文將以臺灣聯合大學系統為例，探討大學合作系統中的相關法規建置，所呈現的大學教師、學生、行政人員的權利義務。

## 貳、臺灣高等教育擴張整併

### 一、高等教育

英國哲學家培根（Francis Bacon）提出「知識就是力量」，自文藝復興以來，歷經第一波農業革命、第二波工業革命，到第三波資訊革命，「知識」已成為二十一世紀創造個人生涯、富國強民的重要基礎。

　　隨著時代演進，接受教育，甚至高等教育，往往成為增廣見識、獲取知識的重要途徑之一。

　　根據教育大辭書的定義（張建成，2000），高等教育是繼中等教育之後的第三階段或第三級教育，居於正規學制結構的頂端，以研究高深學術及培養專業人才為要務。由於關係國家發展與社會進步至鉅，世界各國均深表重視。二次大戰後，由於科技的突飛猛進，經濟的快速成長，生活的日益富裕，以及學生的急遽增加，高等教育持續因應變革。

　　目前世界各國關切的重點有兩方面（張建成，2000，頁 2）：首先在維持教育品質，培養人才，既能在學術界承先啟後，復足以適應實業界的需要，持續促進科技、經濟及社會的發展。其次，面對終身學習的當代，高等教育應調整步伐，統合學制內外的資源，破除隔行如隔山，以及畫地自限的門戶之見，聚焦人才培育，裝備學習者積極參與人生及因應各種變局的全方位能力。

　　臺灣《大學法》第 1 條明定：大學以研究學術，培育人才，提升文化，服務社會，促進國家發展為宗旨。

　　其次，大學應受學術自由之保障，並在法律規定範圍內，享有自治權。

　　第 2 條說明大學法所稱之大學，是依據大學法設立並授予學士以上學位之高等教育機構。

　　論及高等教育的發展模式，論述多從已故美國加州柏克萊大學（University of California, Berkeley）社會學者馬丁‧特羅（Martin Trow）教授提出的「菁英型－大眾型－普及型入學模式」觀點出發（Scott, 2019）。

　　馬丁‧特羅（Martin Trow）在經濟合作與發展會議（Organization for Economic Cooperation and Development, OECD）召開的國際高等教育會議上，發表「由菁英到大眾化 高等教育的移轉問題」（Problems in the Transition from Elite to Mass Higher Education）專論（1973），說明每一個進步的社會，高等教育發展都會經過菁英型（elite）、大眾型（mass），再

到普及型（universal）三個階段，即所謂「菁英型－大眾型－普及型入學模式」（elite-mass-universal access model）（Trow, 2000, 2006）；此一見解，引起世界各國的重視和廣泛討論。

特羅（Trow, 2000）將高等教育發展分為以下階段：

1. 菁英型階段：受高等教育的學生在學率，占高等教育適齡人口15%以內。受高等教育為少數人的特權，大學為培養社會領導群及特定的專業人員為主。

2. 大眾型階段：高等教育在學率達到 15%以上而增加至 50%，進入大眾型階段，此階段接受高等教育的機會成為具有某種程度能力者的「權利」，符應民眾要求以實現教育機會均等，使得高等教育的功能和角色，除菁英階段目標外，也培養能適應社會多元需求的領導者，或培養白領階級為從事職業做準備。

3. 普及型階段：高等教育在學率攀升至 50% 以上，發展成為普及型，在此階段，全民不分年齡都有接近高等教育的機會，接受高等教育將被視為是國民的「義務」，高等教育的功能也將被定位為培養能適應產業社會的國民。

高等教育發展階段，除從百分比量化觀察高等教育的普及程度外，其設定培育對象與期待養成的知能目的，亦為發展重要指標。

## 二、臺灣高等教育改革

經濟學者（Trow, 2000；Arcalean & Schiopu, 2010）從人力資本的角度來看高等教育發展認為，一個人的教育成就取決於其所處世代在不同教育進階（高中進階、大專進階）的競爭程度（教育市場供需的多寡）。

1994 年 4 月民間成立 410 教改聯盟，倡議「廣設高中、大學」（周祝瑛，2008，頁1）。為回應教育改革團體的需求，教育部自 1996 年起推動

「績優技術學院改名科技大學」及「績優專科學校升格為技術學院」，致使高等教育數量明顯增加，其中私立大學在 1999 年首度超越公立院校之數量（楊國賜主編，2001）。

臺灣高等教育在 1987 年以前是「菁英期」，在 1988 年高等教育在學率首次超過 15%，轉而邁入「大眾期」（符碧真，2000）；1995 年臺灣高等教育入學率突破 50%，進入「普及期」（唐嘉彥，2013）。

臺灣高等教育因政策引導數量擴充，學校數、學生數和在學率都有快速增長的現象，促使高等教育進入大眾化。在從數量量的擴增中，呈現一個明顯的趨勢（楊國賜主編，2001）：

1.私立學校在大學校院中所占比重迅速成長。
2.研究所教育成長比率高於大學部教育成長比率。
3.技職校院在大學院校中所占比重亦快速增長。

臺灣高等教育的擴張與快速轉型，雖提高民眾接受高等教育的入學機會，或提升社會整體人力素質，但也衍生一些質量失衡的問題（楊國賜主編，2001；張淑瑜、謝佩璇、黃育英、徐一仁、林宜樺、賴協志，2002；湯志民，2003 年 10 月；林新發，2017），值得關注。相關挑戰包括：

1.大學院校迅速擴增，生師比逐年提高，影響教學品質。
2.高等教育經費分配受其他階段教育排擠而顯不足。
3.大專院校拓展分布地區失衡，影響教育機會均等推展。
4.少子女化，大學院校招收生源短缺，甚至招生門檻降低，影響競爭力。
5.大學院校數量過多，資源稀釋。
6.學校規模較小，財務經營困難。
7.因應社會變遷，非綜合性大學院校的師資專長，無法提供學生跨領域的學習需求。

　　有鑑於此，立法院於 2011 年 1 月 26 日通過《大學法》第 7 條修正案，賦予教育部對大專院校整併規劃與主導權限，教育部於 2012 年 6 月 22 日訂定《國立大學合併推動辦法》，2012 年 9 月成立「合併推動審議委員會」，目的在提升國家整體競爭力之前提下，教育部可於衡量高教資源、招生狀況等因素後，主導國立大學合併事宜。

　　於是，臺灣各縣市的大學院校分別就鄰近校區、互補領域，或跨學區等角度，展開各式整併。

　　針對大學院校合併的相關論述陸續出現（江岷欽，1995；湯志民，2003年 10 月，頁 4；陳維昭，2003；吳清山，2011；蕭忠漢、蘇諍，2011；林新發，2017），大致分為三種觀點：(1)樂觀派；(2)質疑派；(3)不置可否。

　　學者由跨文化傳播的「涵化」（acculturation）概念，評估美國 11 個州立大學 55 個系所，從 1980 至 1989 年間進行的大學校園組織合併，將經由兩個文化實體跨文化接觸形成的競爭、對壘、變遷、衝突的動態，稱為涵化；學術機構的合併可被視為一種文化體的互動，並將這種互動的動態過程歸納出四種類型：(1)整合（integration）；(2)內化（assimilation）；(3)隔閡（separation）；(4)瓦解（deculturation）。

　　研究結果顯示（江岷欽，1995），美國大學組織合併的涵化類型，隔閡為最普遍常見情況（占 50.9%），其次為整合（30.9%），其餘內化與瓦解占約 18%。合併後呈現文化整合的系所，在組織效能與組織文化的向度上均無顯著改變；但是呈現文化分隔的系所，在效能與文化上均有衰退跡象。

　　臺灣僅有一篇從學習者角度著眼，詹百依（2021）以國立清華大學為例，研究大學生對高等教育機構整併，發現利略多於弊。

　　例如：清華大學與新竹教育大學整併初期，學生最關心的就是自我應有權利及義務是否有受到損失或受益，整併後學生觀察，實際並不影響。

　　整併後只有通識課程有多元且豐富之調整，伴隨著通識選修，師資才

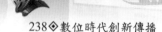

有不同變化。但礙於兩校上課及交通距離，實際受益學生並不多。整併後資源整合部分，圖書資源整合，達到資源共享的優勢。

然而，整併後同學對於基本資源需求（住、行、育、樂）使用率偏低，甚至覺得有待改善。研究建議大學整併推動期間，合併方向及合併過程等資訊須公開，且相關利害關係人之間溝通管道須多元。

教育部於 2015 年 3 月 27 日發布「高等教育創新轉型方案」中提到大學合作與合併的策略，包括「策略聯盟」、「大手牽小手」及「大專校院合併」等方式（陳玉娟，2014；謝金枝，2017）。主要合作或合併的學校，還是以區域性方便為主。大專院校併校分為公公併、私私併。

所謂公公併，教育部依據《國立大學合併推動辦法》規定（教育部，2015），就全國 50 所大專院校（不含空大、軍警院校）重新進行盤點，篩選具有資源及學術互補、可透過資源整合之方式提升其競爭力之學校，並評估以扣減基本需求補助等方式，積極促成合併之可行性，以加速高教規模之調整。

私私併參照教育部於 103 年 11 月 3 日發布《大專校院合併處理原則》，針對大專院校合併提出教育資源調整與獎勵機制，包括招生名額及經費補助事項。

教育部 2012 年提出的《國立大學合併推動辦法》，大學整併可分為新設合併與存續合併兩種。新設合併界定為併校後原有學校皆消失，合併後的學校採用新校名，稱之為新設合併。存續合併定義併校後僅一校繼續存在，另一校消失。

在 2000 至 2020 年共有 10 間大學整併成功。文獻將整併過程劃分成三個階段（黃政傑，2017；張國保，2017）：

1.試辦期：2000 年前整併成功的試辦期，期間有 2000 年新設合併的國立嘉義大學，為技職與師範院校整併成功首例。

2.逐步發展期：2001 至 2011 年間為逐步發展期，此階段共整併成功

三間大學，包含 2006 年存續合併的國立臺灣師範大學、2008 年存續合併的國立東華大學、2011 年新設合併的國立臺中科技大學。其中國立臺中科技大學是技職院校成功併校之首例。

3. 穩定期：第三階段為 2012 至 2018 年的穩定期，期間共整併成功六間大學，計有 2013 年新設合併的臺北市立大學、2014 年新設合併的國立屏東大學、2014 年新設合併的法鼓文理學院、2015 年存續合併的私立康寧大學、2016 年存續合併的國立清華大學及 2018 年新設合併的國立高雄科技大學。其中法鼓文理學院是私立學校籌設期間被整併成功之首例；國立高雄科技大學是三所國立大學合併之首例。國立陽明交通大學 2021 年 2 月 1 日完成併校。

大學合作方面，分為「策略聯盟」與「大手牽小手」。「策略聯盟」為保障學生受教品質，透過跨校聯盟，由「邁向頂尖大學計畫」、「獎勵大學教學卓越計畫」及「典範科技大學」學校積極發展。

「大手牽小手」則為鼓勵典範大學或頂尖大學共用教育資源輔佐私立學校，以善盡社會責任。其次，為保障學生受教品質，在「先停招後停辦」原則下，針對面臨停招即將停辦之大學，補助優質學校，進行個案輔導，輔導至留校學生順利畢業，確保學生學習權益。


# 參、大學合作策略聯盟

順應世界潮流，學術專業交流與需求共享，一些大學院校經由彼此策略聯盟達到資源整合的效益。

## 一、策略聯盟

根據劍橋辭典的定義（Cambridge Business English Dictionary, 2021），

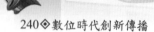

策略聯盟被界定為：「組織或國家之間進行正式合作以達成目標的正式安排。」（a formal arrangement between organizations or countries to work together to achieve something.）

策略聯盟也被定義為（吳思華，2003）：兩個或兩個以上的組織，為了因應環境、求取生存及提升競爭優勢，藉由資源分享、功能互補，共同分擔責任、風險和報酬，以追求共同目標，其彼此間具有策略性的合作及競爭行為，且各自保有獨立自主的權力。

綜合以上，策略聯盟的組成要件包括：

1.有共同遠景目標。
2.因應環境求取生存。
3.提升競爭優勢。
4.資源分享。
5.功能互補。
6.有策略的合作或競爭。
7.保有獨立自主的權力空間。

有關策略聯盟動機的理論分為以下六個視角：

1.制度理論：當機構組織受來自國家或其他規範型機構的制度壓力影響，為順應這些壓力使機構組織改變原有的結構配置，或變成符合制度規定的期望（Meyer & Rowan, 1977; Zucker, 1977; DiMaggio & Powell, 1983）。因應全球高等教育的轉型與變革，臺灣聯合大學系統最初於 2003 年開始試辦，在 2008 年經教育部核准後正式成立，這是第一個國內大學結盟的系統。

2.交易成本理論：機構組織透過策略聯盟而減少經營活動的交易成本，如降低成本、共同承擔風險、擴張市場經濟規模、避免不必要的重複投資等（李文瑞、曹為忠、吳美珍，2000；Williamson, 1979;

Kogut, 1988）。

國內高等教育面對少子化與國際競爭的需要，為維持校務營運生存，自發性地採取策略聯盟，便有集結學校圖資與研究資源、拓展學術交流、增加學生修習多樣課程等期待。

3. 資源依賴理論：機構組織面對資源交換整合與環境結構的不確定性，會朝向與所處環境的重要資源相互合作或結合，如克服投資發展障礙、訂定產品規格和標準、加快產品開發速度以盡快問世、取得合作對象的市場、控制競爭情境等（李文瑞、曹為忠、吳美珍，2000；Pfeffer & Salancik, 1978; Teece, 1986; Knsynski & McFarlan, 1990）。臺灣各大學院校的結盟，除了從鄰近地域角度出發，多從學術領域互補的結盟，以便截長補短，延展各校的教學研究服務與影響面，形同資源依賴與交流。

4. 策略行為理論：機構組織經由策略聯盟而共同執行的策略，以求達成利潤極大化的目的；類似策略行為有克服影響投資發展的政策限制、訂定聯盟合作的產品規則和標準、提高產品開發速度加快問世、取決結盟對象的服務市場、控制環境帶來的競爭局面等（李文瑞、曹為忠、吳美珍，2000；Bararson, 1990; Busenitz & Barney, 1997）。現有高等教育與職涯發展，朝向跨領域學習，臺灣各大學院校透過策略聯盟，可以集結各有學術專長與特色的校園資源，進行資源整合，面臨市場經濟規模有限的障礙，人力、物力、財力資源均須發揮效益，是高等教育積極執行的策略行為課題。

5. 資源基礎理論：機構組織透過策略聯盟作為對象所掌握的特殊、稀有、難以模仿的資源與能力，進而創造且維持競爭優勢，諸如迅速或大量引進新觀念技術促使提升組織創新能力、建立策略聯盟的良性互動以獲取資源或支援、整合多方資源以達綜效、學習或取得策略聯盟對象的重要或主要技能（李文瑞、曹為忠、吳美珍，2000；

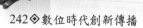

Busenitz & Barney, 1997; Grant, 1991）。

大學院校策略聯盟合作在人事、圖書資源、課程或學術研究的支援互助，形同分享彼此的資源基礎。

6.組織學習理論：機構組織經由策略聯盟進行無形知識的學習及轉移；這一方面既快速引進創新觀念及技術，也獲取學習策略聯盟合作對象的核心重要觀念技術，可達到整合流通多方支援及資源的綜效，這些均來自策略聯盟合作對象之間的無形知識交流（李文瑞、曹為忠、吳美珍，2000；Kogut, 1988; Badaracco, 1991）。

管理學者麥克・海特（Michael A. Hitt），杜安·愛爾蘭（Duane Ireland）羅伯特·霍斯基森（Robert E. Hoskisson）將策略聯盟分為業務層級（business level）與單位層級（corporate level）兩種（Hitt, Ireland, & Hoskisson, 2015）：

1.業務層級（business level）：

　(1)互補性策略聯盟（complementary alliances）：當單位組織欲以自己已具備的技術和能力，應用到價值鏈活動中不同的階段，即以資源互補的概念整合聯盟內的資源，提高經營活動的價值創造招生機會，包含垂直整合與水平整合（Park & Ungson, 1997; Johnston & Lawrence, 1988）。

　例如國立臺灣大學系統，除綜合性的國立臺灣大學外，也結合教育專業優勢的國立臺灣師範大學，產品設計優勢的國立臺灣科技大學，即以資源互補的概念整合聯盟內的資源。

　(2)降低競爭為目的的策略聯盟（competition reduction strategies）：許多單位組織欲避免競爭行為的發生，利用合作的方式取代競爭而形成策略聯盟。如 2012 年 6 月，中國醫藥大學、中山醫學大學、東海大學、逢甲大學、靜宜大學、亞洲大學等六所中部私立大學成立中臺灣大學系統（Mid-Taiwan University

System），加強校園間的資源共享。

(3)回應競爭為目的的策略聯盟（competition response strategies）：大學院校會藉由組成策略聯盟的方式，來回應高等教育學術圈競爭者的策略，增加自己的談判力與競爭優勢。國立成功大學、國立中興大學、國立中山大學、國立中正大學等四所綜合大學合作，成立臺灣綜合大學系統。2016 年與德國理工大學九校聯盟（TU9）締結姊妹關係。

(4)減少不確定性為目的的策略聯盟（uncertainty reduction strategies）：在相較變動快速的市場中，學校組織為規避風險和不確定性，形成策略聯盟以減少不確定性的影響，尤其在多元跨領域、科技變動快速的今日。例如私立大學結盟的「優九聯盟」（U league），2012 年 9 月 28 日由東吳大學發起，成員包括東吳大學、中國文化大學、實踐大學、大同大學、臺北醫學大學、世新大學、輔仁大學、淡江大學、中原大學、銘傳大學、逢甲大學、靜宜大學等，相互交流、合作，包含師資、圖書等資源都可共享。

2.單位層級（corporate level）：

(1)多角化策略聯盟（diversifying strategic alliances）：為了提高招生優勢，校園可能選擇以擴增新產品與新市場的方式達成，多角化策略聯盟使校園可以不用藉由購併，即可達成擴充新市場與新產品的目的，獲取未來策略訂定上的彈性，降低併購行為的風險（Chaudhuri & Tabrizi, 1999; Hennart & Ready, 1997）。考量地理位置與優勢互補，臺北醫學大學、國立臺北科技大學、國立臺北大學三校於 2009 年 5 月創立「臺北聯合大學系統」，國立臺灣海洋大學於 2014 年加入，組成了異質性高、互補性強的「高等教育策略結盟」。

(2)綜效策略聯盟（synergistic strategic alliances）：指兩所或兩所以上的大學院校為了達成規模招生而形成的合作方式，類似產業層級中水平整合的互補性策略聯盟，藉由提供多元化服務創造綜效，如共同成立研發中心、實習場域，以達成範疇經濟的可能。以東臺灣為例，五所公私立大學簽訂「泛太平洋大學聯盟合作協議書」，學生可以就近在宜花東進行課程學術交流。

(3)授權（franchising）：授權為一種合作策略，是指單位組織以合約連結彼此的關係，類似多角化的方式（Shane, 1996），只是授權的概念是兩家獨立的單位組織以合約作為合作基礎，希望達成規模招生以降低營運成本，合作的組織並不屬於同一家（Lafontaine & Shaw, 1999）。各大學合作系統紛紛授權所屬成員教職員生，在人事、圖書資源、課程或學術研究的支援互助，即為實例。

## 二、大學策略聯盟合作系統

目前臺灣各大學院校的策略聯盟計有九個合作系統：

1. **國立臺灣大學系統**（National Taiwan University System, NTU System, NTUS）：簡稱臺大系統，由國立臺灣大學、國立臺灣科技大學、國立臺灣師範大學三所國立大學共同組成的大學系統。三校於 2015 年 1 月 7 日簽約成立聯盟，三校學科領域互補，形成具國際競爭力的頂尖大學系統。

2. **臺灣綜合大學系統**（Taiwan Comprehensive University System, TCUS）：簡稱臺綜大，舊稱「臺灣 T4 大學聯盟」，是由國立成功大學、國立中興大學、國立中山大學、國立中正大學等四所綜合大學合作成立的「大學系統」，朱經武院士擔任首屆總校長。2016 年與德國理工大學九校聯盟（TU9）締結姊妹關係。2008 年，由國立中

山大學發起，與國立成功大學、國立中興大學共組臺灣 T3 大學聯盟。原計畫邀請高雄醫學大學加入，但被拒絕。「T3」為「TOP3」之簡稱，意謂中臺灣、南臺灣的頂尖國立綜合大學。2010 年三校開會後批准國立中正大學加入，更名為臺灣 T4 大學聯盟。2011 年，教育部核定成立臺灣綜合大學系統。

3. **臺北聯合大學系統**（University System of Taipei, USTP）：簡稱北聯大，國立臺北大學、國立臺北科技大學、臺北醫學大學三所專業型大學於 2009 年倡議共組的臺灣第二個大學系統。考量地理位置與優勢互補，北醫、北科、北大三校於 2009 年 5 月創立「臺北聯合大學系統」，並於 2011 年 2 月經教育部核准設立，國立臺灣海洋大學於 2014 年加入，組成了異質性高、互補性強的「高等教育策略結盟」。

4. **臺灣教育大學系統**（Taiwan University of Education, TUE）：簡稱臺教大，由臺北市立大學、國立新竹教育大學、國立臺中教育大學、國立屏東教育大學四所於 2010 年 11 月 30 日籌組。之後陸續加入了國立東華大學、國立嘉義大學、國立臺南大學、國立臺東大學，目前有七所成員學校，系統總校長為前教育部部長吳清基。國立新竹教育大學與國立清華大學整併前的 2012 年短暫成為「教育大學系統」成員，於同年退出。

5. **國立臺北專業大學聯盟**：由國立臺北護理健康大學、國立臺北商業大學、臺北市立大學等三所大學為藉專業領域互補以提供學生更廣闊學習環境，於 2016 年 5 月 9 日簽署合作備忘錄成立之大學聯盟。

6. **雲林國立大學聯盟**（Yunlin National University System）：為國立臺灣大學、國立雲林科技大學、國立虎尾科技大學三所大學於 2018 年 12 月 6 日簽署合作備忘錄成立之大學聯盟。

表 8-1　大學策略聯盟合作系統一覽表

| 系統<br>名稱 | | 成立<br>時間 | 系統<br>法規 | 校數/<br>生數 | 總校長 | 辦公室 | 特色 | 體育休<br>閒賽事 |
|---|---|---|---|---|---|---|---|---|
| 臺灣聯合大學系統 | University System of Taiwan (UST) | 2003 | 建置中 | 4/<br>4.8萬 | 陳力俊 | 清大 | 最早設立<br>公立合璧 | 師生盃桌遊賽<br>梅竹賽（非全體） |
| 臺灣綜合大學系統 | Taiwan Comprehensive University System (TCUS) | 2008 | 無 | 4/<br>5.7萬 | 朱經武 | 成大 | 公立合璧 | 正興城灣盃 |
| 臺北聯合大學系統 | University System of Taipei (USTP) | 2009 | 有 | 4/<br>4萬 | 許泰文<br>（輪替） | 北大 | 公私合璧 | 北鼎聯賽 |
| 臺灣教育大學系統 | Taiwan University of Education (TUE) | 2010 | 無 | 6/<br>5.3萬 | 吳清基 | 北市大 | 公立合璧 | 木鐸盃<br>（非專屬系統） |
| 中臺灣大學系統 | Mid-Taiwan University System (M6) | 2012 | 無 | 6/<br>7萬餘 | 不明 | 不明 | 私立合璧 | 無 |
| 國立臺灣大學系統 | National Taiwan University System (NTUS) | 2015 | 無 | 3/<br>約6萬 | 管中閔 | 臺大 | 學生次多、公立合璧 | 運動友誼賽 |
| 中亞聯大 | China Asia Associated University | 2017 | 無 | 2/<br>約2萬 | 不明 | 不明 | 最少成員 | 聯合運動會 |
| 優久大學聯盟 | Excellent Long-Established University Consortium of Taiwan, U League | 2016 | 無 | 9/<br>15萬多 | 不明 | 不明 | 私立合璧、最多成員與學生 | 北臺灣七大學聯合路跑賽，U9聯盟夏季電競大賽 |
| 泛太平洋大學聯盟 | Pan-Pacific University League | 2014 | 無 | 5/<br>2萬多 | 不明 | 不明 | 公私合璧 | |

7. **優久大學聯盟**：2012 年 9 月 28 日，由東吳大學發起並組成北部七所私立大學交流平台，相互交流、合作，包含師資、圖書等資源都可共享。其後 2014 年大同大學加入；2016 年臺北醫學大學加入，正式成立「優九聯盟」（U league），成員包括東吳大學、中國文化大學、實踐大學、大同大學、臺北醫學大學、世新大學、輔仁大學、淡江大學、中原大學、銘傳大學、逢甲大學、靜宜大學等。

8. **中臺灣大學系統**（Mid-Taiwan University System）：簡稱 M6，由中國醫藥大學、中山醫學大學、東海大學、逢甲大學、靜宜大學、亞洲大學等六所中部私立大學於 2012 年 6 月 10 日成立，是臺灣第一個私立大學系統。

9. **泛太平洋大學聯盟**（Pan-Pacific University League）：是由國立東華大學、國立宜蘭大學、國立臺東大學、慈濟大學、佛光大學等五所大學共同組成的大學聯盟。

   2014 年 11 月 22 日，五所大學於慈濟大學簽署「泛太平洋大學聯盟合作協議書」。2018 年 10 月 16 日於國立宜蘭大學與經濟部中央地質調查所共同簽署合作交流備忘錄（MOU）。

臺灣大學、中山大學、東華大學、臺北醫學大學、逢甲大學、靜宜大學、中原大學、中央大學等，重複加入不同大學校園合作的策略聯盟，顯示部分大學對於各式結盟合作，抱持開放立場。

## 肆、大學聯合系統法規

大學聯合系統的法源，來自《大學法》第 6 條與第 7 條。

依據《大學法》第 6 條：「大學得跨校組成大學系統或成立研究中心。前項大學系統之組織及運作等事項之辦法，由教育部定之。大學跨校研究

中心之組織及運作方式等事項之規定,由大學共同訂定,報教育部備查。」

《大學法》第7條:「大學得擬訂合併計畫,國立大學經校務會議同意,直轄市立、縣(市)立大學經所屬地方政府同意,私立大學經董事會同意,報教育部核定後執行。教育部得衡酌高等教育整體發展、教育資源分布、學校地緣位置等條件,並輔以經費補助及行政協助方式,擬訂國立大學合併計畫報行政院核定後,由各該國立大學執行。前項合併之條件、程序、經費補助與行政協助方式、合併計畫內容、合併國立大學之權利與義務及其他相關事項之辦法,由教育部定之。」

分析《大學法》第6條與第7條呈現大學院校合作組成系統的權利有:

1. 大學得跨校組成大學系統或成立研究中心。
2. 大學得共同訂定跨校研究中心之組織及運作方式等事項。
3. 大學得共同訂定跨校之相關其他事項。
4. 大學得擬訂合併計畫。
5. 教育部得衡酌高等教育整體發展、教育資源分布、學校地緣位置等條件,輔以經費補助及行政協助方式。

以上呼應《大學法》第1條開宗明義揭示大學享有學術自由,並在法律規定範圍內,享有自治權。

大學院校享有學術自由與自治權,這是權利的宣示。因而,大學得跨校組成大學系統或成立研究中心,共同訂定跨校研究中心之組織及運作方式等事項規定。

審視《大學法》第6條與第7條,呈現大學院校合作組成系統的相關義務關係有:

1. 大學系統之組織及運作等事項之辦法,由教育部定之。
2. 大學共同訂定大學系統之組織及運作等事項之規定,應報教育部備查。

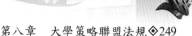

3.國立大學經校務會議同意，直轄市立、縣（市）立大學經所屬地方政府同意，報教育部核定後執行。

4.私立大學經董事會同意，報教育部核定後執行。

5.教育部得衡酌高等教育整體發展條件。

6.教育部得衡酌高等教育教育資源分布條件。

7.教育部得衡酌高等教育學校地緣位置條件。

8.教育部得衡酌高等教育其他等條件。

9.國立大學合併之條件、程序、經費補助與行政協助方式、合併計畫內容、合併國立大學之權利與義務及其他相關事項之辦法，由教育部定之。

以上說明大學享有組成大學系統的自治權，或規劃組織等自治權，但需要經過縣市主管機關（國立大學）或董事會（私立大學）同意程序，並報請教育部備查。

教育部依法可以輔以經費補助及行政協助方式；前提是，教育部得衡酌高等教育整體發展、教育資源分布、學校地緣位置等條件，這說明大學院校系統應自行考量的義務，也表達教育部的決定角色。

再者，國立大學合併之條件、程序、經費補助與行政協助方式、合併計畫內容、合併國立大學之權利與義務及其他相關事項之辦法，由教育部定之。則展現教育部對於合併國立大學院校系統的權利、義務，以及大學系統規劃與執行的主導角色。

有關學生的權利事項未特別明文規範。很明顯地，大學策略聯盟初始動機，著眼於臺灣各大學的合作系統、集結各校資源發揮綜效、爭取國際高等教育研究的能見度，或強化臺灣高等教育在世界的排名評比為主，係從組織運作層面出發。

## 一、臺灣聯合大學系統

本文關注國立大學「策略聯盟」合作，將以臺灣聯合大學系統（University System of Taiwan, UST）為研究案例。

臺灣聯合大學系統為臺灣第一個大學系統，最初於 2003 年開始試辦，在 2008 年經教育部核准後正式成立，目前成員包括國立清華大學、國立陽明交通大學、國立政治大學、國立中央大學，共四所研究型大學。2003 年試辦到 2008 年成立，至今近十八年。

臺灣聯大的成立被視為我國高等教育的創舉，運用四校個別優勢來整合教學、研究、行政資源及國際事務合作，推動許多有利於師生的創新與變革，以追求單一學校無法獨立達成的創新與卓越。尤其集四校的教研能量，強化國際學術交流的廣度與深度，因應科學合作與人才流動全球化的趨勢，進而提出對臺灣高等教育發展的願景（林志成，2021 年 4 月 22 日）。

目前臺聯大四校推動中的合作項目包括：合聘教師、相互承認學分、舉辦聯合招生、校際轉系及跨校修讀輔系或修雙學位、合辦跨校之研究所及研究中心、共享圖書及貴重設備之資源、系統內全時選讀生（即交換學生）、國際志工、免費校際專車。

短期目標為整合四校之行政、教學及研究資源；初期的長期目標包括期待能「整併四校為一校」，推動線上跨校遠距同步或非同步授課。

## 二、《大學系統組織及運作辦法》

為提供大學共同成立之大學系統，其組成、運作方式及其他相關事項有一致遵循之標準，依 2005 年 10 月 28 日修正公布之《大學法》第 6 條規定：「（第 1 項）大學得跨校組成大學系統或成立研究中心。（第 2 項）前項大學系統之組織及運作等事項之辦法，由教育部定之。」訂定《大學系統組織及運作辦法》，總計有 10 條條文。

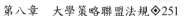

分析《大學系統組織及運作辦法》載明的權利事項有：

1. 大學得聯合其他大學共同成立大學系統（§2）。
2. 組成大學系統之各學校，保有自主性與原有權責（§3）。
3. 在大學系統合作架構下，整合系統內學校之資源，進行跨校學術及教學、師資聘任、課程開設、教材編纂、圖書期刊（含電子資源）與國際學術交流等合作及整合事項（§3）。
4. 大學組成大學系統，應提出籌組大學系統計畫，載明下列事項：大學系統籌組目的及必要性；組成大學系統各學校概況、發展重點與組成大學系統發展之短程、中程及長程規劃重點方向；組成大學系統各學校之合作及整合事項；大學系統委員會設置及大學系統組織運作方式；大學系統行政總部設置、所需空間與人力配置及系統運作經費之規劃；績效評估機制；其他與系統合作及整合相關之重要事項。此外，大學系統之變更及停辦，應經參與系統學校校務會議通過後，依原核定成立程序辦理（§4）。
5. 大學系統得以大學系統辦理招生、共同開課，進行合作整合（§5I①、②）。
6. 各學校學生得跨校申請巡修讀博士學位（§5I③）。
7. 大學系統內各學校得訂定與系統內其他學校學生相互轉校規定（§5I④）。
8. 大學系統內各學校師生得共享資源（§5I⑤）。
9. 大學系統內各學校教師得以下列方式在系統內各學校流動（§5I⑥）：於各學校開課及指導研究生，並得併計入教師基本授課時數（§5I⑥i）；於各學校借調，得不受義務返校授課規定之限制（§5I⑥ii）。
10. 各學校進行跨校合作研究相關作業事項，大學系統內各學校應納入學則規範（§5II）。

11.大學系統置系統主席或系統校長一人，由系統內各學校現有人員兼任，綜理系統校務與聯合發展相關事宜，執行系統委員會之決議，對外代表大學系統。前項大學系統主席或系統校長，由系統委員會推選（§6）。

12.大學系統設系統委員會，由系統主席或系統校長召集，任務包括：系統重要政策之審定；組成系統各學校合作及整合事項之審議；對組成系統各學校有關學院、所、系、跨校學程及研究中心之規劃事項提出建議；系統規章之審議；系統行政組織與跨校研究中心之設立、變更及停辦之審議；對外爭取各項經費與資源，以促進系統之合作及發展（§7）。

13.大學系統應設行政總部並置行政人員，以推動系統行政業務（§8I）。

14.大學系統運作所需經費與大學系統主席或系統校長、行政人員薪資及業務費用，當由參與系統之各學校提撥支應（§9前段）。

15.大學系統得以對外募集經費或申請各項專案計畫及競爭性經費，分配予各學校負責執行（§9後段）。

《大學系統組織及運作辦法》明文大學系統之成立，以保有原學校自主性及權責為原則，藉由系統合作架構進行深化之軟硬體資源整合及國際學術交流合作。

這些權利含括大學系統行政人力、課程、研究設備、圖書資源、研究中心、師資交流、對外籌募資金等。

《大學系統組織及運作辦法》屬於學生的權利事項有：

1.圖書資源共享（§3）。

2.課程資源共享（§3）。

3.師資共享（§3）。

4.國際學術交流共享（§3）。

5.各學校學生得跨校申請遴修讀博士學位（§5I③）。

6.大學系統內各學校得訂定與系統內其他學校學生相互轉校規定
（§5I④）。

7.大學系統內各學校師生得共享資源（§5I⑤）。

《大學系統組織及運作辦法》涉及教師研究人員的權利事項有：

1.在大學系統合作架構下，進行跨校學術及教學（§3）。

2.課程開設（§3）。

3.教材編纂（§3）。

4.圖書期刊（含電子資源）。

5.國際學術交流等合作及整合事項（§3）。

6.大學系統內各學校師生得共享資源（§5I⑤）。

7.大學系統內各學校教師於各學校開課及指導研究生，並得併計入教
師基本授課時數（§5I⑥i）。

8.於各學校借調，得不受義務返校授課規定之限制（§5I⑥ii）。

9.大學系統得以對外募集經費或申請各項專案計畫及競爭性經費（§9
後段）。

《大學系統組織及運作辦法》有關行政人員的權利事項有：

1.組成大學系統之各學校，保有自主性與原有權責，並在大學系統合
作架構下，進行跨校學術及教學（§3）。

2.師資聘任（§3）。

3.課程開設（§3）。

4.教材編纂（§3）。

5.圖書期刊（含電子資源）（§3）。

6.國際學術交流等合作及整合事項（§3）。

7.大學系統得以大學系統辦理招生、共同開課，進行合作及整合（§5I①②）。

8.大學系統置系統主席或系統校長一人，由系統內各學校現有人員兼任，綜理系統校務與聯合發展相關事宜，執行系統委員會之決議，對外代表大學系統。前項大學系統主席或系統校長，由系統委員會推選（§6）。

9.大學系統設系統委員會，由系統主席或系統校長召集，任務包括：系統重要政策之審定；組成系統各學校合作及整合事項之審議；對組成系統各學校有關學院、所、系、跨校學程及研究中心之規劃事項提出建議；系統規章之審議；系統行政組織與跨校研究中心之設立、變更及停辦之審議；對外爭取各項經費與資源，以促進系統之合作及發展（§7）。

10.大學系統應設行政總部並置行政人員，以推動系統行政業務（§8I）。

11.大學系統運作所需經費與大學系統主席或系統校長、行政人員薪資及業務費用，當由參與系統之各學校提撥支應（§9前段）。

12.大學系統得以對外募集經費或申請各項專案計畫及競爭性經費（§9後段）。

《大學系統組織及運作辦法》涉及義務規定包括：

1.依大學法第6條第2項規定訂定組織及運作辦法（§1）。

2.大學為提升教學品質及研究水準，有效整合大學資源（§2）。

3.在大學系統合作架構下，整合系統內學校之資源（§3）。

4.大學組成大學系統，應提出籌組大學系統計畫，並經參與系統學校校務會議通過後，國立及私立大學報教育部核定，其餘公立大學

報所屬地方政府核定（§4I）。

5.大學系統計畫，應載明下列事項：大學系統籌組目的及必要性；組成大學系統各學校概況、發展重點與組成大學系統發展之短程、中程及長程規劃重點方向；組成大學系統各學校之合作及整合事項；大學系統委員會設置及大學系統組織運作方式（§4II①-④）。

6.大學系統行政總部設置、所需空間與人力配置及系統運作經費之規劃（§4II⑤）。

7.績效評估機制（§4II⑥）。

8.大學系統之變更及停辦，應經參與系統學校校務會議通過後，依原核定成立程序辦理（§4III）。

9.大學系統內各學校得訂定與系統內其他學校學生相互轉校規定，報教育部核定後實施（§5I④）。

10.大學系統內各學校教師得於各學校進行跨校合作研究（§5I⑥iii），大學系統內各學校應納入學則規範（§5II）。

11.大學系統主席或系統校長，由系統委員會推選，報教育部或其所屬地方政府核准後聘任之（§6II）。

12.大學系統設系統委員會，由系統主席或系統校長召集，其任務如下：系統重要政策之審定；組成系統各學校合作及整合事項之審議；對組成系統各學校有關學院、所、系、跨校學程及研究中心之規劃事項提出建議；系統規章之審議；系統行政組織與跨校研究中心之設立、變更及停辦之審議；對外爭取各項經費與資源，以促進系統之合作及發展（§7）。

13.大學系統應設行政總部並置行政人員，以推動系統行政業務，並執行系統各學校之各項合作事宜。前項行政人員，由系統內各學校現有人員兼任，或以契約進用，其權利義務於契約中訂明（§8）。

14.大學系統運作所需經費與大學系統主席或系統校長、行政人員薪

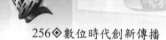
資及業務費用，當由參與系統之各學校提撥支應（§9前段）。

　　大學系統合作的相關義務，以維持教學品質、提升學術水準，有效整合資源為先。

　　系統內成員的人力、財務、設備、空間、國際交流、各階段發展等運作，除需要符合教育部相關法規外，必要時由各學校提撥支應。

## 三、《臺北聯合大學系統組織及運作辦法》

　　現有以策略聯盟合作方式運作的大學聯合系統，除臺北聯合大學系統有公告組織及運作辦法外，其他如臺灣聯合大學系統僅在法規頁面呈現建置中，其他七所大學系統都沒有特別公告所屬系統的組織及運作辦法。

　　臺北聯合大學系統於 2009 年開始運作，《臺北聯合大學系統組織及運作辦法》由教育部 2011 年 2 月 14 日臺技(二)字第 1000017391 號函核定通過，爾後分別於 2014 年 10 月 17 日臺教技(二)字第 1030150672 號函修正通過，2016 年 1 月 15 日臺北聯合大學系統委員會第一次會議修正通過，2017 年 8 月 3 日臺北聯合大學系統委員會第二次會議修正通過，2020 年 7 月 16 日臺北聯大學系統委員會第二次會議修正通過。

　　檢視《臺北聯合大學系統組織及運作辦法》條文陳明權利事項，分別有：

1.本系統規章之審議（§2①）。

2.本系統重要政策之審定（§2②）。

3.本系統各學校合作及整合事項之審議（§2③）。

4.本系統行政組織與跨校研究中心之設立、變更及停辦之審議（§2④）。

5.對外爭取各項經費與資源，以促進本系統之合作及發展（§2⑤）。

6.本系統新申請加入學校案之審議（§2⑥）。

7. 系統委員會委員為無給職，但依規定得支給出席費（§3III）。

8. 為協助本系統發展，各校校友總會相關人員組成臺北聯合大學系統校友聯合會（§8I）。

《臺北聯合大學系統組織及運作辦法》規範該系統相關行政組織運作事項，其中第 8 條涉及各校校友總會結合，為從學習者或校方資源整合角度出發的運作方式，其他多沿用《大學系統組織及運作辦法》精神。

《臺北聯合大學系統組織及運作辦法》條文顯示的義務事項包括：

1. 規範系統委員會組成、委員任期及開會出席等事宜（§2、§3、§5）。

2. 本系統設教務、學務、總務、研發、國際事務、圖書、資訊、體育等委員會，由各校相關人員擔任委員（§7 前段）。

3. 各委員會之組織及運作規定，由系統委員會議另訂之（§7 後段）。

4. 系統校友會組織及運作另由各校校友總會簽訂合作框架協議書（§8II）。

5. 本系統運作所需經費，由各校提撥支應（§9 前段）。

6. 本系統跨校整合經費、行政總部業務經費及契約進用人員薪資等支用原則，需符合教育部及各校之規定，並經行政總部提系統委員會審議決定之（§10）。

## 四、《臺灣聯合大學系統文化研究國際中心組織章程》

《臺灣聯合大學系統文化研究國際中心組織章程》於 2012 年 5 月 30 日臺灣聯大文化研究國際中心第四次行政會議修訂通過，並於 2012 年 3 月 2 日臺灣聯大文化研究國際中心籌備會議修訂。

《臺灣聯合大學系統文化研究國際中心組織章程》共計 9 則條文，檢視條文陳明權利事項，分別有：

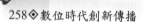

1.本中心為整合臺聯大系統各校文化研究領域之研究與教學資源的平台，以推動文化研究學術國際化以及文化研究學程國際化為兩大發展目標（§1 前段）。

2.本中心設置主任一名，主管中心各項事務（§2I）；本中心於臺灣聯大系統各校設置辦公室，納入學校行政體系，屬校級研究單位。各校辦公室負責人同時擔任本中心副主任，襄助主任促進臺聯大系統文化研究團隊之跨校學術合作、提升學術國際化，以及推動亞際文化研究碩博士學位國際學程。各校辦公室負責人同時擔任各研究群召集人，推動該研究群的跨校合作（§2II）。

3.本中心現階段推動之研究群如下：一、批判理論與亞洲現代性（由交通大學辦公室負責統籌）。二、當代思潮與社會運動（由清華大學辦公室負責統籌）。三、性／別研究（由中央大學辦公室負責統籌）。四、視覺文化（由陽明大學辦公室負責統籌）。前項各研究群，得視實際需要調整或增設之（§3）。

4.本中心設下列委員會：一、中心行政會議。二、學術委員會。三、學程委員會（§4）。另成立國際諮詢顧問委員會，聘請海內外學者專家若干名為諮詢委員，就學術國際化與學程國際化等相關事務提供諮詢意見（§5）。

5.本中心設置行政部門，聘請秘書及助理數名，處理中心及各校辦公室相關事務（§6）。

6.為協助各研究群研究與教學之發展，促進學術交流，本中心得聘請專職研究人員、博士後研究員及長短期訪問學者（§7）。

7.本中心以及各校辦公室與研究群運作所需之經費，除由臺灣聯大總中心提撥種子經費外，得向相關機構申請補助（§8 前段）。

《臺灣聯合大學系統文化研究國際中心組織章程》規範該系統相關行政組織運作事項，條文顯示的義務事項包括：

1. 本中心經臺灣聯大四校校務會議、臺聯大四校校長會議、通過臺聯大系統委員會同意，並正式報教育部後成立（§1）。

2. 中心主任人選由臺灣聯大系統校長自中心行政會議委員中提名，經系統委員會同意後聘任（§21）。

3. 本中心現階段推動之研究群如下：一、批判理論與亞洲現代性（由交通大學辦公室負責統籌）。二、當代思潮與社會運動（由清華大學辦公室負責統籌）。三、性／別研究（由中央大學辦公室負責統籌）。四、視覺文化（由陽明大學辦公室負責統籌）（§3）。

4. 本中心設委員會（§4）；另成立國際諮詢顧問委員會，就學術國際化與學程國際化等相關事務提供諮詢意見（§5）。

5. 本中心設置行政部門，處理中心及各校辦公室相關事務（§6）。

6. 協助各研究群研究與教學之發展，促進學術交流（§7）。

7. 本中心以及各校辦公室與研究群將提出年度執行成果，供臺聯大總部評估，作為後續經費分配之依據（§8後段）。

8. 本辦法經中心行政會議通過，送臺灣聯合大學系統校長會議同意後實施，修正時亦同（§9）。

　　《臺灣聯合大學系統文化研究國際中心組織章程》明定組織、人事、經費、發展目標等，除設置研究群，也籌劃相關學程，為目前臺灣聯合大學系統官網唯一明文的章程，第8條並規範其組織運作績效評估。這是臺聯大系統至今比較透明化的參考指標。

　　或許主責國際交流，相對應的學程或服務資源等設置辦法，也有進一步資訊揭露。

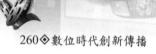

## 伍、結論與討論

現有大學整併合作的研究文獻，以教育管理層面為主；僅有一篇論述從法規視角檢視大學整併的法制（楊偉文，2013），及一篇從學習者角度分析大學生對大學併校的觀點（詹百依，2021）。針對國立大學系統法規探討論述，則付之闕如。

本文從國立大學策略聯盟合作系統的法源出發，檢視《大學法》、《大學系統組織及運作辦法》相關規定，以及大學聯合系統中唯一公告明定聯合大學系統章程的《臺北聯合大學系統組織及運作辦法》，分析條文呈現的權利、義務精神。

研究結果顯示，國立大學策略聯盟合作系統以單位層級的策略聯盟為主，業務層級的策略聯盟為輔；前者以跨校委員會代表決策為主，後者以行政支援居多。有關各校教師、學生、行政人員的意見交流有限。

分析發現，上述相關法規著重教學、研究、圖書資源、國際事務合作在資源交流權利面向居多，其次為校方行政體系的相關資源合作等。有關教學研究人員實質的跨領域教學研究，仍待具體強化。

相關大學系統運作辦法給予校方行政主管相當主責空間，部分也提及相關規劃須報請跨校審議委員會、教育部備查。此部分，也增添校方行政人員相當的執行義務。

再者，相關辦法對於大學聯合系統的問責機制，仍待明確化與具體立法制度化。

《臺灣聯合大學系統文化研究國際中心組織章程》為目前臺灣聯合大學系統官網唯一明文的章程，第 8 條並規範其組織運作績效評估。這是臺聯大系統至今比較透明化的參考指標，也揭露相對應學程或服務資源等設

置辦法。

　　以《大學法》第 6 條、第 7 條為例，呼應《大學法》第 1 條第 2 項開宗明義揭示大學享有學術自由，並在法律規定範圍內，享有自治權。

　　大學院校享有學術自由與自治權，是權利的宣示。因而，大學得跨校組成大學系統或成立研究中心，共同訂定跨校研究中心之組織及運作方式等事項規定。

　　依據《大學法》第 5 條第 2 項：教育部為促進各大學之發展，應組成評鑑委員會或委託學術團體或專業評鑑機構，定期辦理大學評鑑，並公告其結果，作為學校調整發展之參考；其評鑑應符合多元、專業原則，相關評鑑辦法由教育部定之。

　　參考《國立大學合併推動辦法》第 4 條說明：「本部為推動合併事項，得組成合併推動審議會（以下簡稱審議會），置委員九人至十五人，其中一人為召集人，由本部部長或政務次長擔任；其餘委員，由本部部長就學者專家及社會公正人士聘兼之。」

　　《國立大學合併推動辦法》第 6 條明定：「審議會之審議基準如下：

一、合併後得以提升學校經營績效及競爭力。

二、合併後得以有效整合教育資源效益。

三、合併後得以提供學生多元學習環境。

四、合併後得以滿足國家社經發展。

審議會審議時，本部應邀請學校列席，並提供意見。」

　　這反映教育部立法明確化其對於大學發展，或大學合併推動品質與效益，是否符合專業，會組成評鑑委員會或委託學術團體或專業評鑑機構，定期辦理大學評鑑，從內部或外部進行品質追蹤與把關。

　　《大學法》對於大學組織系統相關運作，另立《大學系統組織及運作辦法》。

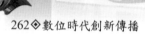

審視《大學系統組織及運作辦法》第4條明文：大學組成大學系統，應提出籌組大學系統計畫；系統計畫，應載明相關事項，包括第6項提及績效評估機制；第1項大學系統之變更及停辦，應經參與系統學校校務會議通過後，依原核定成立程序辦理。

上述大學組織系統運作之評估機制由大學系統自評，呼應大學自治精神，但外部評鑑超然機制較不明確。

查詢臺灣現有大學系統組織及運作，僅《臺北聯合大學系統組織及運作辦法》有明確組織運作辦法，包括國立政治大學即將加入的臺灣聯合大學系統仍未針對整體組織運作有特定辦法，而以《大學系統組織及運作辦法》為辦理原則。

中央研究院院士朱敬一曾投書〈潘部長，請即刻裁撤「大學系統」〉，質疑大學系統與總校長都不是《大學法》裡的正式編制，據瞭解，此項建議由教育部長以命令核准執行。既然總校長不在編制內，故沒有65歲以上須卸任的年齡上限。但是總校長配車、配司機、配祕書，體制上握有幾千萬元經費，卻永遠不必向立法院負責、備詢，可以不受任期限制（朱敬一，2016年6月2日）。

臺灣聯合大學系統亦於官網回應（臺灣聯合大學系統，2016年6月4日）所有的大學系統皆是根據教育部訂定的《大學系統組織及運作辦法》而成立，該運作辦法則是教育部根據《大學法》第6條第2項規定訂定之。非如該文所稱：「由於大學系統與總校長都不是《大學法》裡的正式編制，據瞭解，此項建議由教育部長以命令核准執行。」

另一方面，大學策略聯盟合作被視為「一加一大於二」（陳玉娟，2018）。根據本研究分析，國立大學聯合系統的確在學生學習課程、圖書資源、教學研究團隊、國際事務合作，或校友會整合等跨校合作上，樹立新的一頁。例如，臺灣聯合大學系統有跨校際每天五班次的交通車，協助大學生跨校修課，充實跨領域專業知能；《臺北聯合大學系統組織及運作

辦法》第 8 條觸及各校校友總會結合，為從學習者獲校方資源整合角度的運作方式，其他多沿用《大學系統組織及運作辦法》精神。

　　然而，如何讓大學系統的法規明確透明化，讓大學聯合系統在實質合作項目，邀集各校學生、教師研究人員代表參與，且可享有提案權等，仍待細緻具體建置，逐步使各大學聯合系統制度化，避免因人廢事，或限於人為因素，影響運作品質與成效。

# 參考書目

## 一、中文部分

三立新聞網（2016 年 8 月 5 日）。〈男友難當！調查指出近 8 成女性認為「另一伴拍照技巧差〉，《TVBS 新聞網》。取自 https://www.setn.com/News.aspx?NewsID=170795

王德馨（1990）。《我國專業廣播電台定位之研究》。中國文化大學新聞研究所碩士論文。

王健全（2001）。〈知識服務業全球競爭力之發展願景與策略〉，「2001 年 5 月 7、8 日第四屆全國工業發展會議」，臺北市：國際會議中心。

王俐容（2006）。〈文化公民權的建構：文化政策的發展與公民權的落實〉，《公共行政學報》，20: 129-159。

王小章譯（2007）。《公民權研究手冊》。杭州：浙江人民出版社（原書 Isin, E. F., & Turner, B. S. [2002]. *Handbook of citizenship studies.* London, UK: SAGE.）

王弘文（2012）。《破壞式創新以 4C 架構分析——液態鏡頭為例》。國立政治大學經營管理碩士學程（EMBA）。

王揚宇（2021 年 12 月 28 日）。〈立院三讀 NCC 新增掌理網路傳播業務〉，《中央通訊社》。取自 https://www.cna.com.tw/news/firstnews/202112280371.aspx

文化部（2019 年 5 月 10 日）。〈《文化基本法》三讀確立政府文化施政方針 鄭麗君：文化治理架構成形〉，《臺北市文化部》。2021 年 4 月 22 日載於：https://www.moc.gov.tw/information_250_98945.html

中央通訊社（2021 年 11 月 29 日）。〈中央社簡介〉，《中央通訊社》。取自 https://www.cna.com.tw/about/info.aspx

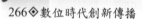

中時新聞網（2021 年 11 月 29 日）。〈關於我們〉，《中時新聞網》。取自 https://
static.chinatimes.com/pages/customer-about.htm?chdtv

內政部戶政司（2019年7月17日）。〈國情統計通報〉第133號。取自https://
www.dgbas.gov.tw/public/Data/9717160105LGQ42NT.pdf

內政部統計處（2021 年 4 月 17 日）。《內政統計通報》。取自 https://ws.moi.
gov.tw/Download.ashx?u=LzAwMS9VcGxvYWQvNDAwL3JlbGGZpbG
UvMC8xNDAxMS8yMjE5YjU1NS0wM2QwLTQ0NjMtYTRmZi0xZm
IwMGQyN2U1MmYucGRm&n=MTEw5bm056ysMTbpgLHlhafmlL%2
fntbHoqIjpgJrloLFf5pWZ6IKy56iL5bqmLnBkZg%3d%3d

臺灣聯合大學系統（2016 年 6 月 4 日）。〈關於 6 月 2 日朱敬一院士刊登
於《報導者》網路媒體和《今周刊》雜誌一文「潘部長：請即刻裁撤
『大學系統』」，臺灣聯合大學系統謹聲明如下〉，《臺灣聯合大學系統
重要新聞》。取自 https://www.ust.edu.tw/Important_News_Detailed.
aspx?GUID=644c8ef0-7479-45d2-9c60-a825afe33e2a

臺中市政府法制局（2018 年 12 月 1 日）。〈定型化契約須知〉，《消費問題
彙編》，頁 19-27，臺中市政府法制局。

臺灣網路資訊中心（TWNIC）（2019年1月10日）。《2018臺灣網路報告》。
取自https://report.twnic.tw/2018/

臺灣蘋果日報（2021 年 5 月 17 日）。〈《臺灣蘋果日報》給讀者的一封信：
忍痛決定本月 18 日起停刊〉。取自 https://tw.appledaily.com/
property/20210514/C7SRK6HJQZGZJEJAAGHZMAF6JY/

臺灣原住民族資訊資源網（2021 年 6 月 12 日）。〈認識原住民族〉。取自
http://www.tipp.org.tw/tribe_detail1.asp?TA_No=15

臺北市政府衛生局（2022 年 2 月 7 日）。〈人口概況〉。取自 https://health.gov.
taipei/News_Content.aspx?n=8B8D6D49D3ABDD2E&sms=70AC35EE
168607CB&s=6E679A94AC9C9FCC

司法院大法官釋字第 364 號解釋文。

司法院大法官釋字第 613 號解釋文。

司法院大法官釋字第 678 號解釋文。

司法院大法官釋字第 689 號解釋文。

司法院（2007 年 11 月 22 日）。〈77.1.29 證交法第 18 條等規定限經核准之投顧辦理講習 合憲惟僅提供一般證券投資資訊而未以分析推介個股為目的者 不受上開法規限制〉，《司法周刊》，1365(1)。取自 https://www.judicial.gov.tw/tw/cp-1429-73315-25d63-1.html

朱敬一（2015 年 2 月 9 日）。〈屆齡退休的學者十誡〉，《獨立評論》。取自 https://opinion.cw.com.tw/blog/profile/261/article/2374

朱敬一（2016 年 6 月 2 日）。〈潘部長，請即刻裁撤「大學系統」〉，《今周刊》。取自 https://www.businesstoday.com.tw/article/category/154685/post/201606020024/%E6%BD%98%E9%83%A8%E9%95%B7%EF%BC%8C%E8%AB%8B%E5%8D%B3%E5%88%BB%E8%A3%81%E6%92%A4%E3%80%8C%E5%A4%A7%E5%AD%B8%E7%B3%BB%E7%B5%B1%E3%80%8D

朱世凱（2019 年 11 月 13 日）。〈民宿美照是假的？過來人淚揭訂房網「暗黑內幕」〉，《東森新聞雲》。取自 https://house.ettoday.net/news/1578766

行政院（2018）。《臺灣 AI 行動計畫（2018-2021）》。臺北市；行政院。取自 https://digi.ey.gov.tw/File/4C622B6A10053DAD

行政院新聞傳播處（2019 年 7 月 5 日）。〈《文化基本法》──再造文化治理，落實文化公民權〉，《行政院新聞傳播處》。取自 https://www.ey.gov.tw/Page/5A8A0CB5B41DA11E/1b2f62e3-34dc-45f5-881c-8d6cec9de090

行政院（2020 年 4 月 30 日）。「有線廣播電視系統經營者／有線播送系統定型化契約應記載及不得記載事項」。取自行政院網頁 https://www.ey.gov.tw/Page/DFB720D019CCCB0A/e1212591-ee02-4354-854f-77198c9c01e8

行政院（2021 年 3 月 19 日）。〈族群〉，《行政院官網》。取自 https://www.ey.gov.tw/state/99B2E89521FC31E1/2820610c-e97f-4d33-aa1e-e7b15222e45a

行政院公報（2021 年 6 月 18 日）。〈交通建設篇「有線廣播電視服務定型化契約應記載及不得記載事項修正草案總說明」〉，《行政院公報》，27(112)。

江岷欽（1995）。〈從組織文化觀點論教育機構之合作〉，《教育研究雙月刊》，41: 19-25。

江子鳴（2011）。《破壞性創新理論的回顧與應用──破壞分類模型提出》。國立成功大學企業管理系學士論文。

宇妍（2020年6月2日）。〈【媒體這條路】發行量走跌、32年歷史臺灣《聯合晚報》無預警停刊 部分記者被恭喜〉，《臺灣英文新聞》。取自 https://www.taiwannews.com.tw/ch/news/3943172

吳嘉輝（2001）。〈數位廣播在臺灣〉，發表於2001年國際數位廣播研討會，7月31日至8月2日，臺北市：中廣公司國際會議廳。

吳致達（2002）。《國內大學發展校園網路廣播之初探性研究》。國立政治大學廣播電視學研究所碩士論文。

吳思華（2003）。《策略九說：策略思考的本質》，第5版。臺北市：臉譜出版。

吳清山（2011）。〈我國高等教育革新的重要課題與未來發展之分析〉，《長庚人文社會學報》，4(2): 241-280。

吳佩臻、陳建鈞（2021年12月23日）。〈2021年數位行銷回顧：五大焦點媒體〉，《數位時代》。取自 https://www.bnext.com.tw/article/66704/2021-social-media-top5

沈清松（1984）。《解除世界魔咒──科技對文化的衝擊與展望》。臺北市：時報出版。

李秀珠（1995）。〈衛星電視的節目規劃：從文化接近性談起〉，第二屆廣電學術與實務研討會。6月21日，臺北市：國立政治大學公企中心國際會議廳。

李嘉崑（1995）。《我國教育廣播電台節目策略之研究》。淡江大學教育資料科學研究所碩士論文。

李長龍（1996）。〈數位電視的國際標準與現況〉，《電腦與通訊》，48: 3-15。

李秀珠、江靜之（1998年1月）。〈市場競爭與節目多樣性之研究──以臺灣三家無線電視台為例〉，《廣播與電視》，3(3): 21-38。

李孟玢（1998）。〈論世界人權宣言之基本性質與法律效力〉，《中正大學法

學集刊》，1: 333-361。

李文瑞、曹為忠、吳美珍（2000）。〈我國電子資訊廠商策略聯盟夥伴選擇之研究〉，《管理評論》，19(3): 1-24。

李桂芝（2001）。《電視媒體與數位媒體競合關係之探討》。銘傳大學傳播管理所碩士班在職專班論文。

李美華、黃詩芸（2009）。〈臺灣無線數位電視的競爭策略與節目規劃〉，《傳播與管理研究》，9(1)：63-92。

位明宇（2010）。〈新聞整合操作：學生媒體行動研究〉，《新聞學研究》，105: 167-203。

何于凡（2016）。《樂齡族生態旅遊互動體驗設計之研究──以杉林溪森林生態渡假園區為例》。國立雲林科技大學數位媒體設計系碩士論文。

邱昱蓁（2017）。《研究破壞式創新後企業之發展──以 LCD 設備商個案為例》。國立中央大學高階主管企管碩士班。

邱映慈（2020 年 10 月 9 日）。〈2020 臺灣 10 大熱門網美照景點〉，《中時新聞網》。取自 https://www.chinatimes.com/fashion/20201009002452-263907?chdtv

林紀慧（1995）。〈臺灣綜藝節目的製作──兼論外來文化對臺灣綜藝節目的影響〉，第二屆廣電學術與實務研討會。6 月 21 日，臺北市：國立政治大學公企中心國際會議廳。

林清修（2002 年 11 月）。〈臺灣電視數位化面面觀（下）〉，《數位視訊多媒體月刊》，頁 3。

林曉雲（2013 年 5 月 7 日）。〈人才危機 15 年後大學生源減半〉，《自由時報》。取自 https://news.ltn.com.tw/news/life/paper/676796

林詠姍（2015）。《少子化趨勢之大學整併需求與問題──以推動高雄第一科大、高雄應用科大、高雄海洋科大三校合併過程為例》。國立高雄大學。

林應穩（2016）。《破壞式創新對網路安全產業之影響》。國立臺灣大學工業工程學研究所學位論文。

林新發（2017）。〈臺灣高等教育產業整併之分析〉，《臺灣教育評論月刊》，

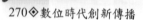

6(1): 17-24。

林行健（2018年2月2日）。〈全球40億人上網 菲人最愛社群網站〉,《中央通訊社》。取自 https://www.cna.com.tw/news/ait/201802010398.aspx

林志成（2021年4月22日）。〈頂尖對決！臺聯大系統單挑臺大系統 碩班聯招排同一天〉,《中時新聞網》。取自 https://www.chinatimes.com/realtimenews/20210422003993-260405?chdtv

法務部法制司（2012）。《公民與政治權利國際公約 經濟社會文化權利國際公約 一般性意見》,臺北市：法務部。

周志宏（1994）。〈學術自由的兩個面向〉,收於薛化元、周志宏（主編）,《國民教育權的理論與實際》,頁15-20。新北市：稻香出版社。

周祝瑛（2008）。《臺灣教育怎麼辦？》。新北市：心理出版社。

周家瑜（2017）。〈史特勞斯論洛克〉,《人文及社會科學集刊》,29(2): 1-28。

風傳媒（2019年4月2日）。〈父母上網曬娃：孩子的尷尬和安全隱憂〉,《風傳媒》。取自 https://www.storm.mg/lifestyle/1118239?page=1

俞國基（2020年6月2日）。〈臺灣平面媒體的生態與展望〉。取自 http://www.taiwanncf.org.tw/ttforum/01/01-003.pdf

胡元輝（2014）。〈超越校園——大學實習媒體轉型社區媒體之探討〉,《傳播研究與實踐》,4(2): 55-92。

胡佩蘭（2016）。《樂齡人工智慧服務平台策略》。國立政治大學經營管理碩士學程論文。

洪千涵（2019）。《高齡者學習智慧手機資訊素養探討》。國立政治大學傳播學院碩士學程論文。

柯志祥、張文德（2019）。〈擴增實境使用者操作介面研究——以銀髮族 3D 試戴系統為例〉,《資訊社會研究》,36: 151-188。

客家委員會（2017年6月）。《105年度全國客家人口暨語言基礎資料調查研究》。新北市：客家委員會。

翁秀琪（1997年7月）。〈公共電視的節目策略：從德國經驗看臺灣未來公共電視可行的節目策略〉,《廣播與電視》,3(2): 89-108。

徐碧蓮（2017）。《樂齡主播營學員媒體近用實踐歷程之行動研究》。國立

高雄師範大學成人教育研究所碩士論文。

消費者文教基金會（2020 年 4 月 28 日）。〈恣意斷訊挑戰政府公權力，NCC 應當硬起來〉。取自 https://www.consumers.org.tw/product-detail-2605739.html

原住民族委員會（無日期）。〈原住民族分布區域〉，參考自原住民族委員會官網 https://www.cip.gov.tw/portal/docList.html?CID=6726E5B80C8822F9

唐嘉彥（2013）。〈臺灣高等教育的發展歷史與現狀〉，《世界教育訊息》，總 328 期，16: 65-69。

陳清河（1999）。〈校園實習電臺與社區資源共享的理念──以政大之聲實習電台為例〉，「1999 中華傳播學會年會」。

陳啟光、王國明（2002 年 10 月）。〈推動政府服務再造成功關鍵因素──創新作為之探討〉，《研考月刊》，25(5): 74-85。

陳維昭（2003）。〈大學整併的理念與實踐〉，《臺大校友雙月刊》，第 26 期。取自 http://www.alum.ntu.edu.tw/wordpress/?p=1779

陳其南、劉振輝（2005）。〈文化公民權之理念與實踐〉，《國家政策季刊》，4(3): 77-88。

陳玉娟（2014）。〈加拿大安大略省高等教育助學方案之探究〉，《臺灣教育評論月刊》，3(5): 52-57。

陳光亮（2015）。《兩岸大學整併變革後對組織影響之比較研究──以臺灣東華大學與大陸廣州大學為例》。屏東大學教育行政研究所。

陳玉娟（2018）。〈一加一大於二──大學策略聯盟的現在與未來〉，《臺灣教育評論月刊》，7(10): 156-160。

陳成良譯（2015 年 10 月 22 日）。〈報紙無紙化　媒體困境求生〉，《自由時報》。取自 https://news.ltn.com.tw/news/world/paper/39624

陳晏清（2015）。《企業之於破壞式創新的回應策略：以光碟片產業為例》。元智大學經營管理碩士班。

陳佳茵（2018）。《破壞式創新之監管架構》。國立臺灣大學法律研究所。

陳宏睿（2020 年 4 月 20 日）。〈中市警交大避感染　上班打卡臉孔辨識取代指紋〉，《聯合新聞網》。取自 https://video.udn.com/news/1174358

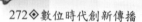

梁君棣（2018 年 7 月 2 日）。〈中央社成立媒體實驗室 努力突破媒體困境〉，《中央通訊社》。取自 https://www.cna.com.tw/news/firstnews/201807020109.aspx

郭志峰（2018）。《小型建設公司臺中舊城區經營發展策略之研究》。國立暨南國際大學管理學院高階經營管理碩士學位學程。

張湘蓉（1996）。《類型電台在臺灣的發展及其經營策略：臺北愛樂電台與人人電台的比較個案研究》。國立政治大學新聞研究所碩士論文。

張建成（2000）。〈高等教育〉，《教育大辭書》，教育部，臺北。取自 https://terms.naer.edu.tw/detail/1308939/

張淑瑜、謝佩璇、黃育英、徐一仁、林宜樺、賴協志（2002）。〈我國高等教育擴張之探討〉，發表於：《國立政治大學教育學系九十學年度第二學期學生學術研討會》（未出版）。

張國保（2017）。〈大學整併的調適〉，《臺灣教育評論月刊》，6(1): 58-63。

許育典（2006）。〈文化國與文化公民權〉，《東吳法律學報》，18(2): 1-142。

許瓊文（2007）。〈數位化媒體教育課程實驗初探與省思：以某大學實習媒體為例〉，《中華傳播學刊》，11: 3-46。

許景棟（2013）。《我國大學整併案例之探究》。國立師範大學公民教育與活動領導學系碩士論文。

教育部（2002）。《媒體素養教育政策白皮書》，臺北市：教育部。

教育部（2010）。《近 16 年我國教育發展統計分析（83~98 學年度）》。臺北市：三民書局。

教育部（2015）。《高等教育創新轉型方案》。臺北市：教育部技職司。

曹真睿（2013）。〈最大化即最適化?高等教育擴張的省思〉，《人文與社會科學簡訊》，15(1): 37-45。

符碧真（2000）。〈教育擴張對入學機會均等影響之研究〉，《教育研究集刊》，44: 201-224。

黃兆璽（2004 年 11 月 9 日）。〈新聞局回收類比頻道 TV 內建數位接收功能 2010 年電視全面數位化〉，《星報》，B1 版。

黃葳威（1997a）。《走向電視觀眾：回饋理念與實證》。臺北市：時英出版。

黃葳威（1997b）。〈多頻道廣播生態下聽眾回饋的定位〉,《廣播與電視》,
　　3(2): 141-166。

黃葳威（1999）。《文化傳播》。臺北市：正中書局。

黃葳威（2002）。《聲音的所在：透視電台節目規劃管理》。臺北市：道聲
　　出版。

黃葳威（2003）。《臺北想像的延伸：臺北廣播電台節目規劃探討》。臺北
　　市：臺北廣播電台委託計畫。

黃葳威、樊誌融（2004）。〈從跨組織模仿探析臺灣廣播電台對數位化趨勢
　　之因應〉,《廣播與電視》,13: 36-60。臺北市：國立政治大學廣播電
　　視學系編印。

黃葳威（2012）。《數位時代資訊素養》。新北市：威仕曼文化。

黃葳威（2016）。〈第十三章　文化間與跨文化傳播〉,頁501-550,《傳播理
　　論》。新北市：揚智文化。

黃葳威（2020a）。〈數位時代臺灣傳播媒體破壞式創新分析〉,「2020臺灣
　　資訊社會研究學會年會暨論文研討會」,臺北市國立臺灣師範大學。

黃葳威（2020b）。《數位時代社會傳播》。新北市：揚智文化。

黃葳威（2021a）。〈數位時代臺灣廣播媒體破壞式創新分析〉,「2021數位
　　創世紀學術實務研討會」,臺北市國立臺灣師範大學。

黃葳威（2021b）。《2021 臺灣青少兒價值觀與上網趨勢報告》。臺北市：
　　政大數位傳播文化行動實驗室／白絲帶關懷協會。

黃政傑（2017）。〈再論國立大學併校問題〉。《臺灣教育評論月刊》,6(1):
　　4-12。

傅尚裕（2001年12月）。〈數位電視的節目設計和製作技術〉,《廣電人月
　　刊》,84: 3-7。

凱絡媒體週報（2020年7月16日）。〈2019年廣告量洞察　全媒體觀點解
　　析〉。取自 https://twncarat.wordpress.com/2020/07/16/2019%E5%B9%
　　B4%E5%BB%A3%E5%91%8A%E9%87%8F%E6%B4%9E%E5%AF
　　%9F-%E5%85%A8%E5%AA%92%E9%AB%94%E8%A7%80%E9%B
　　B%9E%E8%A7%A3%E6%9E%90/

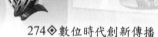

馮震宇（2002）。〈發展知識服務產業的法律問題與政策考量〉，「政治大學公共政策論壇——全球化與臺灣研討會」，臺北市。

奧美觀點（2019 年 5 月 24 日）。〈《與惡》成功背後，呂蒔媛與大數據的距離〉，《天下雜誌》。取自 https://www.cw.com.tw/article/5095338

楊國賜主編（2001）。《大學教育的現況與前瞻》。臺北市：教育部。

湯志民（2003 年 10 月）。〈臺灣高等教育擴張與整併之探析〉，發表於《卓越與效能——21 世紀兩岸高等教育發展前景學術研討會》，國立政治大學教育學系（主辦）。

楊雅婷譯（2009）。《人權的概念與標準》。新北：韋伯文化國際（原書 Symonides, J. [2000]. *Human Rights: Concept and Standards*. London, UK: Routledge）。

楊偉文（2013）。《我國大學整併法制之研析》。開南大學法律系碩士論文。

楊證凱（2021 年 11 月 3 日）。〈PwC Taiwan 發布《2021 臺灣新創生態圈大調查》： 數位科技與轉型　引領新創蛻變成長〉，《資誠聯合會計師事務所》。 取自 https://www.pwc.tw/zh/news/press-release/press-20211103-1. html

詹百依（2021）。《大學生對高等教育機構整併觀點之研究——以國立清華大學為例》。國立臺中教育大學高等教育經營管理碩士論文。

趙恬嘉（2006）。《臺灣有線電視業者面對數位匯流之競爭策略》。臺灣大學國際企業學研究所碩士學位論文。

趙慧嫻（2009）。《以資源基礎理論探討破壞式創新對價值創造之影響：以漁光國小為例》。大葉大學管理學院碩士在職專班。

劉幼琍（1997）。《多頻道電視與觀眾：90 年代的電視媒體與閱聽人收視行為研究》。臺北市：時英出版。

管中祥（2015）。〈多元價值的缺席：傳播科系實習教育的再思考〉，《傳播研究與實踐》，5(2): 193-213。

蔡琰（1995）。〈生態系統與控制理論在傳播研究之應用〉，《新聞學研究》，51: 163-185。

蔡琰、臧國仁（2008）。〈熟年世代網際網路之使用與老人自我形象與社會

角色建構〉,《新聞學研究》,97: 1-43。

蔡琰、臧國仁（2013）。〈兒孫輩輔助家中長者學習電腦之研究〉,《興大人文學報》,51: 87-114。

蔡琰、臧國仁（2018）。〈爺爺奶奶部落格──對老人參與新科技傳播從事組織敘事之觀察〉,《中華傳播學刊》,18: 235-263。

蔡念中（2003）。《數位寬頻傳播產業研究》。新北市：揚智文化。

蔡朝安、張馨云（2020 年 5 月 19 日）。〈指紋辨識打卡聽起來方便 但別忘了個資的遵法要求〉,《PwC 的全球聯盟組織》。取自 https://www.pwc.tw/zh/about-us.html

黎建忠（2017 年 5 月 30 日）。〈【老虎變病貓】伍茲生涯轉捩點　悍妻持球桿追打〉,《蘋果新聞網》。取自 tw.appledaily.com/sports/20170530/MBRRDJKWHCRFOZV7A5JSNPQQM4/

聯合線上（2021 年 11 月 29 日）。〈公司簡介〉,《聯合新聞網》。取自 http://co.udn.com/co/index

盧祐德（2016）。《樂齡學習者的資訊素養與社交媒體使用行為研究》。南臺科技大學資訊傳播系碩士論文。

謝金枝（2017）。〈大學整併：觀點與案例〉,《臺灣教育評論月刊》,6(1): 38-44。

鍾宏基（2015）。《我國國立大學合併政策之內容分析》。國立中央大學法律與政府碩士論文。

蕭忠漢、蘇諍（2011）。〈大學整併不是萬靈丹〉。2011 年 7 月 29 日。取自 http://tw.myblog.yahoo.com/jw!1TD12byeGQRj0TW4QnlX7GVV/article?mid=496&prev=506&next=471

簡文明（2016）。《破壞式創新的決策模式》。國立清華大學經營管理碩士在職專班。

簡嫻雯（2012）。《蘋果破壞式創新之影響：中小尺寸面板應用之手持消費性電子裝置之分析》。國立交通大學高階主管管理碩士學程。

關尚仁（1992）。〈節目策略研究初探〉,《廣播與電視》,創刊號,15-34。

邊明道（2002）。〈數位時代下無線電視台的經營方向──以美國電視台的

經驗為例〉,《廣電人》,87: 49-53。

羅世宏(2008)。〈通訊傳播管理法草案的盲點:文化公民權/傳播權視野之批判〉,《科技法學評論》,5(2): 1-29。

羅國彰(2015)。《破壞式創新之新產品管理:Epson 引進銷售連續供墨印表機的故事》。國立臺灣科技大學管理研究所。

羅珮婷(2018)。《樂齡族行動載具課程教學之個案研究》。國立臺北教育大學課程與教學研究所學位論文。

競業信息(2020 年 7 月)。〈2020 年第二季【潤利艾克曼公司】媒體大調查報告〉。取自 https://anm.frog.tw/wp-content/uploads/2020%E5%B9%B4%E7%AC%AC%E4%BA%8C%E5%AD%A3%E3%80%90%E6%BD%A4%E5%88%A9%E8%89%BE%E5%85%8B%E6%9B%BC%E5%85%AC%E5%8F%B8%E3%80%91%E5%AA%92%E9%AB%94%E5%A4%A7%E8%AA%BF%E6%9F%A5%E5%A0%B1%E5%91%8A.pdf

蘇芸(1997 年 9 月 30 日)。〈民生報與元碁資訊合作共同經營民生天地生活資訊網〉,《iThome 電腦報周刊》。取自 https://www.ithome.tw/news/7728

蘇思云(2012 年 9 月 15 日)。〈有線電視定型化契約修訂 退訂後回收機上盒不得收費〉,《中央通訊社》。取自 https://www.cna.com.tw/news/ahel/202109150217.aspx

蘇思云(2020 年 5 月 18 日)。〈鼓勵破壞式創新跳脫框架 科技部海選 11 篇論文〉。取自 https://tw.stock.yahoo.com/news/%E9%BC%93%E5%8B%B5%E7%A0%B4%E5%A3%9E%E5%BC%8F%E5%89%B5%E6%96%B0%E8%B7%B3%E8%84%AB%E6%A1%86%E6%9E%B6-%E7%A7%91%E6%8A%80%E9%83%A8%E6%B5%B7%E9%81%B811%E7%AF%87%E8%AB%96%E6%96%87-090715661.html

競業信息(2020 年 7 月)。〈2020 年第二季【潤利艾克曼公司】媒體大調查報告〉。取自 https://anm.frog.tw/wp-content/uploads/2020%E5%B9%B4%E7%AC%AC%E4%BA%8C%E5%AD%A3%E3%80%90%E6%BD%A4%E5%88%A9%E8%89%BE%E5%85%8B%E6%9B%BC%E5%85%

85%AC%E5%8F%B8%E3%80%91%E5%AA%92%E9%AB%94%E5%
A4%A7%E8%AA%BF%E6%9F%A5%E5%A0%B1%E5%91%8A.pdf

## 二、外文部分

Assink, M. (2006). Inhibitors of disruptive innovation capability: a conceptual model. *European Journal of Innovation Management*, 9(2), 215-233.

Anderson, J. C., Narus, J. A., & Van Rossum, W. (2006). Customer value propositions in business markets. *Harvard Business Review*, 84(3), 1-8.

Allen, K. (2010). Book Review: Peter Jarvis (2010) *Learning to be a Person in Society*. London: Routledge. *Educational Psychology*, 30(2), 244-245.

Arcalean, C., & Schiopu, I. (2010). Public versus private investment and growth in a hierarchical education system. *Journal of Economic Dynamics & Control*, 34(4), 604-622.

Albarran, A. B. (2012). Media Management and Economics Research: The First 75 Years. In A. B. Albarran (Ed.). *Media Management and Economics Research in a Transmedia Environment* (pp.5-18). New York, NT: Routledge.

Ayvari A., & Jyrama, L. A. (2017). Rethinking value proposition tools for living labs. *Journal of Service Theory and Practice*, 27(5), 1024-1039.

Bararson, J. (1990). Transnational strategic alliances: Why, What, Where and How. *Multinational Business*, 2(1), 54-61.

Badaracco, J. L. (1991). Alliances speed knowledge transfer. *Planning Review*,19(2), 10-16.

Bower, J. L., & Christensen, C. M. (1995). Disruptive technologies: Catching the wave. *Harvard Business Review*, 73(1), 43-53.

Bresnahan, T. F., & Trajtenberg, M. (1995). General purpose technologies engines of growth. *Journal of Econometrics*, 65, 83-108.

Busenitz, L. W., & Barney J. B. (1997). Differences between entrepreneurs and managers in large organizations: Biases and heuristics in strategic decision-making. *Journal of Business Venturing*, 12(1), 9-30.

Bozinis, A. I. (2007). Internet politics and digital divide issues: The rising of a new electronic aristocrats and electronic meticians. *Journal of Social Sciences*, 3(1), 24-26.

Bélanger, P. (2011). *Theories in Adult Learning and Education*. Opladen and Farmington Hills, MI: Barbara Budrich Publishers.

Blank, G., Dutton, W. H. (2012). Age and trust in the internet: The centrality of experience and attitudes toward technology in Britain. *Social Science Computer Review*, 30(2), 135-151.

Baiyere, A., & Salmela, H. (2013). Review: Disruptive innovation & information technology -charting a path. In H. Deng & C. Standing (Eds.), *ACIS 2013: Information systems: Transforming the Future: Proceedings of the 24th Australasian Conference on Information Systems*. Melbourne, AU, 4-6 December, 2013, 1-11.

Bründl, S., Matt, C., & Hess, T. (2017). Consumer Use of Social Live Streaming Services: the Influence of Co-Experience and effectance on enjoyment. ECIS.

Christensen, C. M. (1997). *The Innovator's Dilemma: When New Technologies Cause Great Firms to Fail*. Boston: Harvard Business School Press.

Chaudhuri, S., & Tabrizi, B. (1999). Capturing the real value in high-tech acquisitions. *Harvard Business Review*, 77(5), 123-130.

Christensen, C. M., & Raynor, M. E. (2003). *The Innovator's Solution: Creating and Sustaining Successful Growth*. Harvard Business Press.

Christensen, C. M., Anthony, S. D., & Roth, E. A. (2004). *Seeing What's Next: Using the Theories of Innovation to Predict Industry Change*. Boston, MA: Harvard Business Press.

Chesbrough, H. (2010). Business Model Innovation: Opportunities and Barriers. *Long Range Planning*, 43(2), 354-363.

Chow, P. Y. S. (2014). Culture as Collective Memories: An Emerging Concept in International Law and Discourse on Cultural Rights. *Human Rights Law Review*, 14, 611-646.

Christensen, C., Raynor, M., & McDonald, R. (2015). What Is Disruptive Innovation? *Harvard Business Review*, December 2015, 44-53.

Christensen, C. M., Hall, T., Dillon, K., & Duncan, D. S. (2016). Know your customers' "Jobs to be done": Is innovation inherently a hit-or-miss endeavor? Not if you understand why customers make the choices they do. *Harvard Business Review* (September): 54-62.

Christensen M. C., McDonald, R., Altman, E. J., & Palmer, J. E. (2018). Disruptive Innovation: An Intellectual History and Directions for Future Research. *Journal of Management Studies* (June): 1-36. Retrieved from https://www.researchgate.net/publication/325803847

Cambridge Business English Dictionary (2021). Cambridge University Press. Retrieved from https://dictionary.cambridge.org/dictionary/english/strategic-alliance

Drucker, P. F. (1973). *Management: Tasks, Responsibilities, Practices*. NY: Harper & Row.

David, S. L. (1976). *The Unbound Prometheus: Technological Change and Industrial Development in Western Europe from 1750 to the Present*. Cambridge: The University Press.

DiMaggio, P. J., & Powell, W. W. (1983). The iron cage revisited Institutional isomorphism and collective rationality in organizational fields. *American Sociological Review*, 48(2), 147-160.

Dewey, J. (1897). My Pedagogic Creed. *Early Works*, 5, 84-95.

Dewey, J. (1910). *How We Think*. Lexington, MA: D.C.

Dewey, J. (1916). *Democracy and Education*. New York, NY: MacMillan.

Dewey, J. (1938). *Experience and Education*. New York, NY: Macmillan.

Dewey, J. (1997). *Experience and Education*. New York, NY: Free Press.

Delanty, G. (2002). Two Conceptions of Cultural Citizenship: A Review of

Recent Literature on Culture and Citizenship. *The Global Review of Ethnopolitics*, 1(3), 60-66.

Drummond, C. N. (2003). Carl Rogers and the Origin of Experiential Learning. Retrieved March 20, 2020, from https://d32ogoqmya1dw8.cloudfront.net/files/nagt/jge/columns/Editorial-v51n5.pdf

Dickinson, A., Newell, A., Smith, M., & Hill, R. (2005). Introducing the internet for the over 60's: Developing an email system for older novice computers users. *Interacting with Computers*, 17(6), 621-642.

Deuze, M. (2006). Global journalism education: A conceptual approach. *Journalism Studies*, 7(1), 19-34.

Downes, L., & Nunes, P. (2014). *Big Bang Disruption*. New York, NY: Portfolio.

Ellmore, R. T. (1991). *NTC's Mass Media Dictionary*. Lincolnwood, IL: National Textbook Company.

Eastman, S. T. (1993). *Broadcast/Cable Programming Strategies and Practice*, 4th edition. California: Wadsworth Publishing Company.

Eynon, R., & Helsper, E. (2015). Family dynamics and internet use in Britain: What role do children play in adults' engagement with the internet? *Information, Communication and Society*, 18(2), 156-171.

Eynon, R., & Malmberg, L. E. (2011). A typology of young people's internet use: Implications for education. *Computers and Education*, 56, 585-595.

Fayol, H. (1949). *General and Industrial Management*. London, UK: Pittman.

Fagerberg, J. (1994). Technology and International Differences in Growth Rates. *Journal of Economic Literature*, 32(3), 1147-1175.

Foroudi, P., Melewar, T. C., & Gupta, S. (2014). Linking corporate logo, corporate image, and reputation: An examination of consumer perceptions in the financial setting. *Journal of Business Research*, 67(11), 2269-2281.

Friemel, T. N. (2016). The digital divide has grown old: Determinants of a digital divide among seniors. *New Media and Society*, 18(2), 313-331.

Findahl, O. (2017). The Swedes and the Internet. Retrieved March 27, 2020 from https://internetstiftelsen.se/docs/SOI2011-en.pdf

Gould, J., & Klib, W. L. (1964). *A Dictionary of the Social Science*. NY: Free Press.

Grant, R. M. (1991). The Resource-Based Theory of Competitive Advantage. *California Management Review*, 33, 114-135.

Gupta, S., & Malhotra, N. (2013). Marketing Innovation: A resource-based view of international and local firms. *Marketing Intelligence and Planning*, 31(2), 111-126.

Garforth, F. W. (1966). Introduction. In J. Dewey & F. W. Garforth (Eds.), *Selected educational writings*. London, UK: Heinemann.

Herzberg, F. (1966). *Work and the Nature of Man*. New York, NY: World Publishing Company.

Hoad, T. F. (1987). *The Concise Oxford Dibionary of English Etymology*. Oxford, UK: The Clarendon Press.

Hennart, J. F., & Ready, S. (1997). The choice between merges/acquisitions and joint ventures in the United States. *Strategic Management Journal*, 18, 1-12.

Hersey, P., & Blanchard, K. H. (1993). *Management of Organizational Behavior*, 6th ed. Englewood Cliffs, NJ: Prentice-Hall.

Helsper, E., & Reisdorf, B. (2013). A quantitative examination of explanations for reasons for internet nonuse. *Cyberpsychology, Behavior, and Social Networking*, 16(2), 94-99.

Hitt, M. A., Ireland, D., & Hoskisson, R. E. (2015). *Stragegic Management: Competitiveness and Globalization Concepts and Cases* (3rd ed.). Boston, MA: Cengage Learning.

Inter-University Program for Latino Research, Culture Studies Working Group (1988). *Draft concept paper on cultural citizenship*. Unpublished.

University of Notre Dame, USA.

Ineland, J., Molin, M., & Sauer, L. (2009). *Utvecklingsstörning, samhälle och välfärd*. Malmö, SE: Gleerup. Tredje reviderade upplagan.

IBGE – Instituto Brasileiro de Geografia e Estatística. (2010). *Pesquisa deinova,cão tecnológica – 2008*. Rio de Janeiro: IBGE.

Johnston, R., & Lawrence, P. R. (1988). Beyond vertical integration: the rise of the value-adding partnership. *Harvard Business Review*, 66, 94-101.

Johnson, M. W., Christensen, C. M., & Kagermann, H. (2008). Reinventing Your Business Model. *Harvard Business Review*, 86(12), 50-59.

Jarvis, P. (1987). *Adult learning in the social context*. Beckenham, UK: Croom Helm.

Jarvis, P. (2006). *Towards a Comprehensive Theory of Human Learning*. London.

Jarvis, P. (2010) *Learning to be a Person in Society*. London, UK: Routledge.

Jarvis, P. (2012). Learning from everyday life. *Human and Social Studies Research and Practice*, 1(1), 1-20.

Kondratieff, N. (1925). *The Major Economic Cycles*. Moscow.

Kolb, D. A. (1984). *Experiential learning: Experience as the source of learning and development*. Englewood Cliffs, NJ: Prentice-Hall.

Kemmis, S. (1988). *The Action Research Reader*. Victoria, AU: Deakin University.

Kogut, B. (1988). Joint ventures: Theoretical and empirical perspectives. *Strategic Management Journal*, 9(4), 319-332.

Knsynski, B. R., & McFarlan, E. W. (1990). Information partnerships-shared data, shared scale. *Harvard Business Review*, 68(5), 114-120.

Kymlicka, W., & Norman, W. (2000). *Citizenship in Diverse Societies*. Oxford, UK: University Press.

Kymlicka, W. (2000). Introduction: citizenship in cultural diverse societies: issues, contexts, concept. In Kymlicka, Will & Wayne Newman (Eds.),

*Citizenship in Diverse Societies* (pp.1-44). Oxford, UK: Oxford University Press.

Kon, A. (2004). *Economia de servi̧cos: teoria e evolu̧cão no Brasil*. Rio deJaneiro: Editora Campus.

Kolb, D. A., & Kolb, A. Y. (2011). *The Kolb Learning Style Inventory 4.0*. Upper Saddle River, NJ: Prentice Hall.

Lintan, R. (1936). *The Study of Man*, pp.78. New York, NY: D. Appleton-Century.

Litman, B. (1979). The television networks, competitions and program diversity. *Journal of Broadcasting*, 23(4), 393-409.

Lewin, K. (1946). Action Research and Minority Problems. *Journal of Social Issues*. 2(4), 34-46.

Lewin, K. (1951). *Field theory in social science; selected theoretical papers*. D. Cartwright (ed.). New York, NY: Harper and Row.

Lau, C., & Woodman, R. (1995). Understanding organizational change: A schematic perspective. *The Academy of Management Journal*, 38(2), 537-554.

Lafontaine, F., & Shaw, K. L. (1999). The dynamics of franchise contracting: Evidence from panel data. *Journal of Political Economy*, 107, 1041-1080.

Livingstone, S., Van Couvering, E., & Thumin, N. (2009). Converging traditions of research on media and information literacies: Disciplinary, critial and methodological issues. In J. Coiro, M. Knobel, C. Lankshear, & Leu, D. J. (Eds.). *Central Issues in New Literacies and New Literacies*. Research handbook of research on new literacies. New York, NY: Routledge.

Loges, W., & Jung, J. (2001). Exploring the digital divide: Internet connectedness and age. *Communication Research*, 28(4), 536-562.

Mayo, E. (1933). *The Human Problems of an Industrial Civilization*. New York, NY: Macmillan.

Maslow, A. H. (1954). *Motivation and Personality*. New York, NY: Harper & Row.

McGregor, D. (1960). *The Human Side of Enterprise*. New York, NY: McGraw-Hill.

Meyer, J. W. & Rowan, B. (1977). Institutional organizations: formal structure as myth and ceremony. *American Journal of Sociology*, 83, 340-363.

Miettinen, R. (2000). The concept of experiential learning and John Dewey's theory of reflective thought and action. *International Journal of Lifelong Education*, 19(2000), 1, s. 54-72.

Maletz, M. C., & Nohria, N. (2001). Managing in the whitespace. *Harvard Business Review*, 79(2), 102-157.

Miller, T. (2006). Cultural Citizenship: Cosmopolitanism, Consumerism and Television in a Neoliberal Age. *Canadian Journal of Sociology Online*, pp.1-4, Temple University Press.

Merriam, S. B., Caffarella, R. S., & Baumgartner, L. M. (2007). *Learning in adulthood: A comprehensive guide.* (3rd). San Francisco, CA: Jossey-Bass.

Manyika, J., Chui, M., Bughin, J., Dobbs, R., Bisson, P., & Marrs, A. (2013). Disruptive Technologies: Advances that will transform life. *business, and the global economy*, Vol.12, McKinsey Global Institute.

McQuivey, J. (2013). *Digital Disruption: Unleashing the Next Wave of Innovation*. Cambridge: Forrester Research, Inc.

Maynes, J., & Rawson, A. (2016). Linking the customer experience to value. *McKinney Global Institute,* Retrieved on 27 January 2022. Retrieved from https://www.mckinsey.com/business-functions/marketing-and-sales/our-insights/linking-the-customer-experience-to-value

Moreira, M., Guimarães, T., & Philippe, J. (2016). Change and innovation: An observable relationship in services? *Innovation and Management Review,* 13, 135-144.

Nelson, R., & Winter, S. (2005). *Uma Teoria Evolucionária da Mudan, Caeconômica.* Campinas, BR: Editora Unicamp.

Nussbaum, M. C. (2011). *Creating capabilities: The human development approach.* Cambridge, MA: The Belknap Press of Harvard University Press.

Niehaves, B., & Plattfaut, R. (2014). Internet adoption by the elderly: Employing IS technology acceptance theories for understanding the age-related digital divide. *European Journal of Information Systems*,23, 708-726.

Newman, N. (2020). 2020 Digital News Report. Retrieved from https://www. digitalnewsreport.org/survey/2020/overview-key-findings-2020/

Ouchi, W. G. (1981). *Theory Z: How American Business Can Meet the Japanese Challenge.* Reading, Massachusetts: Addison-Wesley Publishing Company.

Olson, M. (1982). *The Rise and Decline of Nations: Economic Growth, Stagflation, and Social Rigidities.* New Haven, CT: Yale University Press.

Olson, M. (2000). *Power and Prosperity.* New York, NY: Basic Books.

Osterwalder, A., Pigneur, Y., Bernarda, G., & Smith, A. (2014). *Value proposition Design.* Hoboken, NJ: Wiley.

Piaget, J. (1936). *Origins of Intelligence in the Child.* London: Routledge & Kegan Paul. P. Ltd.

Pfeffer, J., & Salancik, G. (1978). *The External Control of Organizations A Resource Dependence Perspective.* New York, NY: Harper & Row.

Porter, R. E., & Samovar, L. A. (1994). *Intercultural Communication: A Reader.* Belmont, CA: Wadsworth.

Park, S., & Ungson, G. (1997). Rivalry and Managerial Complexity: A Conceptual Framework of Alliance Failure. *Organization Science*, 12(1), 37-53.

Perez, C. (2002). *Technological Revolution & Financial Capital.* Cheltenham,

UK: Edward Elgar Publishing.

Poole, M. S., & Van de Ven, A. H. (2004). *Handbook of Organizational Change & Innovation*. USA: Oxford Press.

Prahalad, C., & Ramaswamy, V. (2004). Co-creation experiences: The new practice in value creation. *Journal of Interactive Marketing*, 18(3), 5-14.

Pavlou, P. A., & El Sawy, O. A. (2006). From IT leveraging competence to competitive advantage in turbulent environments: the case of new product development. *Information Systems Research*, 17(3), 198-227.

Peter, J., & Valkenburg, P. (2006). Adolescents' internet use: Testing the 'disappearing digital divide' versus the emerging 'digital differentiation' approach. *Poetics*, 34, 293-305.

Padgett, D., & Mulvey, M. S. (2007). Differentiation Via Technology: Strategic Positioning of Services Following the Introduction of Disruptive Technology. *Journal of Retailing, 83*(4), 375-391.

Perez, C. (2010). Technological revolutions and techno-economic paradigms. *Cambridge Journal of Economics*, 341, 185-202.

Paetz, P. (2014). *Disruption by Design*. Berkeley, CA: Apress.

Rosenberg, N. (1982). Technological Change in the Machine Tool Industry: 1840-1910. In *Perspectives on Technology*, Cambridge, UK: Cambridge University Press.

Ries, A., & Trout, J. (1986). *Positioning: The Battle for Your Mind*. New York, NY: McGraw-Hill Book Company.

Richardson, M., Weaver, K., & Zorn, T. (2005). 'Getting on': Older New Zealanders' perceptions of computing. *New Media and Society*, 7(2), 54-70.

Rubalcaba, L. (2007). *The New Service Economy: Challenges & Policy Implications for Europe*. Cheltenham, UK: Edward Elgar Publishing.

Reneland-Forsman, L. (2018). 'Borrowed access' -the struggle of older persons for digital participation. *International Journal of Lifelong*

*Education*, 37(3), 333-344. DOI: 10.1080/02601370.2018.1473516

Schumpeter, J. A. (1942). *The Process of Creative Destruction*. New York, NY: Harper.

Schumpeter, J. A. (1982). *Teoria do Desenvolvimento Econômico*. Rio de Janeiro: Fundo de Cultura.

Shane, S. A. (1996). Hybrid organizational arrangements and their implications for firm growth and survival: a study of new franchisors. *Academy of Management Journal*, 39(1), 216-234.

Straubhaar, J. (1997). Distinguishing the global, regional and national levels of television. In A. Sreberny-Mohammadi (Ed.), *Media in Global Context: A Reader* (pp.284-298). London, UK: Arnold.

Syvesten, J. (2000). Digital Broadcasting the competitve challenge for Telecos and Cable companies, Ovum Reports. Australian Government: Department of Broadband, Communications, and Digital Economy.

Stevenson, N. (2001). Culture and citizenship: An introduction. In Nick Stevenson (Eds.), *Culture & Citizenship* (1-10). London, UK: Sage.

Selwyn, N. (2006). Digital division or digital decision? A study of non-users and low-user of computers. *Poetics*, 34, 273-292.

Seale, J., & Dutton, W. (2012). Empowering the digitally excluded: Learning initiatives for (in) visible groups. *Research in Learning Technology, 20*(20214).

Schunk, D. H. (2012). *Learning Theories: An Educational Perspective* (6th ed.). Boston, MA: Pearson.

Seba, T. (2014). *Clean Disruption of Energy and Transportation*. California: Clean Planet Ventures.

Samovar, L. A., Porter, R. E., McDaniel, E. R., & Roy, C. S. (2014). *Intercultural Communication: A Reader*, (Fourteenth Edition). Boston, MA: Cengage Learning.

Seppanen, M., & Laukkanen, I. (2015). Business model innovation: Focus on customer experience. International Technology Management Conference, 2015 IEEE International Conference on, pp.1-9.

Sheehan, T., & Bruni-Bossio, V. (2015). Strategic value curve analysis: Diagnosing and improving customer value propositions. *Business Horizons*, 58(3), 317-324.

Scott, P. (2019). Martin Trow's elite-mass-universal triptych: Conceptualising Higher Education development. *Higher Education Quarterly*, 73(4), 496-506.

Teece, D. (1986). Profiting from technological innovation: Implications for integration, collaboration, licensing and public policy. *Research Policy*, 15(6), 285-305.

Taylor, F. W. (1991). *The Principles of Scientific Management*. New York, NY: Harper & Row.

Tsai, Y. (1991). Feedback, Feedforward, and Control- A cybernetic model for instruction. Unpublished Ph.D. dissertation, University of Texas-Austin. TX.

Trow, M. (1973). Problems in the Transition from Elite to Mass Higher Education, in Policies for Higher Education, from the General Report on the Conference on Future Structures of Post-Secondary Education (Paris: OECD, 1974), 55-101.

Trow, M. (2000). From Mass Higher Education to Universal Access: The American Advantage. In *Research and Occasional Paper Series*, CSHE.1.00. 1-17.

Trow, M. (2006). Reflections on the Transition from Elite to Mass to Universal Access: Forms and Phases of Higher Education in Modern Societies since WWII, In J. Forest & P. G., *International Handbook of Higher Education* Altbach. 243-280.

Van Gigch, J. P. (1974). *Applied General System Theory*. New York, NY: Harper & Row.

van Deursen, A., & Helsper, E. (2015). A nuanced understanding of internet use and non-use amongst older adults. *European Journal of Communication,* 30(2), 171-187.

Weber, M. (1947). *The Theory of Social and Economic Organization.* New York, NY: Free Press.

Weiner, R. (1990). *Weber's New World Dictionary of Media and Communication 1927-2014.* New York: Weber's New World.

Williamson, O. E. (1979). Transaction-cost economics the governance of contractual relations. *Journal of Law and Economics,* 22, 233-261.

Weaver, C. N. (1991). *TQM: A Step-by-step Guide to Implementation.* Milwaukee, WI: Quality Press.

Wang, L. J. (2013). Towards cultural citizenship? Cultural rights and cultural policy in Taiwan. *Citizenship Studies,* 17(1), 92-110. doi: 10.1080/13621025.2012.716213.

Yalom, I. D. (1995). *The Theory and Practice of Group Psychotherapy* (4th ed.). New York, NY: Basic Books.

Zucker, L. G. (1977). The role of institutionalization in cultural persistence. *American Sociological Review,* 42(5), 726-743.

新聞傳播叢書

# 數位時代創新傳播

作　　者／黃葳威
出 版 者／揚智文化事業股份有限公司
發 行 人／葉忠賢
總 編 輯／閻富萍
地　　址／新北市深坑區北深路三段 258 號 8 樓
電　　話／02-8662-6826
傳　　真／02-2664-7633
網　　址／http://www.ycrc.com.tw
　E-mail ／ service@ycrc.com.tw
　I S B N ／978-986-298-402-4
初版一刷／2022 年 8 月
定　　價／新台幣 350 元

國家圖書館出版品預行編目（CIP）資料

數位時代創新傳播＝Disruptive communication
in digital genesis / 黃葳威作. -- 初版. -- 新
北市：揚智文化事業股份有限公司, 2022.08
面； 公分（新聞傳播叢書）

ISBN 978-986-298-402-4（平裝）

1.CST: 大眾傳播 2.CST: 數位媒體

541.83　　　　　　　　　　　111010138